Beck'scheReihe

BsR 4018

Die „Kleine Geschichte der antiken Philosophie" ist eine auf die bedeutenden Denker und die großen Entwicklungslinien konzentrierte Darstellung der Philosophiegeschichte. Dieser Band behandelt das philosophische Denken von den Anfängen bei den Vorsokratikern bis zu den Stoikern im römischen Kaiserreich und bietet damit einen Überblick über 700 Jahre europäischer Philosophie – jedem zugänglich, der sich auf das Abenteuer des Denkens einlassen mag.

Wolfgang Röd war bis zu seiner Emeritierung Ordinarius für Philosophie an der Universität Innsbruck. Bei C. H. Beck sind von ihm erschienen: *Descartes* (^{3}1995), *Dialektische Philosophie der Neuzeit* (^{2}1986), *Erfahrung und Reflexion* (1991), *Der Gott der reinen Vernunft* (1992), *Der Weg der Philosophie* (2 Bände, 1994 und 1996). Als Herausgeber betreut Wolfgang Röd die auf zwölf Bände angelegte Geschichte der Philosophie (1976 ff.).

Wolfgang Röd

Kleine Geschichte der antiken Philosophie

VERLAG C.H.BECK

Diese *Kleine Geschichte der antiken Philosophie* folgt dem Text
der Kapitel I bis V des ersten Bandes von
Wolfgang Röds Werk *Der Weg der Philosophie.
Von den Anfängen bis ins 20. Jahrhundert,* der im Jahre 1994
bei C. H. Beck erschienen ist.

Die Deutsche Bibliothek – CIP-Einheitsaufnahme
Röd, Wolfgang:
Kleine Geschichte der antiken Philosophie / Wolfgang
Röd. Limitierte Sonderaufl. – München : Beck, 1998
  (Beck'sche Reihe; 4018)
  ISBN 3 406 42918 1

ISBN 3 406 42918 1

Limitierte Sonderauflage
Umschlagentwurf: Uwe Göbel, München
© C. H. Beck'sche Verlagsbuchhandlung (Oscar Beck), München 1998
Gesamtherstellung: C. H. Beck'sche Buchdruckerei, Nördlingen
Gedruckt auf säurefreiem, alterungsbeständigem Papier
(hergestellt aus chlorfrei gebleichtem Zellstoff)
Printed in Germany

Vorwort

Der vorliegende Band enthält die Kapitel I bis V des ersten Teils des Werkes „Der Weg der Philosophie", in dem die Entwicklung des griechischen Denkens von seinen Anfängen im sechsten vorchristlichen Jahrhundert bis zur hellenistischen Zeit behandelt wird. Diese Kapitel können zugleich als historische Einführung in zentrale Bereiche der Philosophie gelesen werden. Weil das systematische Philosophieren erst bei den Griechen beginnt, läßt sich seine Entstehung erörtern, ohne daß auf ältere philosophische Auffassungen Bezug genommen werden müßte. Das erleichtert das Verständnis und erlaubt es, unabhängig von Vorkenntnissen die frühen Bemühungen um die Lösung der Probleme des Seins und des Werdens, des Wissens und der Wahrheit, des Guten und des Gerechten nachzuvollziehen. Zugleich wird dabei klar, wodurch sich das philosophische Denken vom mythischen unterscheidet: Während Mythen und praktische Weisheitslehren geglaubt werden wollen, stützen sich Philosopheme auf Argumente, so daß es möglich ist, sie kritisch zu diskutieren. Daher ist es kein Zufall, daß sich die Philosophie parallel zur Ausbildung der systematisch begründeten Mathematik entwickelt hat.

Erstaunlich ist die Schnelligkeit, mit der sich das philosophische Denken entfaltete, liegen doch zwischen seinen Anfängen im 6. vorchristlichen Jahrhundert und der klassischen Zeit nur etwa zwei Jahrhunderte. In dieser Zeit entstanden, ausgehend von der Auseinandersetzung mit den Fragen nach dem Wesen der Wirklichkeit und nach der richtigen Lebensführung, die Naturphilosophie, die Metaphysik, die praktische Philosophie. Früh schon setzte auch die Reflexion auf Möglichkeit und Grenzen des Erkennens sowie auf die logische Form von Beweisen ein. Im 4. Jahrhundert wurden dann der Philosophie, die zunächst eine Angelegenheit enger, um einen Lehrer gescharter Zirkel gewesen war, neue Bereiche erschlossen: Die Grundfragen des Rechts, der Politik, der Sprache, der Historie wurden philosophisch zu durchdringen gesucht, und die Philosophen erhoben den Anspruch, zur Lösung von Problemen in diesen Bereichen beitragen zu können. Ihren Höhepunkt erreichte die im Folgenden dargestellte Entwicklung mit Plato und Aristoteles, deren Schulen eine bis in die Neuzeit reichende Wirkung ausübten. In der hellenistischen Zeit strahlte schließlich die Philosophie sowohl auf die von Alexander d. Gr. dem griechischen Einfluß erschlossenen Gebiete des Ostens als auch auf die römische Welt aus. Dabei traten Fragen der Praxis in den Vordergrund, und zwar sowohl Fragen der praktischen Gestaltung des individuellen Lebens als auch Fragen der sozialen Praxis.

Die weitere Entwicklung der Philosophie in der späteren Antike, in der neue Religionen, vor allem das Christentum, die Philosophie zur Auseinandersetzung zwangen und sie veranlaßten, entweder mit ihren Mitteln auch dem religiösen Bedürfnis der Zeit entgegenzukommen oder eine Synthese mit der Religion einzugehen, wird in dieser Sonderausgabe nicht mehr behandelt. Wer die weitere Entwicklung verfolgen möchte, darf auf das zweibändige Werk, dem die vorliegenden Kapitel entnommen sind – „Der Weg der Philosophie" (C. H. Beck'sche Verlagsbuchhandlung, München 1994 und 1996) –, verwiesen werden, wo auch die Literatur zu den einzelnen Epochen angeführt ist. Eine ausführlichere Darstellung der alten Philosophie bieten die Bände I bis IV der vom Verfasser herausgegebenen und im gleichen Verlag erscheinenden „Geschichte der Philosophie".

Die vorliegende Sonderausgabe möchte Leserinnen und Leser ein Stück weit auf dem Wege führen, den die Philosophie seit ihren Anfängen zurückgelegt hat; wenn sie nicht nur die Entwicklung, auf die sie sich beschränken muß, durchsichtiger macht, sondern das Interesse sowohl für die weitere Entfaltung des philosophischen Denkens als auch für die philosophischen Probleme selbst zu wecken oder zu verstärken imstande ist, hat sie ihre Aufgabe erfüllt.

Innsbruck, 13. Mai 1997 *Wolfgang Röd*

Inhalt

Vorwort 5

I. Die Anfänge der Philosophie im 6./5. Jahrhundert 11
   1. Vom Mythos zum rationalen Denken 11
   2. Die Frage nach dem Ursprung aller Dinge in der jonischen Naturphilosophie 22
   3. Zahl, Weltharmonie und Seelenwanderung: Der Pythagoreismus 32
   4. Die Frage nach der Möglichkeit sicheren Wissens: Xenophanes 37
   5. Die Welt als Werden: Heraklit 39
   6. Das wahrhaft Wirkliche als unveränderliches Sein: Die Eleaten 47
   7. Theorien des Werdens: Empedokles, Anaxagoras, Demokrit 57

II. Sophistik und Sokratik 72
   1. Die Sophistik 72
   2. Sokrates 90
   3. Die kleineren sokratischen Schulen 100

III. Plato und das Problem der Erkenntnis aus reiner Vernunft 109
   1. Persönlichkeit und Werk 112
   2. Grundlagen der Ideenlehre 121
   3. Die Erkenntnislehre 130
   4. Die Seelenlehre 143
   5. Struktur und Entstehung der Welt 152
   6. Das Wesen des Guten 161

    7. Rechts- und Staatslehre 167
    8. Die Lehre von den ersten Prinzipien 179

IV. Aristoteles 186
    1. Die Persönlichkeit und das Werk des Philosophen 186
    2. Das Wesen der Philosophie 194
    3. Grundzüge der Metaphysik 199
    4. Die Aristotelische Naturphilosophie 212
    5. Die Seelenlehre 219
    6. Logik und Erkenntnislehre 225
    7. Probleme der Praxis: Ethik und Staatslehre 236

V. Die Philosophie im Zeitalter des Hellenismus ... 250
    1. Der Charakter des hellenistischen Denkens 250
    2. Epikur und der Epikureismus 255
    3. Die stoische Philosophie 271
    4. Andere philosophische Richtungen 290

Anmerkungen 305

I. Die Anfänge der Philosophie im 6./5. Jahrhundert

1. Vom Mythos zum rationalen Denken

> „Ihr Griechen seid ein kluges Volk, Ihr laßt
> Die Andern alle spinnen und Ihr webt.
> Das gibt ein Netz, wovon kein einz'ger Faden
> Euch selbst gehört, und das doch Euer ist."
> *(Friedrich Hebbel: Gyges und sein Ring)*

Die Anfänge einer Wissenschaft wecken das Interesse der Historiker stets in besonderer Weise, da es verlockend ist, die Entwicklung einer bestimmten Denkweise bis zu ihren ersten Ansätzen zurückzuverfolgen. So ist es auch bei den Anfängen des philosophischen Denkens[1], wobei das Interesse noch durch die Hoffnung verstärkt werden dürfte, in den Ursprüngen der Philosophie mit besonderer Klarheit etwas von deren Wesen erfassen zu können. Wendet man sich aber dem Beginn der Entwicklung der Philosophie bei den Griechen[2] im einzelnen zu, sieht man sich vor große Schwierigkeiten gestellt: Kein einziges Werk eines Philosophen der vorsokratischen Zeit ist erhalten, weshalb wir über ihr Denken nur durch spätere – manchmal durch sehr viel spätere – Zeugnisse informiert sind, deren Zuverlässigkeit niemals völlig feststeht. Freilich hat diese Situation für den Historiker auch einen besonderen Reiz, wenn er die Herausforderung annimmt und durch die lückenhafte Überlieferung hindurch zu einer möglichst geschlossenen Deutung der Entwicklung des philosophischen Denkens der Frühzeit vorzudringen sucht. Die Aufgabe kann sich jedoch nicht in der philologisch-historischen Interpretation erschöpfen, sondern es muß darüber hinaus versucht werden, den genuin philosophischen Gehalt der tradierten Auffassungen so klar wie möglich hervortreten zu lassen. Tatsächlich zeigt sich, daß schon in den ersten Ansätzen philosophischen Denkens in der ersten Hälfte des 6. vorchristlichen Jahrhunderts Fragen enthalten sind, die zu den zentralen Fragen der Philosophie überhaupt gehören.

Was ist aber die Philosophie, was ist namentlich die Philosophie, von der mit Bezug auf das frühgriechische Denken gesprochen wird?

Wer eine Darstellung der Geschichte der Philosophie zur Hand nimmt, dürfte schon eine allgemeine Vorstellung von Philosophie haben. Obwohl damit zu rechnen ist, daß es sich in manchen Fällen nur um eine vage Vorstellung handelt, ist es nicht angezeigt, sie sogleich durch eine Definition des Begriffs der Philosophie zu ersetzen; vielmehr darf darauf vertraut werden, daß in der Beschäftigung mit der Philosophiegeschichte nach und nach deutlicher wird, was „Philosophie" bedeuten kann. Dabei wird sich allerdings zeigen, daß dieser Name nicht völlig eindeutig ist, ja von Anfang an nicht eindeutig war, da stets mehrere Richtungen des philosophischen Denkens miteinander konkurrierten.

Ursprünglich bedeutete „Philosophie" nicht, wie oft gesagt wird, Liebe zur Weisheit (sophia), sondern Streben nach Wissen, nach Kenntnissen bzw. Erkenntnissen im allgemeinen. Unter „sophia" verstand man nicht nur wissenschaftliche Erkenntnis, sondern Wissen im weiten Sinne. So konnte auch das Wissen, dessen z. B. ein Handwerker (wie der Zimmermann) bedarf, als „sophia" bezeichnet werden. Somit gehört zur Bedeutung dieses Ausdrucks neben „Einsicht" bzw. „Wissenschaft" auch die für Fertigkeiten, namentlich Kunstfertigkeiten erforderliche Sachkenntnis. Wenn König Krösus zu Solon, einem der Sieben Weisen, äußerte, er wisse, daß sein Gast philosophierend durch manche Lande gekommen sei, so heißt das nicht: von der Liebe zu abgeklärter Weisheit geleitet, sondern auf der Suche nach Kenntnissen, teils um die Wißbegierde zu befriedigen, teils um Aufgaben des praktischen Lebens besser bewältigen zu können. Auch der erste Wortbestandteil von „Philosophie" ist erklärungsbedürftig: Er weist ursprünglich nicht auf die reine Liebe zum Wissen – im Gegensatz zu Bemühungen um anwendbare Kenntnisse und im Unterschied zum Resultat des Erkenntnisstrebens – hin; sondern Philosophie bedeutet zunächst nur das Streben nach Erkenntnis im allgemeinen. Erst Plato scheint einen Gegensatz zwischen „sophia" und „philosophia" angenommen zu haben.[3] Von nun an gilt der Anspruch, weise zu sein, oft als Anmaßung und infolgedessen die Beschränkung auf die Philosophia – im Sinne von Weisheitssuche – als Gebot der Bescheidenheit.

Nach und nach wurde die Bedeutung von „Philosophie" enger, indem das technisch verwertbare Wissen aus dem Umfang dieses Begriffs ausgeschlossen wurde. Im 6. und 5. vorchristlichen Jahrhundert wurde aber noch nicht scharf zwischen Philosophie und Einzelwissenschaften unterschieden, so daß Mathematik, Physik, Kosmologie, Astronomie usw., die damals erst im Entstehen begriffen waren und noch nicht als selbständige Disziplinen betrachtet wurden, als Teilbereiche der Philosophie gelten konnten. Gleichzeitig wies das philosophische Denken einen praktischen Aspekt auf, sofern es auch auf das Wissen vom rechten Leben oder vom Weg zum Heil des Menschen bezogen wurde. Jedoch schon in der ersten Phase der europäischen Philosophie, nämlich bei den griechischen Philosophen um die Mitte des ersten vorchristlichen Jahrtausends, hoben sich eine vor allem auf die Erkenntnis des Wesens der Wirklichkeit und eine überwiegend auf ethische und religiöse Fragen gerichtete Art der Philosophie voneinander ab. Bald begannen sich auch verschiedene Einzelwissenschaften, wie Mathematik, Mechanik, Astronomie usw. zu verselbständigen. Innerhalb der Philosophie gab es jedoch zunächst noch keine Gliederung in Teildisziplinen; erst in der klassischen griechischen Philosophie wurde zwischen Metaphysik (bzw. Erster Philosophie), Naturphilosophie (bzw. „Physik"), Logik (mit Erkenntnislehre) und Ethik bzw. praktischer Philosophie im allgemeinen, einschließlich der Sozial-, Staats- und Rechtsphilosophie, unterschieden.

Die Philosophie muß als genuine Leistung des Griechentums gelten. Die Griechen haben zahlreiche Einflüsse anderer Kulturen aufgenommen: Sie profitierten von ägyptischer und sumerischer Mathematik, Mythen des Vorderen Orients fanden ihren Niederschlag im griechischen Denken, religiöse Vorstellungen aus Thrakien drangen in Griechenland ein, wo sie in der Orphik mit ihrer Gegenüberstellung von Leib und Seele und ihrem Glauben an jenseitige Folgen menschlicher Verhaltensweisen weiterwirkten. Die Griechen begnügten sich aber nicht mit besonderen Erkenntnissen, sondern sie trachteten, Einzelerkenntnisse zu systematisieren, wie sich besonders deutlich in der Geometrie zeigt. Gleichzeitig suchten sie Erkenntnisse, die in einem bestimmten Bereich gefunden wurden, nach Möglichkeit zu verallgemeinern, wofür die Kosmologie die eindrucksvollsten Beispiele liefert. Hier führten Erklärungen des Entstehens von Dingen in der Welt rasch zu der Frage, wie die Welt insgesamt entstanden sei. Die Tendenz zur systematischen Verknüpfung und zur Verallgemeinerung von Erkenntnissen veranlaßte die frühen griechischen Denker dazu, die von außen empfangenen Anstöße durch Einbeziehung in neue theoretische Zusammenhänge umzubilden und von hier aus zu neuen Erkenntnissen vorzudringen. Auf diese Fähigkeit der Griechen zur aneignenden Umbildung spielen Hebbels Verse an, die diesem Kapitel als Motto vorangestellt sind.

Die Tendenz zur Systematisierung zeigt sich z.B. darin, daß sich die griechischen Mathematiker nicht mit der Erkenntnis begnügten, daß Dreiecke, deren Seiten sich wie $3 : 4 : 5$ verhalten, rechtwinklig sind, sondern daß sie den bekannten, dem Pythagoras zugeschriebenen Satz über die

Gleichheit der Summe der Kathetenquadrate und des Quadrats über der Hypotenuse bewiesen. Schließlich führten sie den letzteren Satz auf eine Reihe von Definitionen und Axiomen zurück, d. h. sie machten die Geometrie zu einer systematischen Wissenschaft.[4] Dem auf Systematisierung, Begründung und Erklärung gerichteten Denken verdankt auch die Philosophie ihre Entstehung, sofern an die Stelle von zusammenhanglosen Annahmen über den Anfang der Welt, die Geburt der Götter und die Erschaffung der Menschen, wie sie in den mythischen Erzählungen eine Rolle spielten, das Bemühen trat, alles Wirkliche aus Prinzipien abzuleiten und bestimmte Auffassungen der Natur und des Erkennens als wahr zu erweisen.

Diese Tendenz machte sich allerdings nicht erst im frühen philosophischen Denken bemerkbar, sondern sie äußerte sich schon in der Spätzeit des mythischen Zeitalters. Der Dichter Hesiod aus Böotien (um 700), der in seiner „Theogonie" von der Entstehung der Götter und der Natur mit ihren Geschöpfen sprach, wollte nicht nur eine poetische Erzählung vortragen, sondern Wahrheiten verkünden. Er schilderte, wie ihm, als er einst die Herde hütete, die Musen erschienen und sich bereit erklärten, ihm die Wahrheit zu offenbaren. Hier wird in dichterischer Einkleidung der Anspruch erhoben, nicht nur Phantasievorstellungen, sondern wahre Urteile über die Entstehung der Götter und der Welt aus einem uranfänglichen Zustand zu bieten, der bei Hesiod „Chaos" heißt. Neben dem Chaos – das heißt wohl: dem leeren Raum – nannte Hesiod die Erde und den Eros als verbindende, besonnenes Wollen im Busen bergende Kraft; im weiteren Verlauf läßt er Dunkelheit und Nacht, Himmelslicht (Äther) und Tag sowie den Himmel (Uranus) entstehen.[5] Uranus zeugt mit der Erde Kronos, der die ihm von Rheia geborenen Kinder verschlingt, bis deren jüngstes, Zeus, den Vater überwindet und ein neues Göttergeschlecht gründet.(Dies ist stark vereinfacht; bei Hesiod ist die Genealogie der Götter viel komplizierter.)

15

Ein solches Denken ist noch nicht Philosophie, aber es nimmt doch gewisse Motive jenes Denkens vorweg, das später Philosophie heißen sollte. Insbesondere bei den Spekulationen über Chaos, Erde und Eros ist es verlockend, diese mythischen Namen auf Raum, Materie und Kraft zu beziehen und vielleicht sogar die Vermutung zu wagen, daß Kronos für die Zeit (griechisch „chronos") und Rheia (oder Rhea; vgl. griechisch „rheo" = „fließen") für das Werden – den Fluß der Dinge – stehe. Ob in den Bildern des Mythus wirklich Ahnungen abstrakter Prinzipien wie Raum und Zeit zum Ausdruck kommen, läßt sich nicht mehr entscheiden. Unbestreitbar zeigt sich aber bei Hesiod bereits die Tendenz zur Systematisierung, die auf das philosophische Denken vorausweist.[6]

Die Frage, wie sich die Philosophie zum Mythus verhält, ist immer wieder aufgeworfen worden.[7] Von manchen wurde die Philosophie als Ergebnis einer Übersetzung mythisch-anschaulicher Vorstellungen in Begriffe verstanden, was heißt, daß sich beim Übergang vom Mythus zur Philosophie nur die Form des Denkens geändert hätte; Philosophie ist dieser Ansicht nach nur eine Verkleidung mythischer Inhalte mit Hilfe abstrakter Begriffe. Diese Auffassung wird dem Wesen der Philosophie nicht gerecht, weil sie deren Eigenständigkeit verkennt und insbesondere die Rolle von Argumenten im philosophischen Denken nicht zu würdigen vermag. Vielmehr ist davon auszugehen, daß sich das philosophische vom mythischen Denken ablöste, wobei jedoch die Ablösung nicht schlagartig erfolgte. Weil sich die Philosophie als Denken, das auf Einsicht und Argument beruht, vom Mythus, der erzählenden (narrativen) Charakter hat, wesentlich unterscheidet, kann sie nicht als Ergebnis der Umformulierung mythischer Gedanken mit Hilfe einer neuen Terminologie betrachtet werden; daher muß vor allem der Gegensatz von philosophischem und mythischem Denken beachtet werden, auch wenn sich da und dort noch Gemeinsamkeiten zeigen. Daß sich in manchen Bereichen mythische Vorstellungen längere Zeit erhielten, braucht dabei nicht geleugnet zu werden, ist aber auch nicht erstaunlich: Das Neue tritt niemals sogleich in entwickelter Gestalt auf, sondern setzt sich immer allmählich durch. Jedenfalls darf aus der Tatsache, daß auch da, wo von Philosophie gesprochen zu werden pflegt, noch gelegentlich mythische Vorstellungen zu finden sind, nicht gefolgert werden, daß die Philosophie – namentlich die Philosophie der Frühzeit – als solche nur verkappte Mythologie sei. Daß der Gegensatz von mythischem und philosophischem Denken verwischt werden konnte, dürfte seinen Grund nicht nur in einer unangemessenen Auffassung der Philosophie haben, sondern auch durch den Umstand veranlaßt sein, daß in späten Formen des Mythus, z. B. bei Hesiod, bereits Ansätze der Rationalisierung festzustellen sind. Damit soll nicht geleugnet werden, daß Mythus und Philosophie insofern miteinander zu tun haben, als beide Denkweisen Versuche sind, die Vielheit der Erscheinungen zur Einheit eines Weltbildes zu verbinden; die Art, in der das geschieht, ist aber in der Philosophie eine völlig andere als im Mythus: Mit dem Übergang vom Mythus zur Philosophie wird der Schritt von der bildhaft-anschaulichen zur begrifflich-abstrakten Vereinheitlichung der mannigfaltigen Erscheinungen vollzogen.

Auch die Philosophie als Ethik konnte an ältere Denkweisen anknüpfen, nämlich an traditionelle Sitten- und Klugheitsregeln, wie sie bestimmten Persönlichkeiten – den Sieben Weisen – in den Mund gelegt wurden. Es handelt sich um Maximen wie „Erkenne dich selbst" (Thales), „Nichts im Übermaß" (Solon), „Zunge, Magen und Geschlechtsorgane im Zaume halten" (Anacharsis), „Die meisten sind schlecht" (Bias) usw. Praktische Regeln für das Verhältnis zu Göttern und Mitmenschen (z. B. in bezug auf die Wahl der Ehefrau, auf den Umgang mit Freunden usw.) sowie über Tage, die für gewisse Verrichtungen günstig sind, finden sich auch in Hesiods „Werken und Tagen".

Eine Menge solcher moralischen Empfehlungen ist noch keine Moralphilosophie, da diese niemals eine bloße Aneinanderreihung praktischer Regeln, sondern eine Disziplin ist, die Gebote und Verbote zu begründen sucht und auf das Wesen moralischer Normen reflektiert. Erst als versucht wurde, Gebote und Verbote zu systematisieren und zu begründen, entstand die Ethik als philosophische Disziplin. Ähnliches gilt für die Naturlehre: Eine bloße Aufzählung aufeinanderfolgender Weltzustände kann noch nicht als philosophische Kosmologie gelten.

Bevor auf die frühgriechischen Philosophen eingegangen wird, sollen die Schritte im allgemeinen angedeutet werden, mit denen sich das rationale vom mythischen Denken löste. Die griechische Philosophie vollzog in ihrer ersten Phase nicht nur den Übergang von der mythischen Deutung zur rationalen Erklärung, sondern auch den Schritt von einzelnen Erklärungen zu Theorien, in deren Rahmen Erklärungen systematisch verbunden werden. Den ersten dieser Schritte hat bereits Thales, der erste namentlich bekannte Philosoph, getan. Indem er die jährliche Überschwemmung des Nils dadurch zu erklären suchte, daß er sie mit den jahreszeitlich auftretenden Winden in Verbindung brachte, die der Nilschwelle vorhergehen, distanzierte er sich von der mythischen Betrachtungsweise, der zufolge die Nilschwelle eintritt, weil ein Gott die Schleusen der Quellflüsse öffnet. Während nach der mythischen Deutung das Eintreten der Nilüberschwemmung vom Willen eines Gottes abhängen soll, so daß es sinnvoll ist zu versuchen, diesen durch Opfer gnädig zu stimmen, spielen bei der wissenschaftlichen Erklärung Gesetzmäßigkeiten eine Rolle, die nicht von der Willkür eines Gottes abhängen. Thales vermutete, daß die Passatwinde (die Etesien) zu einem Stau des Nilwassers in seinem Mündungsdelta und daher zum Anstieg des Wasserspiegels führen. Diese Erklärung ist zwar unbefriedigend, da der vom Wind bewirkte Stau nicht ausreicht, um die Nilüberschwemmung zu bewirken, aber sie weist in einfacher

Form alle Merkmale einer rationalen Erklärung auf. Thales mußte voraussetzen, daß fließendes Wasser immer durch entgegengesetzt gerichtete Winde gestaut wird, d.h. er mußte eine naturgesetzliche Hypothese zugrunde legen. Auf Grund der Feststellung, daß in einer bestimmten Jahreszeit im östlichen Mittelmeer Nordwinde auftreten, konnte er folgern, daß es zum Rückstau des Nilwassers kommen müsse. Wenn er im Wind die Ursache der Nilschwelle erblickte, hat er nicht geirrt; er hat sich nur insofern getäuscht, als er einen direkten Kausalzusammenhang annahm, wo nur ein indirekter vorliegt: die Passate führen im Quellgebiet des Nils zu Niederschlägen, die dann die Überschwemmung zur Folge haben.[8]

Die rationale Betrachtungsweise kommt auch in der Philosophie im engeren Sinne zur Geltung: Thales bemühte sich um eine Erklärung des Werdens in der Welt, d.h. des Entstehens, der Veränderung und des Vergehens von Dingen. Vermutlich ging er von der Beobachtung aus, daß sich Dinge ineinander verwandeln können – zum Beispiel bei der Entwicklung tierischer und pflanzlicher Organismen oder beim Stoffwechsel –, und er überlegte, ob nicht alle Dinge durch Umwandlung eines einzigen Stoffes entstanden sein könnten, der als der Ursprung von allem zu gelten hätte. Die Unterschiede zwischen verschiedenartigen Dingen, die wir durch Erfahrung kennen, würden dann nur der Oberfläche der Wirklichkeit angehören, während im Grunde alles mit allem auf Grund gleicher Herkunft verwandt wäre.

Die Annahme eines gemeinsamen Ursprungs aller Dinge mußte weitere Fragen nach sich ziehen, denn wenn von einer Umwandlung eines Grundstoffs in alle anderen Stoffe die Rede ist, dann bleibt diese Annahme unbefriedigend, solange nicht angegeben wird, wie sich die Umwandlung vollzieht bzw. welche Gesetzmäßigkeiten dabei eine Rolle spielen. Derartige Fragen beschäftigten die Nachfolger des Thales. Gleichzeitig enthielt die Ursprungstheorie den Ansatz des Gedankens, daß sich das Werden nur begreifen lasse, wenn angenommen wird, daß etwas – in späterer Terminologie: eine Substanz – dem Werden zugrunde liegt. Auch hier erfolgt die Erklärung mit Hilfe eines allgemeinen Prinzips, das allerdings kein Naturgesetz ist; es besagt, daß ohne etwas im Wandel Beharrliches Entstehen, Vergehen und Veränderung, kurz: das Werden, nicht als möglich begriffen werden können.

Der zweite Schritt, nämlich die Systematisierung von besonderen Erklärungen im Rahmen von Theorien wurde von den Pythagoreern vollzogen; ein Beispiel früher Theoriebildung stellt die Lehre von der Harmonie der Sphären dar. Nach dem Weltbild des Philolaus im 5. Jahrhundert befindet sich im Mittelpunkt des Kosmos das (für uns unsichtbare) Zentralfeuer, das von zehn Gestirnsphären umgeben ist. Zu ihnen gehören neben Sonnen-, Mond- und Planetensphären die Sphäre der dunklen und daher nicht sichtbaren Gegenerde und schließlich die Fixsternsphäre. Mit der Annahme eines Zentralfeuers war ein erster Schritt auf dem Wege der Überwindung des geozentrischen Weltbildes getan, wenn auch die Pythagoreer noch nicht wagten, sich so weit vom Augenschein zu entfernen, daß sie die Sonne zum ruhenden Mittelpunkt des Planetensystems erklärten. Das tat erst Aristarch von Samos im 3. Jahrhundert v. Chr. Die Annahme der Gegenerde wurde nicht nur gemacht, um Sonnen- und Mondfinsternisse erklären zu können, sondern sie diente auch dazu, die Zahl der Sphären auf zehn zu ergänzen. Die Zehn galt als heilige Zahl; was ihr unterworfen war, wurde als vollkommen betrachtet. Von den Sphären nahmen die Pythagoreer an, daß sie sich zueinander nach denselben einfachen Beziehungen natürlicher Zahlen verhielten wie die Intervalle der Tonleiter, weshalb sie von einer Harmonie der Sphären sprachen. Dieser Auffassung liegt offenbar die Annahme zugrunde, daß die Welt einer mathematischen Ordnung unterworfen ist, die sich in allen Bereichen der Wirklichkeit äußert. Nicht nur der

Kosmos und die musikalischen Harmonien sollen dieser Ordnung gehorchen, sondern auch der Mensch als Ganzes aus Leib und Seele, deren „harmonisches" Verhältnis die Moral herzustellen strebt. Die Idee einer mathematischen oder mathematisch ausdrückbaren Ordnung ist also der allgemeine Gedanke, der es erlaubt, verschiedene speziellere Theorien – wie Kosmologie, Musiktheorie, Anthropologie, Ethik – zu einer umfassenderen Theorie der Wirklichkeit zusammenzufassen. Aristoteles hat bemängelt, daß die Pythagoreer alles mit ihrer Ansicht Übereinstimmende sammelten und Lücken, auf die sie stießen, im Interesse des systematischen Zusammenhangs auszufüllen suchten.[9] Dieser Vorwurf ist inhaltlich sicher gerechtfertigt, da die Pythagoreer zum Teil mit phantastischen Annahmen operierten; aber er ist insofern ungerecht, als jede entwickelte Theorie Begriffe benötigt, die nicht der Erfahrung entnommen werden, sondern zum Zweck der Ordnung von Erfahrungen vom Denken geschaffen sind. Indem die Pythagoreer den Schritt zur Systematisierung von Erkenntnissen mit Hilfe konstruierter Begriffe unternahmen, leisteten sie in formaler Hinsicht einen wichtigen Beitrag zur Entwicklung des wissenschaftlichen und philosophischen Denkens.

Ein dritter Schritt auf dem Weg zur vollständig entfalteten Wissenschaft läßt sich in der Frühzeit des philosophischen Denkens nur in ersten Ansätzen erkennen, nämlich der Schritt zur Theorie der Erkenntnis, namentlich der philosophischen Erkenntnis selbst. Durch diesen Schritt erhebt sich das Denken über die Ebene der Erkenntnis von Gegenständen, um von einer höheren Ebene aus auf die Bedingungen zu reflektieren, unter denen sich begreifen läßt, wie Erkenntnis möglich ist. Die Frage nach der Möglichkeit von Erkenntnis klingt in der frühgriechischen Philosophie nur gelegentlich an (z.B. bei Xenophanes). Erst im weiteren Verlauf der philosophischen Entwicklung wurde das Erkenntnisproblem ausdrücklich gestellt.

Geht man davon aus, daß von „Philosophie" im vollen Wortsinn erst die Rede sein soll, wenn versucht wird, Auffassungen rational zu rechtfertigen und in einen systematischen Zusammenhang zu bringen, und wenn darüber hinaus auf die logische Form ihrer Argumente und die Bedingungen der Möglichkeit von Erkenntnis reflektiert wird, dann darf die Philosophie als eine Leistung des europäischen, und zwar zunächst des griechischen Denkens bezeichnet werden. Dies ist auch der Grund, warum im folgenden nur die europäische Philosophie behandelt wird.

2. Die Frage nach dem Ursprung aller Dinge in der jonischen Naturphilosophie

a) Thales

Die Philosophie entstand nicht im griechischen Mutterland, sondern in der östlichen Randzone des griechischen Siedlungsraums, nämlich im jonischen Kleinasien, das nicht nur wirtschaftlich florierte, sondern in dem sich auch verschiedene kulturelle Einflüsse überschnitten. Die griechischen Städte suchten Kontakte zu anderen wirtschaftlichen Zentren und gründeten zahlreiche neue Niederlassungen. Dabei nahmen sie nicht nur vielfältige Anregungen auf, sondern sie sahen sich auch gezwungen, Kenntnisse und Techniken zu entwickeln, z.B. die Geometrie, die in der Nautik eine Rolle spielte. In diesem angeregten geistigen Klima tauchten auch die ersten philosophischen Gedanken auf.

Als eigentlicher Begründer der Philosophie gilt seit dem Altertum der Milesier Thales (geb. wohl um 620), dem die Überlieferung verschiedene mathematische, astronomische, geographische und meteorologische Kenntnisse zuschreibt. Besonderen Eindruck machte seine Vorhersage einer Sonnenfinsternis, vermutlich im Jahre 585. Da er keine Schrift verfaßt hat, mindestens keine Spur von einer solchen zu finden ist, fällt es schwer, sich durch die lückenhafte Überlieferung hindurch ein wenigstens ungefähres Bild von ihm zu machen. Seine Persönlichkeit und sein Lebenslauf bleiben im dunkeln, obwohl im Altertum Anekdoten über ihn im Umlauf waren. Plato erzählt z. B., daß Thales eines Abends bei der Betrachtung der Sterne in einen Brunnen fiel, worauf ihn eine Magd aus Thrakien, die den Vorgang beobachtete, verspottete: Die Dinge am Himmel trachtest du zu erkennen, was aber vor deinen Füßen liegt, bemerkst du nicht! Den Eindruck der Weltfremdheit, den die Anekdote vermittelt, hebt eine andere Anekdote auf, nach der Thales, als er auf Grund seiner meteorologischen Kenntnisse eine reiche Olivenernte vorhersah, weit und breit die Olivenpressen aufkaufte und sie dann zur Zeit der Ernte für teures Geld vermietete. Das klingt nach einer geistreichen Erfindung. Die Nachrichten über seine einzelwissenschaftlichen Leistungen sind leider nicht viel zuverlässiger. Selbst die Zuschreibung des geometrischen Satzes, nach dem Dreiecke im Halbkreis rechtwinklig sind,[10] ist zweifelhaft. Übereinstimmend erklären aber die Berichte, daß er die Frage nach dem Ursprung der Welt gestellt und dahingehend beantwortet habe, daß alles aus Wasser (oder allgemeiner: aus einem feuchten Stoff) geworden sei. Mit dieser Antwort auf die Ursprungsfrage erfolgte der erste, tastende Schritt in den Bereich der Philosophie.

Dies bedarf der Erläuterung, weil die Annahme, daß das Wasser Ursprung aller Dinge – also der Erde bzw. der festen Körper, der Luft bzw. der gasförmigen Stoffe und des Feuers – sei, so wenig philosophisch zu sein scheint, daß es schwerfällt, in ihr den Ausgangspunkt der Philosophie mit ihren hohen theoretischen und praktischen Ansprüchen, zu erblicken. Aber die Thaletische These über den Ursprung der Gesamtwirklichkeit ist nicht ganz so unmetaphysisch, wie es auf den ersten Blick scheinen mag. Zwar läßt sich nicht mehr feststellen, wie sich Thales die Entstehung aller Dinge aus Wasser vorgestellt hat; aber seine

Annahme enthält ansatzweise Gedanken, die in der späteren Entwicklung der Philosophie eine wichtige Rolle gespielt haben. Wenn nämlich alles aus Wasser entstanden ist, dann sind alle Dinge Umwandlungen ein und desselben Stoffs, der als dasjenige gelten kann, das den wandelbaren Gestaltungen der Wirklichkeit zugrunde liegt. Das im Wandel Beharrliche wurde später „Substanz" genannt, so daß sich sagen läßt, der Satz des Thales enthalte, wenn auch unentfaltet, den Gedanken einer Welt-Substanz. Wenn außerdem alle Dinge aus demselben Urstoff hervorgegangen sind, dann sind sie auf Grund ihrer Herkunft untereinander verwandt – ein Gedanke der später zur metaphysischen Idee einer umfassenden Ordnung der Wirklichkeit insgesamt weiterentwickelt wurde. Wenn schließlich alle Dinge ihren Ursprung einem einheitlichen Prinzip verdanken, dann ist die Wirklichkeit, ungeachtet der Verschiedenheit der Dinge, eine Einheit, auch wenn diese sich nicht wahrnehmen läßt. Der wahrnehmbaren Verschiedenheit tritt die gedachte Einheit, der sinnlichen Welt die Welt des Denkens gegenüber. Von der Annahme des Thales wird man also bei konsequentem Weiterdenken zur metaphysischen Unterscheidung zweier Bereiche der Wirklichkeit geführt, einem sinnlich und einem nur vernünftig erkennbaren. Das Wasser steht somit bei Thales für etwas, das allen Erscheinungen zugrunde liegt und im Wandel der Erscheinungen beharrt, selbst aber keine Erscheinung mehr ist und daher nicht beobachtet, sondern nur gedacht werden kann. So verstanden, hat Hegels auf den ersten Blick befremdliche Feststellung, das Wasser, von dem Thales sprach, sei „spekulatives Wasser", einen guten Sinn.[11]

b) Anaximander

Die Antwort, die Thales auf die Frage nach dem Ursprung aller Dinge gegeben hatte, war in doppelter Hinsicht unbefriedigend: Einerseits wurde ein bestimmter Stoff zum Ursprung aller anderen Stoffe erklärt, ohne daß ein Grund dafür angegeben worden wäre, warum gerade dieser Stoff als Ursprung gelten sollte;[12] andererseits blieb ungeklärt, wie die Umwandlung des angenommenen Urstoffs in andere Stoffe vor sich geht. Diese Mängel der Thaletischen Antwort suchten die auf ihn folgenden Vertreter der Milesischen Naturphilosophie zu überwinden.

So nahm Anaximander, um nicht einen bestimmten Stoff als Ursprung aller Dinge ansetzen zu müssen, an, daß alles aus einem unbestimmten Stoff hervorgegangen sei, den er „ápeiron" nannte. Dieser Ausdruck kann sowohl im Sinne qualitativer Unbestimmtheit – der Urstoff hat nicht die Eigenschaften irgendwelcher wahrnehmbaren Stoffe – als auch im Sinne der Grenzenlosigkeit verstanden werden. Daß Anaximander das Apeiron als positiv unendlich auffaßte, ist nicht anzunehmen, da die Idee des Unendlichen erst später auftritt; vermutlich dachte er es ähnlich unermeßlich wie den Ozean, der bei Homer als „ápeiron" bezeichnet wurde. Als Ursprung aller bestimmten Dinge kommt nach Anaximander mit einem Wort nur etwas in Betracht, das keine der Bestimmungen hat, die wir an stofflichen Dingen beobachten können, auch nicht eine erfahrbare Begrenzung.

Anaximander, der als jüngerer Gefährte oder Schüler des Thales gilt, ist der erste, von dem wir wissen, daß er eine philosophische Schrift verfaßt hat, wenn auch nur ein einziger Satz aus ihr überliefert ist; er lautet: „Der Ursprung der seienden Dinge ist das Apeiron. Woraus die Dinge entstehen, dahinein vergehen sie auch mit Notwendigkeit. Denn sie leisten einander Genugtuung für ihre Ungerechtigkeit nach der Ordnung der Zeit."[13] Daß dieser Satz erhalten blieb, ist dem Umstand zu verdanken, daß er ein Jahrtausend später von einem der letzten Vertreter der antiken Philosophie zitiert wurde: Die Nachricht von dem ersten schriftlichen Zeugnis der griechischen Philosophie stammt aus ihrer Endzeit.[14] Von den Philosophen vor Plato ist keine einzige Schrift erhalten, weshalb man auf spätere, keineswegs immer zuverlässige Zeugnisse angewiesen ist. Was man die Fragmente der frühgriechischen Philosophie nennt, sind Zitate kleinerer oder größerer Textpassagen aus Werken, die verlorengegangen sind. Man darf also nicht an materielle Fragmente, etwa von der Art der Schriftrollen von Qumran, denken. Der Titel „Über die Natur", mit dem man sich in der Antike auf Anaximanders Schrift – aber auch auf die Schriften verschiedener anderer alter Philosophen – bezog, dürfte erst später aufgekommen sein.

In dem angeführten Anaximander-Fragment findet sich der Ausdruck „arché", der mit „Ursprung" oder „Prinzip" wiedergegeben zu werden pflegt. Daß sich Anaximander dieses Ausdrucks, der im griechischen „Anfang" bedeutet, bediente, um dasjenige zu bezeichnen, aus dem alles andere hervorgegangen ist, wissen wir auch aus anderer Quelle. Man kann allerdings nicht ausschließen, daß ihn schon Thales, mit dem die Arché-Spekulation beginnt, benutzte. Jedenfalls wurde bei den ersten Vertretern der Naturphilosophie das, was als Ursprung aller Dinge galt, auch als das aufgefaßt, was angenommen werden muß, wenn das Werden der Dinge und die Art dieses Werdens begriffen werden sollen.

Das Apeiron trägt bei Anaximander unübersehbar die Züge eines göttlichen Prinzips: Es wird nicht nur als unentstanden und unvergänglich bezeichnet, sondern von ihm wird auch gesagt, es umfasse und steuere alles. Es ist somit nicht nur Ursprung des Werdens, sondern lenkt auch die Entwicklung im geordneten All, im Kosmos. Trotzdem kann es nicht als geistiges Prinzip aufgefaßt werden: Die antiken Berichterstatter gehen davon aus, daß Anaximander es als stofflich auffaßte. Man muß allerdings bedenken, daß der Gegensatz von Materie und Geist im Denken der Frühzeit noch keine wesentliche Rolle spielte, so daß es verfehlt wäre, wenn man in Anaximander einen Materialisten sehen wollte. Obwohl die Äußerung, das Apeiron steuere alles, schwerlich bedeutet, daß das Geschehen in der Welt auf Zwecke gerichtet ist, zeigt sich hier ein Aspekt, der von Späteren (z.B. von Anaxagoras; siehe Abschn. 7b) in die Richtung einer teleologischen Auffassung weiterentwickelt werden konnte.

Nach dem zitierten Fragment müssen alle besonderen Dinge zugrunde gehen, und zwar in das, woraus sie entstanden sind. Der griechische Text schließt die Annahme aus, daß hier von einem Entstehen und Vergehen aus dem und in das Apeiron die Rede sei, obwohl diese Ansicht schon in der Antike vertreten wurde.[15] Vielmehr ist an das Entstehen von Festem aus Flüssigem und umgekehrt, von Kaltem aus Warmem und umgekehrt zu denken, wobei der Wechsel von Küstenland und Meer, einem Bewohner von Milet vertraut, das anschauliche Modell geliefert haben mag. Wenn Festes auf Kosten des Flüssigen entsteht, wird es, wie das Fragment andeutet, diesem gegenüber schuldig und muß, wenn die Zeit gekommen ist, dafür Sühne leisten, indem es wieder dem Flüssigen weicht, und ähnlich bei anderen Gegensatzpaaren. Von Warmem und Kaltem, Festem und Flüssigem wurde in der Frühzeit der griechischen Philosophie noch so gesprochen, als handle es sich um etwas Quasi-Substantielles, um substantialisierte Qualitäten, die somit nicht mehr als Eigenschaften an etwas vorgestellt werden, sondern als selbständige Wesen.

Das Werden scheint bereits bei Anaximander mit dem Vorhandensein von Gegensätzen in der Welt in Verbindung gebracht zu sein: Wären alle Dinge im Gleichgewicht, dann gäbe es keine Veränderung; weil aber ein Gleichgewichtszustand nicht besteht und auch nicht erreicht werden kann, bleibt kein Zustand der Wirklichkeit erhalten, sondern alles ist dem Werden unterworfen, und zwar mit Notwendigkeit: Nichts geschieht zufällig, jedes Geschehen zieht unausweichlich ein anderes nach sich. Es ist bemerkenswert, daß Anaximander diese Auffassung mit den Begriffen von Schuld und Sühne verknüpft hat: Was auf Kosten eines anderen entsteht, wird diesem gegenüber schuldig; darin liegt die Ursache eines neuen Geschehens, durch das die ursprüngliche Schuld gesühnt wird. Der Gedanke eines notwendigen Zusammenhangs von Ursachen und Wirkungen tritt hier in moralischer bzw. rechtlicher Einkleidung auf. Es ginge allerdings zu weit, wollte man das kausale auf das rechtliche Denken zurückführen.

Woher kommen aber die Gegensätze von Warmem und Kaltem, Festem und Flüssigem, die dem Werden zugrunde liegen? Wenn das Apeiron Ursprung von allem ist, müssen sie aus ihm hervorgegangen sein. Tatsächlich sprach Anaximander von der Ablösung eines Keims des Warmen und Kalten aus dem Apeiron in Analogie zu einem Geburtsvorgang. Das Warme umschloß als Feuersphäre die Atmosphäre der Erde wie eine Rinde, nach deren Bersten sich kreisförmige, feuergefüllte, um die Erde rotierende Ringe – Rädern oder Kränzen vergleichbar – bildeten. Das durch Öffnungen dieser Räder sichtbare Feuer erscheint als Sonne und Mond. Der Kosmos wird vom Fixsternhimmel in Form einer Hohlkugel umschlossen. Die Verhältnisse in diesem geozentrischen Weltmodell entsprechen einfachen Zahlenverhältnissen, die nicht auf Grund von Beobachtungen, sondern aus spekulativen Gründen angenommen werden, deren Sinn sich jedoch nicht mehr erschließen läßt. Jedenfalls haben wir es mit einem Versuch zu tun, die Struktur des Universums mathematisch zu beschreiben. Anaximander tat einen ersten Schritt in Richtung auf die Mathematisierung des Weltbildes. (Die sich hier äußernde Tendenz, das Wesen der Wirklichkeit in mathematischen Beziehungen zu erblicken, fand bald danach in der pythagoreischen Philosophie einen Niederschlag in der Idee einer Harmonie der Sphären.) Anaximanders Weltbild ist eine geometrische Konstruktion, die von der wahrgenommenen Wirklichkeit deutlich abweicht und damit den Weg zu einer Betrachtungsweise weist, die sich nicht mehr auf die Beschreibung der beobachteten Gestirnbewegungen beschränkt. Bemerkenswert ist auch Anaximanders Versuch, eine Erklärung für das vermeintliche Ruhen der Erde im Mittelpunkt des Kosmos zu geben. Während sich Thales noch genötigt gesehen hatte, die vorausgesetzte Unbeweglichkeit der Erde durch die Annahme einer tragenden Grundlage zu erklären, formulierte Anaximander das Problem umgekehrt: Anstatt zu fragen, warum sich die Erde nicht bewege, fragte er, ob es überhaupt Gründe für die Annahme gebe, daß sie sich bewege. Wenn keine Ursache für eine Bewegung der Erde angegeben werden kann, ist man berechtigt, die Erde als ruhend zu betrachten. Das ist nicht nur in methodologischer Hinsicht bemerkenswert, sondern auch deshalb, weil es auf eine erste Ahnung des Trägheitsprinzips hinzudeuten scheint.

Anaximander begnügte sich nicht damit, eine Theorie des Weltbaus und der Weltentstehung zu formulieren, sondern er entwarf auch die Umrisse einer Theorie der Entstehung des Lebens. Seiner Ansicht nach bildeten sich die ersten Lebewesen im Meer. Jene Arten, die zum Leben auf dem Land übergingen, mußten sich den neuen Umweltbedingungen anpassen und nahmen daher neue Eigenschaften an. Der Mensch hat sich nach Anaximander nicht aus irgendwelchen Landtieren entwickelt, sondern er entstand im Inneren von Fischen. Auch wenn diese These in Einzelheiten befremdlich anmutet, kann nicht übersehen werden, daß hier erstmals die evolutionistische Betrachtungsweise zur Geltung kommt, die erst in der Neuzeit voll entfaltet werden sollte. Im übrigen werden von Anaximander eine Reihe speziellerer wissenschaftlicher Annahmen überliefert, die hier nicht zu erörtern sind; es muß genügen, darauf hinzuweisen, daß er ein Forscher mit erstaunlich weitgespannten Interessen war, unter anderem im Bereich der Geographie und der Astronomie.

c) Anaximenes

So wie Anaximander als Schüler des Thales, so wurde in der Antike Anaximenes als Schüler des Anaximander bezeichnet. Man darf daher vermuten, daß er etwa zwanzig Jahre jünger als dieser und etwa vierzig Jahre jünger als Thales gewesen ist. So wie Anaximander die Thaletische These durch die Annahme eines unbestimmten Ursprungs zu verbessern suchte, so suchte sie Anaximenes durch die Angabe der Art und Weise zu ergänzen, in der der Urstoff, als den er die Luft betrachtete, in andere Stoffe übergeht. Seiner Ansicht nach geschieht das durch Verdichtung bzw. Verdünnung: Die Luft verdichtet sich zu Wasser (wie es beim Regen der Fall zu sein scheint), das Wasser zu festen Stoffen (wofür das Gefrieren als Beispiel dienen mochte); durch Verdünnung der Luft entsteht das Feuer, somit auch die selbstleuchtenden Gestirne, namentlich die Sonne, während der Mond, wie Anaximenes erkannte, lediglich das Licht der Sonne reflektiert. Wenn sich die Unterschiede von Eigenschaften auf Unterschiede der Dichte zurückführen lassen, dann sind sie im Grunde quantitativer Natur, somit prinzipiell meßbar und mathematisch ausdrückbar. Bei Anaximenes läßt sich somit ein erster Ansatz jener Denkweise erkennen, die ihren Höhepunkt in der modernen Naturwissenschaft erreichen sollte. Die frühen Naturphilosophen waren freilich noch nicht imstande, qualitative Bestimmungen tatsächlich auf quantitative Verhältnisse zu reduzieren; sie taten aber einen ersten Schritt auf einem Wege, der schließlich zur Erklärung von Tatsachen mit Hilfe mathematisch formulierter Naturgesetze führte.

Was bei Thales als Mangel erscheint, nämlich daß ein bestimmter Stoff zum Ursprung aller anderen Stoffe erklärt wird, hat Anaximenes offenbar nicht für bedenklich gehalten. Allerdings hätte er geltend machen können, daß die Luft, in der er den Ursprung aller Stoffe erblickte, in gewisser Hinsicht auch ein „ápeiron", ein unbestimmter Stoff sei:

sie hat keine feste Gestalt und ist bald warm, bald kalt, bald feucht, bald trocken. Aber auch wenn man von einem Rückschritt hinter die von Anaximander erreichte Auffassung sprechen wollte, wird man anerkennen müssen, daß Anaximenes mit der Angabe der Art, in der sich der Urstoff in andere Stoffe umwandeln soll, einen wichtigen Schritt über seine Vorgänger hinaus tat.

Anaximenes wurden auch verschiedene einzelwissenschaftliche Erklärungen zugeschrieben, deren Bedeutung gegenüber der Spekulation über den Ursprung aber philosophisch zweitrangig ist. Die Tradition, der er angehört, riß mit ihm keineswegs ab. Als Nachfolger der genannten Naturphilosophen im engeren Sinne werden Idäus von Himera und Diogenes von Apollonia (im 5. Jh.) genannt; später kam die naturphilosophische bzw. naturwissenschaftliche Denkweise der Jonier bei Anaxagoras und bei den älteren Atomisten zur Geltung. (Siehe Abschn. 7) Die Entwicklung innerhalb der naturphilosophischen Richtung folgte offensichtlich der Tendenz zur Verbesserung und zur konsequenten Durchführung theoretischer Ansätze. In bezug auf die Bestimmung des Ursprungs aller Dinge (der Arché) scheint es sich zwar so zu verhalten, als hätten die Späteren die Auffassungen der Früheren einfach beiseitegeschoben; betrachtet man aber ihre Auffassungen im Zusammenhang ihrer philosophischen Theorien, dann zeigt sich doch deutlich der Aspekt der Kontinuität. Man muß insbesondere die Art berücksichtigen, in der das Hervorgehen der Dinge aus dem Ursprung zu erklären gesucht wurde, um zu sehen, wie die späteren Theorien im Anschluß an die früheren formuliert wurden, und zwar mit dem Anspruch, diese zu verbessern.

Für die Denkrichtung, deren Anfänge hier skizziert wurden, ist das Überwiegen des theoretischen Interesses gegenüber dem praktischen kennzeichnend. Zwar waren Thales und seine Nachfolger alles andere als praxisferne Denker; aber die Philosophie hat in ihren Augen nicht in erster Linie die Aufgabe, Verhaltensregeln aufzustellen, sondern sie soll Fragen über Form und Entstehung der Welt und über Vorgänge in der Welt beantworten, um das Bedürfnis nach Wissen zu befriedigen. Das Wissen läßt sich zwar praktisch anwenden, aber es wird nicht Interessen der Praxis untergeordnet. Bei den Joniern kündigt sich – wenn auch nur von ferne – bereits die Frage nach den Bedingungen an, unter denen sich Entstehen und Vergehen bzw. Werden im allgemeinen begreiflich machen lassen. Diese Frage gehört in den Bereich jenes Teils der Philosophie, der später „Metaphysik" genannt wurde.

3. Zahl, Weltharmonie und Seelenwanderung: Der Pythagoreismus

Pythagoras (geboren um 570 v. Chr.), von dem die zweite Hauptrichtung der ältesten Philosophie ausging, war ebenfalls Kleinasiate. Seine Heimat war die Insel Samos, die er allerdings wegen politischer Schwierigkeiten unter der Tyrannis des Polykrates verließ. Er wanderte nach dem unteritalienischen Kroton aus, und der griechisch beeinflußte Teil Italiens, die Magna Graecia, war auch das Hauptverbreitungsgebiet seiner Schule.

Von Pythagoras als Persönlichkeit ist wenig Sicheres bekannt, man kann jedoch sagen, daß er in erster Linie Verkünder einer praktisch-religiösen Lehre war. Seine Weltanschauung hatte manches mit jenen Auffassungen gemein, die als Lehre des sagenhaften Dichters Orpheus verbreitet war und in deren Mittelpunkt die Gedanken des Leib-Seele-Gegensatzes und der Unsterblichkeit standen. Pythagoras glaubte, wie die Orphiker und Anhänger verschiedener Mysterienkulte,[16] an die Unsterblichkeit der Seele, die er mit der Vorstellung der Seelenwanderung verband, und an die Möglichkeit, die Reihe der Wiedergeburten zu beenden.[17] Im Sinne dieser Lehre wollte er der Seele den Weg zur endgültigen Befreiung vom Körper und der Körperwelt im allgemeinen weisen. Dabei dürfte schon beim Schulgründer die Annahme eine Rolle gespielt haben, daß die Wirklichkeit mathematisch geordnet sei. Vor dem Hintergrund dieser Auffassung sind die Verhaltensregeln zu sehen, die Pythagoras aufstellte (z. B. gewisse Speisegebote). Obwohl sich ihr Sinn oft nicht mehr ermitteln läßt, ist klar, daß sie der Läuterung der Seele dienen sollten, und das heißt unter pythagoreischen Voraussetzungen: ihrer Unterwerfung unter die allgemeine, mathematisch ausdrückbare Harmonie aller Dinge. Später wurden Pythagoras vielfach Ansichten zugeschrieben, die erst seine Nachfolger vertraten. Dies hing einerseits mit der bei den Pythagoreern geltenden Regelung zusammen, alle Erkenntnisse auf den Schulgründer zurückzuführen; andererseits spielte der Hang zur Legendenbildung bei der Entstehung des späteren Bildes von Pythagoras eine wichtige Rolle: Im Verlauf der Zeit wurde dieses Bild immer detaillierter, aber auch immer phantastischer.

Nach den älteren Berichten hat sich Pythagoras auch als politischer Reformer betätigt. Bei seinen Schülern war das politische Interesse so ausgeprägt, daß die „Bünde", in denen sie sich organisierten, zu einer politischen Macht wurden. Die Widerstände, auf die die Pythagoreer aus politischen Gründen stießen, wurden bald so groß, daß es zu Verfolgungen kam, die den Einfluß der Bünde brachen und die Entwicklung der pythagoreischen Philosophie hemmten.

Im Pythagoreismus wirkte eine Reihe von Motiven, die dem Denken eines Thales und seiner Nachfolger fremd waren. Das gilt nicht nur für das starke ethische Interesse, sondern auch für die Seelenlehre. Offenbar beeinflußt von gewissen religiösen Vorstellungen, wie sie sich auch in der Mysterienreligion finden und die möglicherweise vor- bzw. außergriechischen Ursprungs sind, betrachteten die Pythagoreer den Körper als vorübergehende Behausung der Seele, ja als einen Kerker, in den die Seele gebannt ist, so daß sie danach trachten muß, sich aus ihm zu befreien. Um das Ziel der Erlösung von der körperlichen Existenz zu erreichen, muß man ein sittlich einwandfreies Leben führen, weil andernfalls die Seele nach dem physischen Tode in einen Körper von geringerem Wert übergeht, z.B. in den eines Tieres. Im positiven Fall wird man auf höherer Stufe wiedergeboren, z.B. als erhabener Weiser, oder – und dies ist das Endziel der Bemühungen um Erlösung – der Körperwelt überhaupt entrinnen, so daß der Kreislauf der Wiedergeburten unterbrochen ist. Die Herkunft der Seelenwanderungslehre läßt sich nicht völlig aufklären. Während die Antike dazu neigte, sie auf Einflüsse ägyptischer und orientalischer Denkweisen zurückzuführen, wird sie heute meist mit Motiven in Verbindung gebracht, die im schamanistischen Kulturkreis Asiens beheimatet sind.

In der Mathematik gelangten die Pythagoreer in erstaunlich kurzer Zeit zu bemerkenswerten Ergebnissen, z.B. zur Formulierung des pythagoreischen Lehrsatzes, der jedoch aller Wahrscheinlichkeit nach nicht von Pythagoras selbst bewiesen wurde. In der zweiten Hälfte des 5. Jahrhunderts stießen sie auf inkommensurable Verhältnisse, indem sie zunächst erkannten, daß Seite und Diagonale des Fünfecks kein gemeinsames Maß haben. Solche Verhältnisse werden heute durch irrationale Zahlen ausgedrückt, die aber den Pythagoreern noch nicht zur Verfügung standen. Großen Eindruck machte die auf Experimente mit schwingenden Saiten unterschiedlicher Länge gestützte Entdeckung, daß sich die Intervalle innerhalb der Tonleiter als Verhältnisse ganzer Zahlen ausdrücken lassen (z.B. entsprechen der Oktave Saiten im Längenverhältnis 1 : 2). Dies veranlaßte die Pythagoreer zu einer kühnen Verallgemeinerung: Sie erklärten, die Wirklichkeit als solche sei mathematisch bestimmt, ja das Wesen der Dinge bestehe geradezu aus Zahlen. In dem Bemühen, im Universum mathematische Verhältnisse aufzuweisen, gelangten sie schließlich zur Idee einer umfassenden mathematischen Ordnung, die sich im Kosmos als Harmonie der Sphären äußern soll. Da die Annahme, daß das Wesen der Wirklichkeit durch Verhältnisse zwischen ganzen Zahlen bestimmt sei, für die ursprüngliche pythagoreische Metaphysik grundlegend war, ist es verständlich, daß die Entdeckung irrationaler Zahlen (genauer: inkommensurabler Verhältnisse, wie des Verhältnisses zwischen Diagonale und Seite des Quadrats) zu einer Erschütterung des pythagoreischen Weltbildes führte.

Für die pythagoreische Mathematik insgesamt ist charakteristisch, daß sie rein theoretischen Charakter hatte: Die zahlentheoretischen Überlegungen liefern weder Rechenanweisungen, noch lassen sie eine technische Anwendung zu. Diese Konzentration auf den theoretischen Bereich war für die Entwicklung der Mathematik entscheidend. Dazu kam, daß sich die Mathematik rasch gegenüber der Philosophie verselbständigte. Während Pythagoras in der Antike noch als Philosoph galt, der sich mit Mathematik beschäftigte, stellt sich uns Hippokrates von Chios, der in der zweiten Hälfte des 5. Jahrhunderts die Ergebnisse pythagoreischer Bemühungen in einem Lehrbuch zusammenfaßte, bereits als Vertreter einer selbständigen Wissenschaft dar. Die Mathematik entwickelte sich (bei Theodorus von Cyrene, Theaetetus, Eudoxus usw.) in der Folge unabhängig von der Philosophie, obwohl sie für die Philosophie stets wichtig blieb. Plato betrachtete sie als Propädeutik der Ideenlehre, und Aristoteles reflektierte auf ihre axiomatische Form.

In inhaltlicher Hinsicht mag die Art, in der die Pythagoreer Erkenntnisse zu systematisieren suchten, anfechtbar erscheinen, was die von Aristoteles geübte Kritik verständlich erscheinen läßt; formal ist aber der Versuch, über einzelne Begründungen und Erklärungen hinaus zu umfassenden Systementwürfen überzugehen, von großer Bedeutung für die weitere Entwicklung des wissenschaftlichen und philosophischen Denkens. Namentlich haben die pythagoreischen Spekulationen über eine mathematische Ordnung des Universums über die Jahrtausende hinweg die Forschung beeinflußt: Noch Johannes Kepler ließ sich von der Idee einer Harmonie der Sphären leiten.

Die pythagoreische Mathematik war aber nicht nur Geometrie und Zahlentheorie, sondern sie enthielt auch Spekulationen über den moralischen Charakter von Zahlen. Bestimmten Zahlen wurden sittliche Qualitäten, wie Gerechtigkeit oder Zwietracht, zugeordnet, ohne daß der Grund der Zuordnung für uns durchschaubar wäre. Wichtiger ist, daß die Sittlichkeit von den Pythagoreern mit der Idee einer Harmonie der Seele bzw. der Harmonie der Gesamtwirklichkeit in Verbindung gebracht wurde, die sich in den Verhältnissen der Mathematik spiegeln oder geradezu mathematischen Charakter haben soll. Damit erhält die Beschäftigung mit der Mathematik unmittelbar sittliche Bedeutung: Sie erschließt jene Ordnung, der sich der Mensch unterwerfen muß, wenn er sittlich handeln will.

Die Mathematik der Pythagoreer hat schließlich auch einen metaphysischen Aspekt. Mit der These, daß die Zahl das Wesen der Dinge sei, wird nämlich, deutlicher als in der etwa gleichzeitigen Naturphilosophie, der Schritt zur Unterscheidung zwischen wahrnehmbarer und gedachter Wirklichkeit getan. Wenn z.B. das Wesen der musikalischen Harmonie in rein vernünftig erkennbaren mathematischen Verhältnissen besteht, dann sind die Töne, die in der Wahrnehmung erfaßt werden, von diesem Wesen verschieden. Gilt überdies, wie es im Pythagoreismus der Fall war, der Bereich der nur vernünftig erfaßbaren Verhältnisse als die wahre Wirklichkeit, dann muß der Bereich der wahrnehmbaren Gegenstände als Erscheinung aufgefaßt werden. Die für das metaphysische Denken typische Aufspaltung der Wirklichkeit in die Teilbereiche des Wesens und der Erscheinung ist im Pythagoreismus bereits deutlich angelegt, ebenso wie die Annahme, daß der Bereich der vernünftig erkennbaren Gegenstände rangmäßig höher steht als die

Welt der wahrnehmbaren Dinge. Auch in anderer Hinsicht führte der Pythagoreismus zu metaphysischen Fragestellungen: Wenn die Dinge „Zahlen sind" und wenn jede natürliche Zahl ein Vielfaches der Eins ist, dann bestehen die Dinge letzten Endes aus einer Vielzahl von Einheiten. Die (mathematische) Einheit wird zugleich als metaphysisches Atom aufgefaßt. Diese Ansicht bot Anlaß zu der im weiteren Verlauf intensiv diskutierten Frage, ob es zulässig sei, letzte Einheiten anzunehmen, oder ob die Dinge nicht vielmehr als unendlich teilbar zu gelten hätten.

4. Die Frage nach der Möglichkeit sicheren Wissens: Xenophanes

In der Geschichte der Philosophie wurde der von Metaphysikern erhobene Anspruch, auf dem Wege rein vernünftiger Einsicht zu sicherem Wissen gelangen zu können, immer wieder in Frage gestellt und zu entkräften gesucht. So stießen auch die frühen Versuche, unabhängig von der Erfahrung sichere Erkenntnis des Wesens der Wirklichkeit zu erreichen, auf prinzipielle Zweifel, nämlich bei dem um 570 v. Chr. geborenen und fast hundert Jahre später nach einem Leben als wandernder Sänger und Dichter gestorbenen Xenophanes von Kolophon, der sich schließlich im unteritalienischen Elea niederließ. Xenophanes tat als erster den Schritt zur philosophischen Kritik, indem er nach der Zuverlässigkeit unseres Wissens von den Göttern und der Natur fragte; seine Antwort war in gewissem Sinne skeptisch: Es gibt nach Xenophanes kein sicheres Wissen.

Bei den oben erwähnten Philosophen vor Xenophanes war die Ablösung des Denkens vom Mythus erfolgt, ohne daß auf diesen Prozeß reflektiert worden wäre. An die Stelle anschaulicher Erzählungen vom Werden der Götter und der Welt traten rationale Theorien über die Natur, ihren Anfang, die Art ihres Werdens und ihr Wesen; Xenophanes war der erste, der sich ausdrücklich von den mythischen Göttervorstellungen distanzierte. Er bemängelte, daß die Menschen die Götter mit menschlichen Zügen ausstatteten, ihnen menschliches Aussehen, menschliche Leidenschaften und Fehler zuschrieben: „Die Sterblichen wähnen, die Götter würden geboren und hätten Gewand und Stimme und Gestalt wie sie."[18] Er wies darauf hin, daß die Götter der Äthiopier stumpfnasig, die der Thraker blond und blauäugig sind; die Homerischen und Hesiodischen Götter stehlen, brechen die Ehe und betrügen.

Betrachtet man die landläufigen Göttervorstellungen lediglich als Projektionen menschlicher Züge auf geglaubte höhere Wesen, dann muß man, wenn man sich eine angemessene Vorstellung vom Göttlichen bilden will, von allen derartigen Zügen absehen. Selbst die Annahme, daß es eine Mehrheit von Göttern gebe, muß aufgegeben werden, wenn man eine angemessene Idee des Göttlichen gewinnen will. Wie diese Idee bestimmt sein soll, hat Xenophanes mit den Worten angedeutet: „Ein einziger Gott, unter Göttern und Menschen am größten, weder an Gestalt den Sterblichen ähnlich noch an Gedanken."[19] Gott ist unbeweglich, und es darf vermutet werden, daß ihn Xenophanes auch für unentstanden und unvergänglich gehalten hat. Gleichzeitig bewegt er alles durch die Kraft seines Geistes, so wie er auch alles weiß. (Dies dürfte gemeint sein, wenn Xenophanes sagt, Gott sei ganz Auge, ganz Geist, ganz Ohr.[20])

Ein erstes Prinzip, das der Entwicklung der Natur zugrunde liegt, scheint Xenophanes nicht angenommen zu haben. Wenn er erklärt, alles, was da werde und wachse – auch der Mensch – entstehe aus Erde und Wasser, so denkt er wohl an die Organismen. Im einzelnen machte er sich Gedanken über Wind und Niederschläge, über die Natur des Regenbogens und das Wesen der Gestirne. Von der Sonne nahm er an, sie bestünde aus Dünsten, die sich am Morgen entzündeten, am Himmel emporstiegen und schließlich wieder verlöschten. Dies sind aber in seinen Augen nur

„Meinungen", die dem Wahren ähnlich, aber nicht sicher sind. Von besonderem Interesse ist die Vorwegnahme späterer skeptischer bzw. kritischer Auffassungen: „Kein Mensch weiß etwas Zuverlässiges und niemals wird es jemand geben, der es in bezug auf die Götter und alle Dinge, über die ich spreche, weiß. Denn selbst wenn jemand die vollkommene Wahrheit noch so gut träfe, so wüßte er selber es doch nicht."[21] Will man Poppers Ausdrucksweise gebrauchen, kann man sagen, daß es nach Xenophanes nur Vermutungswissen gebe. Gleichzeitig scheint Xenophanes geglaubt zu haben, daß Theorien stets verbesserungsfähig sind, denn „nicht von Anfang haben die Götter den Sterblichen alles enthüllt, sondern allmählich finden diese suchend das Bessere".[22]

5. Die Welt als Werden: Heraklit

> Gleich mit jedem Regengusse
> Ändert sich dein holdes Tal,
> Ach, und in demselben Flusse
> Schwimmst du nicht zum zweitenmal.
> *(Goethe: Dauer im Wechsel)*

Heraklit, um 540 in dem kleinasiatischen Ephesus geboren, ist der erste Philosoph, der sich uns als Persönlichkeit mit bestimmten Zügen darstellt, obwohl auch in seinem Falle die Quelle der Überlieferung recht spärlich fließt. Er war königlicher Abkunft, verzichtete jedoch auf seine – damals schon auf den religiösen Bereich beschränkten – ererbten Vorrechte, vermutlich um gegen die antiaristokratische Politik seiner Vaterstadt zu protestieren. Er erlebte einschneidende Veränderungen der politischen Lage seiner Heimat. Die griechischen Städte Kleinasiens waren 545 von den Persern unter König Cyrus unterworfen worden. Im Jahre 500 erhoben sie sich, um die Fremdherrschaft abzuschütteln, erlitten aber 494 eine Niederlage. Milet wurde zerstört, die Bewohner der Stadt wurden nach Mesopotamien umgesiedelt. Weil die Aufständischen durch die Städte des Mutterlandes unterstützt worden waren, unternahmen die Perser eine Strafexpedition gegen Griechenland. Die unerwarteten Siege der Griechen bei Marathon und vor Salamis leiteten einen Aufstieg Athens ein, der die Stadt zum wirtschaftlichen und kulturellen Mittelpunkt der griechischen Welt machte.

Zur Zeit der Erhebung gegen die Perser war Heraklit etwa vierzigjährig. Nach der Niederschlagung des Aufstands gewährten die Perser den griechischen Städten einen gewissen Handlungsspielraum, den die Bürger von Ephesus benutzten, um ihre Verfassung zu demokratisieren. Diese Entwicklung lehnte Heraklit scharf ab; er wandte sich von seinen Mitbürgern ab und lebte schließlich als Einsiedler. Die Schrift, in der er seine Lehre dargestellt hatte, soll er im Tempel der Artemis deponiert haben, wohl um sie nicht in die Hände seiner Landsleute legen zu müssen; sie galt schon im Altertum als schwer verständlich, was Heraklit den Beinamen „der Dunkle" eintrug. An die 130 Fragmente dieser Schrift sind erhalten, ohne daß sich der Zusammenhang erkennen ließe, in dem sie ursprünglich standen. Der berühmteste der Heraklit zugeschriebenen Sätze, nämlich „alles fließt", ist in dieser Form nicht belegt; dem Sinne nach entspricht er aber der Heraklitischen Auffassung, der zufolge es eine beständige, dem Wandel entzogene Wirklichkeit nicht gibt: Alle Dinge sind veränderlich. Heraklit wollte offenbar nicht so weit gehen, die Wirklichkeit als Inbegriff von Prozessen darzustellen, wie manche Interpreten meinen, sondern er faßte sie als Inbegriff von Dingen auf, die aber seiner Ansicht nach niemals gleich bleiben, auch dann nicht, wenn wir an ihnen keine Veränderung wahrnehmen. Symbol der ständigen Veränderung der Wirklichkeit ist das fließende Wasser: So wie ein Fluß im Verlauf der Zeit derselbe zu sein scheint, tatsächlich aber immer ein anderer ist, weil sein Wasser unaufhörlich strömt, so scheinen auch manche Dinge dieselben zu bleiben, während sie sich doch in Wirklichkeit wandeln. Das gilt auch für den Menschen und seine Seele: Wir können nicht zweimal in denselben Fluß steigen, weil nicht nur der Fluß nicht derselbe bleibt, sondern weil auch wir nicht dieselben bleiben: „Wir steigen in dieselben Flüsse und steigen nicht [in dieselben]; wir sind und sind nicht [dieselben]."[23] Die Dinge sind Erscheinungsformen des Feuers, des lebendigsten und wandelbarsten aller Elemente: „Umwandlungen des Feuers sind zunächst das Meer, vom Meer sodann die eine Hälfte Erde, die andere Gluthauch."[24] Und so wie das Feuer sich ständig verändert, so verändern sich die Dinge bzw. die Welt insgesamt: Das Feuer verwandelt sich in alles, und alles verwandelt sich wieder in Feuer, so wie Waren in Geld und Geld in Waren getauscht werden.[25] Mit der Annahme eines Elementes – hier des Feuers –, aus dem alle anderen Stoffe entstanden sein sollen, knüpft Heraklit an die Milesier an (siehe oben Abschn. 2).

Heraklit hat sich nicht damit begnügt, den Fluß aller Dinge einfach zu behaupten, sondern er versuchte, ihn auf eine Ursache zurückzuführen. Als solche betrachtete er das Vorhandensein gegensätzlicher Tendenzen in der Wirklichkeit. Seiner Ansicht nach stoßen ständig Gegensätze aufeinander, ohne daß je ein Gleichgewichtszustand erreicht würde. Der „Krieg" der Gegensätze ist die Ursache dafür, daß alles im Fluß ist: er ist „der Vater aller Dinge, aller Dinge König".[26] Der Krieg im buchstäblichen Sinn und der gesellschaftliche bzw. politische Kampf sind Sonderfälle dieses universalen Konflikts gegensätzlicher Tendenzen, weshalb Heraklit auch sagte, der Krieg mache die einen zu Göttern, die andern zu Menschen, die einen zu Sklaven, die andern zu Freien. Heraklit scheint der Ansicht gewesen zu sein, daß der Konflikt im sozialen Bereich für die Erhaltung der Gesellschaft nötig sei, offenbar weil er Stagnation für schädlich hielt; es verhält sich in diesem Bereich so wie auch bei anderen Dingen: „Auch der Gerstentrank zersetzt sich, wenn man ihn nicht umrührt".[27] Die Fragmente sind reich an anschaulichen Beispielen für den Widerstreit der Dinge und Kräfte: Die Drehbewegung der Schraube führt zur geradlinigen Fortbewegung, das Meerwasser ist lebensnotwendig (für Fische) und ungenießbar (für Landtiere), die Enden der Leier streben auseinander und bewirken damit die harmonische Stimmung der Saiten usw.

Heraklits dynamisches Weltbild enthält jedoch eine Komponente, die über die frühere Naturphilosophie entscheidend hinausgeht: Das Feuer, als dessen Umwandlungen alle Dinge betrachtet werden, wird als vernünftiges Feuer aufgefaßt. Die Verbindung von Feuer und Vernunft ist heute schwer nachvollziehbar, war aber in der Frühzeit der Philosophie denkbar. Das gilt auch für die Verbindung der im Feuer konkretisierten Vernunft mit dem Weltgesetz. Im vernünftigen Feuer erblickte Heraklit jene Gesetzmäßigkeit, nach der die Gegensätze der Wirklichkeit zusammenwirken. Der Gedanke eines vernünftigen, ewig lebendigen Feuers, das als Prinzip der Wirklichkeit gilt, läuft wie bei Xenophanes auf die Kritik des Polytheismus hinaus. Mit der Annahme eines einheitlichen Prinzips der Wirklichkeit, aus dem alles wird und das das Weltgeschehen lenkt, knüpfte Heraklit unübersehbar an die Arché-Spekulation der jonischen Naturphilosophie an, über die er aber insofern hinausging, als er das erste Prinzip auch als Gesetzmäßigkeit bestimmte.

Für „Vernunft" und „Weltordnung" steht bei Heraklit der Ausdruck „Logos", der „Rede", „Verhältnis", „Vernunft" bedeuten kann. Der Logos verbindet nicht nur die widerstreitenden Tendenzen zur Einheit des Kosmos – ähnlich wie beim Bogen die auseinanderstrebenden Enden durch die Sehne zur Einheit einer brauchbaren Waffe zusammengehalten werden –, sondern er verbindet auch das Denken der Menschen, die über vernünftige Einsicht verfügen. Die Beobachtung ist für die Erkenntnis der wahren Verhältnisse nicht hinreichend: sie führt für sich allein nur zur Vielwisserei; erst die Einsicht enthüllt die „Natur" der Wirklichkeit, die sich nicht sogleich zeigt, sondern sich gleichsam zu verbergen liebt.[28] Obwohl sie sich verbirgt, ist sie nicht ohnmächtig: Heraklit war überzeugt, daß unsichtbare Harmonie mächtiger sei als sichtbare. Die Verhältnisse der Oberfläche sind nicht die wahren; wahrhaft wirklich ist nur das in der Tiefe liegende Wesen. Die Erkenntnis des Wesens gewinnen wir nicht durch Erfahrung, sondern durch rein vernünftige Einsicht, d. h. sie ist metaphysische Erkenntnis; sie hat auch nichts mit dem Mythus zu tun, den Heraklit geringschätzte. Mit der Unterscheidung von Wesen und Erscheinung hängt das Verhältnis von metaphysischer Einsicht und empirischer Kenntnis zusammen.

Mit dieser Auffassung wird eine bestimmte Richtung des metaphysischen Denkens eröffnet, für die die These charakteristisch ist, daß sich das Wesen der Wirklichkeit nicht empirisch, sondern nur durch reine Vernunft erfassen lasse. Diese Auffassung sollte für die spätere Metaphysik wichtig werden, wie sich bereits bei Parmenides zeigt, der wenig jünger war als Heraklit und der erstmals klar eine Position bezog, die im angegebenen Sinn als metaphysisch zu bezeichnen ist.

Die Vernunft ist bei Heraklit einerseits das Vermögen, durch das wir das Wesen der Wirklichkeit erfassen, andererseits wird die der Vernunft zugeschriebene Funktion ihrerseits metaphysisch gedeutet: Vernünftige Einsicht kommt nach Heraklit zustande, wenn sich die individuelle Vernunft mit der allgemeinen Vernunft – dem Logos – identifiziert. Voraussetzung dieser Identifikation ist, daß die Seele mit der allgemeinen Vernunft, dem Logos, im Einklang steht. Im gegenwärtigen Zustand der Seele ist die Fähigkeit zur Einsicht beschränkt: Wir gleichen zumeist Schlafenden; erst wenn wir geistig erwachen, wird uns klar, daß unser Geist mit der Weltvernunft zusammenhängt. Das endgültige Erwachen erfolgt erst mit dem physischen Tod: „Der Mensch entzündet / berührt in der (Todes-)Nacht ein Licht, wenn sein Augenlicht erloschen ist."[29] Auch diese Auffassung der vernünftigen Erkenntnis sollte in der späteren Metaphysik eine wichtige Rolle spielen: In der klassischen griechischen Philosophie, namentlich bei Plato, bei den späteren Platonikern der Antike und des Mittelalters, bei den Rationalisten der Neuzeit und bei den Vertretern des nachkantischen Idealismus findet sich der Gedanke wieder, daß es möglich sei, das Wesen der Wirklichkeit zu erkennen, weil die Form der Wirklichkeit und die Form des begrifflichen Denkens übereinstimmen. Hinter dieser Auffassung steht die unausgesprochene Voraussetzung, daß Erkenntnis nur möglich ist, wenn der erkennende Geist dem Erkannten ähnlich ist. Die Annahme, daß Erkenntnis Ähnlichkeit bzw. Verwandtschaft von Subjekt und Objekt erfordert, ist aber nicht selbstverständlich und wurde auch nicht allgemein akzeptiert; wo sie aber gemacht wurde, ergaben sich Auffassungen, die sich letzten Endes bis zu Heraklit und seinen Zeitgenossen zurückverfolgen lassen.

Die Seele hat nach Heraklits Ansicht Teil am Logos, sie ist individualisiertes lebendiges Feuer, und deshalb geht sie beim physischen Tod nicht zugrunde. Wenn die Menschen gestorben sind, steht ihnen etwas bevor, was sie weder erhoffen noch erwarten.[30] Welches Schicksal den Menschen nach Heraklit bevorsteht, läßt sich den Fragmenten aber nicht entnehmen. Daß Heraklit an ein Weltgericht geglaubt hat, das mit einem allgemeinen Weltenbrand einhergehe, ist zweifelhaft.

Einsicht in die Ordnung der Natur, die zugleich als Wertordnung gilt, ist nach Heraklit auch Bedingung des richtigen Handelns. Auf Grund der Erkenntnis der universalen Gesetzmäßigkeit, die alles Geschehen, auch das soziale Geschehen, beherrscht und die allgemein verbindlich ist, soll es möglich sein, oberste Normen zu formulieren, die unabhängig vom positiven Recht bestehen. Bei Heraklit findet sich erstmals der für alle späteren Naturrechtslehren typische Gedanke, daß sich der Natur gewisse allgemeine

Normen des Handelns entnehmen lassen. Bei Heraklit hat die Naturrechtslehre eine aristokratische bzw. elitäre Pointe. Die Einsicht in die wesentlichen Zusammenhänge der Natur der Dinge im allgemeinen und der Natur des Menschen im besonderen soll nämlich nur wenigen möglich sein; die große Masse der Menschen bleibt unverständig und bedarf daher der Führung durch die Einsichtigen. Diese Konsequenz aus der Annahme einer „tieferen" Einsicht, die den ausgezeichneten Individuen vorbehalten sein soll, wurde in der Folge immer wieder gezogen: Platos Forderung, die Philosophen sollten Könige sein, ist nur ein, freilich das berühmteste, Beispiel dieser Auffassung.

Wegen seiner Lehre von der die Wirklichkeit beherrschenden Gegensätzlichkeit wurde Heraklit bald kritisiert, bald bewundert. Plato und Aristoteles meinten, daß die These, in jedem Augenblick hätten die Dinge gegensätzliche Bestimmungen, zur Aufhebung des Widerspruchsprinzips führe. Wenn ein Ding zum Beispiel gleichzeitig schön und unschön ist, dann ist das Urteil „Dieses Ding ist schön" sowohl wahr als auch falsch. Läßt man aber auch nur einen einzigen Widerspruch zu, dann hat das katastrophale Konsequenzen, weil dann Beliebiges abgeleitet werden kann und die Rede ihre Eindeutigkeit verliert. Umgekehrt haben Hegel und andere in Heraklit den Wegbereiter des dialektischen Denkens gesehen. Tatsächlich wird man aber Heraklit weder eine Auffassung zuschreiben dürfen, die die Aufhebung des Widerspruchsprinzips nach sich zieht, noch wird man ihn zum Ahnherrn der dialektischen These machen können, der zufolge die werdende Wirklichkeit selbst „widerspruchsvoll" ist: Von gegensätzlichen Tendenzen in der Wirklichkeit läßt sich sprechen, ohne daß der Satz vom Widerspruch außer Kraft gesetzt würde. Wo Heraklit einem Ding entgegengesetzte Eigenschaften beilegt, geschieht das von verschiedenen Gesichtspunkten aus. Heraklits Leistung bestand darin, mit großem Nachdruck ein dynamisches Weltbild vertreten zu haben, das nicht wissenschaftlich, sondern metaphysisch und in gewissem Sinne religiös ist: Der Logos als das Eine Weise ist göttlich und kann, wenn man nicht an den allzu menschlichen Olympier denkt, auch Zeus genannt werden.

Die Faszination, die von Heraklits Denken ausgeht, ist zum Teil eine Folge des Charakters der erhaltenen Fragmente, die in bildhafter Sprache Gedanken andeuten, aber nicht begründen, und die daher oft recht verschiedene Interpretationen zulassen. Außerdem finden sich bei Heraklit immer wieder Auffassungen, die auf ägyptische, persische oder indische Einflüsse hinzudeuten scheinen, denen nachzugehen in einer Zeit, die die östliche Weisheit schätzt, verlockend ist. Im Rahmen der philosophiegeschichtlichen Analyse ist jedoch in beiden Hinsichten Zurückhaltung geboten; es kommt vor allem darauf an, Heraklit im Zusammenhang der griechischen Philosophie der Frühzeit zu sehen. Auch in diesem Rahmen erweist sich Heraklits Denken als bedeutungsvoll: Es verbindet die Anerkennung der Mannigfaltigkeit der Dinge mit der Idee der Einheit der Gesamtwirklichkeit, die Erfahrung gegensätzlicher Tendenzen in der Welt mit dem Gedanken einer umfassenden gesetzmäßigen Ordnung, die Berücksichtigung der Verhältnisse im materiellen Bereich mit deren Unterordnung unter ein vernünftiges, letzten Endes göttliches Prinzip, an dem der menschliche Geist teilhaben kann. Diese Ansätze sind bei Heraklit noch kaum entfaltet; die Geschichte des metaphysischen Denkens sollte sie nach und nach entwickeln. In dieser Hinsicht stellt bereits die Philosophie der Eleaten, allen voran die des Parmenides, einen Schritt über Heraklit hinaus dar.

6. Das wahrhaft Wirkliche als unveränderliches Sein: Die Eleaten

> „Da die doxa unvernünftig und
> allgemein ist, so muß, wer besser sieht,
> notwendig immer paradox erscheinen."
> *(Fr. Th. Vischer: Auch Einer)*

a) Parmenides

Mit der ausdrücklichen Unterscheidung von Erscheinung und wahrhaftem Sein, die von Heraklit und den Pythagoreern vorbereitet, aber erst von Parmenides klar vollzogen wurde, beginnt die Geschichte der Metaphysik als jener philosophischen Teildisziplin, deren Aufgabe in der Erkenntnis einer angenommenen erfahrungsjenseitigen Wirklichkeit besteht. Deshalb ist Parmenides als Begründer der Metaphysik im angedeuteten Sinn zu betrachten.

Parmenides, geboren um 515, vielleicht aber auch schon um 540,[31] lehrte im unteritalienischen Elea (heute Veglia). Er knüpfte insofern an Xenophanes an, als er wie dieser das Seiende mit göttlichen Attributen belegte, ohne es jedoch als persönliches Wesen aufzufassen. Da er aber von der agnostischen Auffassung, die Xenophanes vertreten hatte, weit entfernt war, kann man ihn nicht als dessen Fortsetzer betrachten und die eleatische Philosophie mit Xenophanes beginnen lassen, wie das seit Plato und Aristoteles immer wieder getan wurde. Der für das herkömmliche metaphysische Denken, wie es uns bei Parmenides entgegentritt, typische Anspruch, unbedingt wahre Prinzipien des Seins und Erkennens aufstellen zu können, läßt sich jedenfalls nicht auf Xenophanes' Einfluß zurückführen. Ambivalent ist sein Verhältnis zu Heraklit: Während er wie dieser an die Möglichkeit vernünftiger Einsicht in das Wesen der Dinge glaubte, lehnte er Heraklits dynamische Auffassung der Wirklichkeit ab: Das wahrhaft Seiende kennt kein Werden und keine Veränderung, so wie ihm auch die Vielheit fremd ist. Indem Parmenides die Vielheit vom wahrhaft Seienden ausschloß und dessen Einzigkeit behauptete, trat er der pythagoreischen These entgegen, daß die Dinge Mannigfaltigkeiten letzter Einheiten seien.

Die überlieferten Fragmente des Lehrgedichts, in dem Parmenides seine Hauptthesen vortrug, lassen den Zusammenhang seiner Gedanken hinreichend klar erkennen. Das Werk, dem Spätere den Titel „Über die Natur" gaben, besteht aus einer Einleitung (Proömium) und zwei Hauptteilen, nämlich einem metaphysischen und einem naturphilosophischen Teil. Der erstere ist nicht nur wesentlich besser dokumentiert, sondern auch philosophiegeschichtlich bedeutender als der letztere, was erkennen läßt, daß die naturphilosophischen Gedankengänge, mit denen die griechische Philosophie einsetzte, nach und nach zugunsten der metaphysischen Spekulation in den Hintergrund traten. Die in den naturphilosophischen Überlegungen enthaltenen metaphysischen Ansätze kamen nach und nach immer deutlicher zum Vorschein und wurden als philosophisch grundlegend erkannt.

Die einleitenden Verse des Lehrgedichts schildern, wie der Philosoph zum Himmel entrückt und von einer Göttin darüber belehrt wird, was die Wahrheit sei und was die Sterblichen glaubten, d.i. fälschlich für die Wahrheit hielten. Was hier als Wahrheit angekündigt wird, ist das Thema des ersten Teils des Lehrgedichts, während die naturphilosophischen Meinungen in dessen zweitem Teil erörtert werden.

Die zentrale Wahrheit, die dem Philosophen offenbart wird, besteht in dem Satz, daß das Seiende ist und das Nicht-Seiende nicht ist; die entgegengesetzte Auffassung ist irrig. Diese These wirkt auf den ersten Blick dürftig: Ist es nicht selbstverständlich, daß Seiendes ist und Nicht-Seiendes nicht ist? Der Eindruck einer nichtssagenden Trivialität verschwindet jedoch, wenn man sich vor Augen hält, daß Parmenides unter dem „Nicht-Seienden" den leeren

Raum, das Vakuum, verstanden hat. Im Unterschied zu der Feststellung, daß Nicht-Seiendes nicht seiend ist, hat die Behauptung, daß es kein Vakuum gibt, einen Gehalt und bedürfte daher einer Rechtfertigung im Rahmen einer empirischen Theorie; eine solche Rechtfertigung sucht man aber bei Parmenides vergeblich. Zwar wird zugunsten der These, daß nur Seiendes ist, ins Treffen geführt, daß allein etwas Seiendes gedacht werden könne bzw. daß alles, was gedacht wird, ein Seiendes ist;[32] hieraus folgt aber nur, daß Nicht-Seiendes, nicht jedoch, daß das Vakuum undenkbar ist. Ob das Leere als Nicht-Seiendes gelten kann, bleibt offen. Der Satz „Es gibt kein Vakuum" ist jedenfalls nicht selbstverständlich, sondern eine Annahme, die sich mit rein logischen Mitteln nicht als wahr erkennen läßt. Wenn Parmenides sie, wie es scheint, für eine Tautologie gehalten hat, dann irrte er, und seine metaphysische Grundlegung erweist sich als fragwürdig.

Aus der Leugnung des Leeren folgerte Parmenides, daß Bewegung unmöglich sei. Diese Konsequenz konnte er ziehen, weil er voraussetzte, daß etwas sich nur bewegen könne, wenn es einen leeren Raum gibt, in den es nach dem Verlassen seiner bisherigen Raum-Stelle ausweicht. Daß diese Folgerung nicht zwingend ist, sollte bald bemerkt werden, wie die von Empedokles (siehe Abschn. 7a) vertretene Auffassung zeigt. Nach Parmenides ist das wahrhaft Seiende nicht nur unbeweglich, sondern auch unentstanden. Nimmt man nämlich an, es wäre entstanden, dann könnte es nur entweder aus Seiendem oder aus Nicht-Seiendem entstanden sein. Das letztere ist ausgeschlossen, da nichts aus nichts entsteht. Dies wiederum ergibt sich daraus, daß unter der Voraussetzung der Entstehung aus dem Nichts eine absolut leere Zeit angenommen werden müßte, in der kein Augenblick vor einem anderen ausgezeichnet wäre, so daß unbegreiflich bliebe, warum das Seiende eher in diesem als in jenem Augenblick entstanden ist.[33] Die Annahme, das Seiende sei aus dem Seienden entstanden, läuft dagegen auf das

Eingeständnis hinaus, daß es nicht entstanden ist. Also hat es in jedem Fall als unentstanden zu gelten. Wenn es aber nicht entstanden sein kann, kann es auch nicht vergehen. Hinter der These, daß Werden unmöglich ist, könnte die Überlegung gestanden haben, daß die Bedeutung von „Werden" nur mit Hilfe von „Nicht-Sein" expliziert werden kann. Wer sagt, daß ein Ding geworden ist, meint, daß es vorher nicht war.[34] Wenn es also unmöglich ist, von Nicht-Sein zu sprechen, dann läßt sich auch nicht sinnvoll von Werden reden. Eine solche Argumentation steht allerdings auf schwachen Grundlagen: Auch wenn sich Nicht-Sein in einem absoluten Sinn nicht erkennen oder auch nur denken läßt, würde hieraus nicht folgen, daß es ausgeschlossen ist, mit Bezug auf bestimmte Dinge zu sagen, daß sie einmal nicht waren. Parmenides hätte konsequenterweise alle Verneinungen verbieten müssen, während er doch selbst Negationen verwendete, so wenn er von der wahren Wirklichkeit erklärt, sie sei unentstanden, unvergänglich, unbeweglich und ohne Abschluß.

Daß Werden und Vergehen unmöglich sind, ergibt sich für Parmenides auch daraus, daß sich das Seiende nicht zeitlich bestimmen läßt. Dies folgerte Parmenides daraus, daß das Seiende ist, und somit nicht war und nicht sein wird, also weder Vergangenheit noch Zukunft hat. Das Seiende ist infolgedessen nicht der Zeit unterworfen. Es kann ferner keine Teile haben, denn bestünde es aus Teilen, müßten diese voneinander getrennt sein; wären sie durch etwas Seiendes getrennt, liefe das auf die Annahme weiterer Teile hinaus, die ihrerseits von den ursprünglich angenommenen durch etwas Seiendes getrennt zu denken wären usw., so daß eine unendliche Mannigfaltigkeit von Teilen angenommen werden müßte, was Parmenides für undenkbar hielt; sie können aber auch nicht durch Nicht-Seiendes getrennt sein, da es Nicht-Seiendes voraussetzungsgemäß nicht gibt. Schließlich erklärte Parmenides das Seiende für kugelförmig, und auch für diese Annahme deutete er einen Beweis an: Da das Seiende vollkommen bzw. ohne Mangel ist und da Unbegrenzheit als Mangel gilt, folgt, daß das Seiende nicht unbegrenzt sein kann. Wegen der Vollkommenheit des Seienden muß es auf die vollkommenste Art begrenzt sein, nämlich durch die Form der Kugel als vollkommenster Gestalt. Die Schwierigkeit, daß ein kugelförmiges Weltall nicht als unteilbar gedacht werden kann, hat Parmenides nicht berücksichtigt, oder er hat den Ausdruck „kugelförmig" in übertragener Bedeutung verwendet, um die Vollkommenheit des wahrhaft Seienden auszudrücken.

Parmenides wollte nicht bloße Behauptungen aufstellen, sondern beweisen, daß dem Seienden bestimmte Attribute zukommen, nämlich „unentstanden", „unvergänglich", „ohne Ziel in der Zeit", „einzig", „unbeweglich", „homogen", „kugelförmig". Mögen auch bei den Pythagoreern und bei Heraklit metaphysische Gedanken anzutreffen sein, so finden sich doch metaphysische Beweisversuche erst bei Parmenides, dem daher in der Geschichte der Philosophie eine ausgezeichnete Stellung zukommt.

Die angedeutete Auffassung der wahren Wirklichkeit ist offensichtlich nicht mit den Zügen der empirischen Dinge vereinbar: Die wahrgenommenen Dinge bilden eine Vielheit, sie entstehen und vergehen, sie sind heterogen und haben Teile. Da nicht zu bestreiten ist, daß wir die Dinge als veränderlich, teilbar, im Werden begriffen erfahren, muß die erfahrene Realität als bloße Erscheinung, ja als trügerischer Schein erklärt werden. Das Werden der Dinge, ihre Bewegung und ihre Vielheit sind nur scheinbar, in Wirklichkeit gibt es nur das eine, unveränderliche, unbewegliche Seiende an sich, das im reinen Denken erfaßt und daher im eigentlichen Sinne erkannt wird, während die scheinbaren Dinge, wie sie sich der Wahrnehmung zeigen, Gegenstand bloßer Meinungen, d. h. hypothetischen Fürwahrhaltens, sind.

Auf die Frage, warum das wahrhaft Wirkliche als veränderliche Mannigfaltigkeit von Dingen erscheint, hat Parmenides keine Antwort gegeben. Zwei Möglichkeiten zeichnen sich ab: Daß uns die Wirklichkeit als Vielheit veränderlicher Dinge erscheint, könnte seinen Grund im Seienden selbst haben, könnte aber auch auf das Subjekt zurückzuführen sein, das die Wirklichkeit erfährt. Wenn es das Seiende selbst ist, das sich als Vielheit veränderlicher Dinge zeigt, dann müßte gesagt werden, was es dazu veranlaßt; wenn der Schein erst mit der Wahrnehmung entstehen soll, dann müßte angegeben werden, wie das geschieht. Da Parmenides auf diese Probleme nicht einging, bleibt seine Philosophie in einem wichtigen Punkt unvollständig. Plato war es vorbehalten, diese Probleme ausdrücklich zu formulieren und einen Versuch zu ihrer Lösung zu unternehmen.

Zu den hypothetischen „Meinungen", die im zweiten Teil des Lehrgedichts behandelt werden, gehören die Lehren von der Natur und der Entstehung des Kosmos. Parmenides übernahm verschiedene der älteren Ansichten, z.B. die Lehre von den gegensätzlichen Elementen, unter denen das Lichte und das Dunkle – vermutlich Feuer und Luft – an erster Stelle stehen. Das Verhältnis der Elemente ist einer Ordnung unterworfen, die eine alles lenkende Gottheit aufrechterhält. Im Mittelpunkt des Kosmos steht die kugelförmige Erde, die von den Gestirnbahnen umgeben ist. Die Einzelheiten der Parmenideischen Kosmologie lassen sich nicht mehr sicher rekonstruieren. Das fällt deshalb nicht allzu sehr ins Gewicht, weil Parmenides selbst die empirische Erkenntnis gegenüber der metaphysischen abzuwerten trachtete. Da die Erkenntnis der Natur stets hypothetisch ist, kann sie nicht als Wissen im vollen Wortsinn gelten: Sie ist als „dóxa" (hypothetische Überzeugung) gegenüber der „epistéme", dem rein vernünftigen und notwendigen Wissen, zweitrangig.

Gegen die Unterscheidung von wahrer Wirklichkeit und bloßer Erscheinung läßt sich einwenden, daß sie auf einer problematischen Annahme beruht, nämlich der These, daß das Seiende an sich und seine Attribute in rein vernünftiger Einsicht unmittelbar erfaßt werden. Diese Annahme ist vom

Standpunkt der kritischen Philosophie aus nicht akzeptabel. Man muß überdies fragen, was zu dieser Annahme veranlaßte; die Antwort kann nur lauten, daß sie für nötig gehalten wurde, um das vorausgesetzte Ideal perfekten, d. h. einer Korrektur prinzipiell weder bedürftigen noch fähigen Wissens aufrechterhalten zu können. Dieses Ideal ist aber fragwürdig, ja es ist im Verlauf der Entwicklung des philosophischen Denkens immer fragwürdiger geworden. Gibt man es auf, dann entfällt auch die Notwendigkeit, etwas anzunehmen, das Gegenstand dieses vermeintlich definitiven Wissens ist, nämlich die „wahre Wirklichkeit", das Eine Seiende. Die Parmenideische Seinslehre erweist sich bei dieser Betrachtungsweise als abhängig von einer bestimmten Auffassung der Erkenntnis.

Parmenides übte starken Einfluß auf die weitere Entwicklung der Philosophie aus, die sich ohne ihn nicht begreifen läßt. Er gründete nicht nur eine Schule, sondern beeinflußte Empedokles, Anaxagoras, die Atomisten und schließlich Plato, dessen metaphysische Betrachtungsweise eine bis in unsere Zeit anhaltende Wirkung ausübt.

b) Zeno von Elea und Melissus

Parmenides hat eine Auffassung vertreten, die der Erfahrung, die uns eine Vielheit veränderlicher Dinge zeigt, offensichtlich widerspricht; es ist daher anzunehmen, daß seine Lehre auf Kritik stieß und daß sich die Angehörigen der eleatischen Philosophie genötigt sahen, Einwänden von seiten konkurrierender philosophischer Richtungen und des sogenannten gesunden Menschenverstandes entgegenzutreten. In diesem Sinne setzte sich vor allem der Eleate Zeno, Schüler von Parmenides, für die Theorie seines Lehrers ein. Er suchte durch eine Reihe scharfsinniger Beweise zu zeigen, daß die Welt veränderlicher Dinge in Raum und Zeit nur Schein, das wahrhaft Wirkliche dagegen eines, unbeweglich und unveränderlich ist, wie Parmenides behauptet hatte.

Von den überlieferten Argumenten Zenos gegen die Realität der Bewegung ist das folgende am berühmtesten: Wenn der schnellfüßige Achill einen Wettlauf mit einer Schildkröte vereinbart, der er wegen ihrer Langsamkeit einen Vorsprung einräumt, kann er sie niemals einholen; denn während er die Distanz zurücklegt, die dem Vorsprung der Schildkröte entspricht, hat diese bereits eine gewisse Strecke zurückgelegt; während Achill diese letztere durchläuft, hat sich auch die Schildkröte ein Stück weiterbewegt, und so weiter ins unendliche; obwohl der Rückstand Achills immer kleiner wird, verschwindet er doch nicht: Achill kann, ungeachtet seiner Schnelligkeit, die Schildkröte nicht einholen. Um die Zusammenhänge zu verdeutlichen, kann man z.B. annehmen, Achill sei hundertmal so schnell wie die Schildkröte und diese habe einen Vorsprung von 100 m. Wenn Achill diese 100 m zurückgelegt hat, ist die Schildkröte bei 101 m angelangt, wenn Achill diese Marke erreicht, befindet sich die Schildkröte bei 101,01 m usw. Die Folge der Abstände wäre demnach 100, 1, 1/100, 1/10000, ... usw. ins unendliche, wobei kein angebbares Glied der Folge = 0 ist. Der Einwand, daß man den Grenzwert der Reihe 100 + 1 + 1/100 + ... berechnen kann – er beträgt 101 1/99 –, hätte Zeno nicht beeindruckt, da es seine Überlegung nicht mit einem gedachten Grenzwert, sondern mit einem Vorgang in der Zeit zu tun hat. Das Ergebnis der Überlegung ist paradox, weil die Erfahrung zeigt, daß in Fällen wie dem betrachteten der Schnellere nach einer bestimmten Zeit doch den Langsameren einholt. Anstatt aber zu folgern, daß die angedeutete Überlegung durch die Erfahrung widerlegt werde, zog Zeno genau die entgegengesetzte Konsequenz: Weil die logische Argumentation richtig ist, muß die Erfahrung als trügerisch gelten: Es scheint nur so, als bewegten sich Achill und die Schildkröte, während es in Wirklichkeit Bewegung nicht gibt. Kurz: Wenn die Erfahrung von Vorgängen der logisch-mathematischen Überlegung widerspricht, kann sie nicht zuverlässig sein. Hieraus folgerte

Zeno, daß die Welt, in der sich Dinge bewegen, nur scheinbar wirklich ist.

Auch die Annahme, daß es, wie die Wahrnehmung zeigt, eine Mehrheit von Dingen gibt, läßt sich nach Zeno widerlegen: Geht man von der kleinstmöglichen Vielheit aus und nimmt an, daß es zwei verschiedene Seiende gibt, dann muß etwas anerkannt werden, das sie voneinander scheidet, und das kann nur ein Seiendes, und nicht ein Nichts, sein: Zu sagen, zwei Seiende wären durch nichts getrennt, hieße ja einräumen, daß sie nicht getrennt, somit nicht zwei Seiende, sind. Die Annahme, daß es zwei Seiende gebe, führt also notwendig zur Annahme eines dritten Seienden. Da dieses von den beiden ersten geschieden sein muß, ist die Annahme weiterer Seiender, die sie trennen, unumgänglich und so weiter ins unendliche, so daß man schließlich zu dem Ergebnis gelangt, daß es unendlich viele Seiende gibt. Eine Annahme, die zu einem unendlichen Progreß führt, muß aber nach Zeno falsch und ihr Gegenteil daher richtig sein: Es gibt keine Mehrheit von Seienden, sondern vom Seienden läßt sich prinzipiell nur in der Einzahl reden. Zeigt die Wahrnehmung eine Mannigfaltigkeit, dann ist sie trügerisch; die als Mannigfaltigkeit von Dingen erfahrene Welt ist bloßer Schein, sie ist nicht im eigentlichen Sinne wirklich. Somit muß das wahrhaft Seiende tatsächlich die ihm von Parmenides zugeschriebenen Attribute haben.

Mit seinen Argumenten leistete Zeno zugleich einen Beitrag zur Entwicklung der Logik, wie Aristoteles anerkannte.[35] Man wird Zeno nicht gerecht, wenn man annimmt, er habe Argumente wie das vom Wettlauf des Achill nur aus Freude an logischen Spitzfindigkeiten entwickelt. Den Philosophen von Elea war es mit dem Gedanken einer von der wahrnehmbaren Welt verschiedenen wahren Wirklichkeit, die sich nur dem rein vernünftigen Denken erschließt, viel zu ernst, als daß sie ihn als Anlaß von Spiegelfechtereien mit paradoxem Ergebnis mißbraucht hätten. Zenos Argumente sind – wie schon gewisse Parmenideische Argumente – indirekte Beweise: Um einen Satz indirekt zu beweisen, geht man von dessen Negation aus und zeigt, daß sie unhaltbare Konsequenzen hat. Folgt aus einem Satz etwas Unmögliches, dann muß er falsch und sein Gegenteil – also der ursprüngliche Satz – wahr sein. In diesem Sinne nahm Zeno, um zu beweisen, daß es keine Vielheit von Seienden geben könne, an, es existierten mehrere Seiende. Da sich hieraus eine unannehmbare Konsequenz ergibt, ist der Satz „Es gibt mehrere Seiende" falsch und somit seine Negation „Es gibt keine Mehrheit von Seienden" wahr. Es ist bemerkenswert, daß auch die zeitgenössische Mathematik den indirekten Beweis (reductio ad absurdum) verwendete. Um z.B. die Inkommensurabiltät von Seite und Diagonale des Quadrats zu beweisen, nahm man an, sie wären kommensurabel, leitete aus dieser Annahme einen Widerspruch ab und folgerte hieraus die Falschheit der Annahme bzw. die Richtigkeit ihrer Negation, d.h. des zu beweisenden Satzes. Die Parallelität der Argumentationsweisen der Metaphysik und der Mathematik gibt einen Hinweis auf die Bedeutung, die dem mathematischen Denken bei der Grundlegung der systematischen Philosophie zukam.

Ähnlich wie Zeno suchte auch Melissus von Samos die von Parmenides vertretene Auffassung zu verteidigen, wobei er die Ansicht des Schulhauptes in einem Punkte korrigierte: Die Wirklichkeit soll nicht als Kugel gedacht werden, sie hat überhaupt keine bestimmte Begrenzung, sondern muß als unbegrenzt gelten.

Die eleatische These, daß die wahre Wirklichkeit, wie sie in reiner Vernunft erfaßt wird, eine Einheit ohne Mannigfaltigkeit von Teilen, ohne Veränderung und Bewegung, ohne Anfang und Ende sei, hinterließ im Denken der Folgezeit tiefe Spuren: Kein Philosoph des fünften und vierten Jahrhunderts konnte sich über sie hinwegsetzen. Da aber auch niemand außerhalb der eleatischen Schule bereit war, die Ansicht des Parmenides, und namentlich seine Leugnung eines realen Entstehens und Vergehens, ohne Einschränkung zu akzeptieren, entstanden Theorien, die auf eine Modifikation des eleatischen Ansatzes hinausliefen, ohne jedoch die Annahme eines wahrhaft Wirklichen „hinter" den Erscheinungen preiszugeben.

7. Theorien des Werdens: Empedokles, Anaxagoras, Demokrit

Es ist üblich, in Heraklit und Parmenides Antipoden zu sehen, deren Auffassungen einander schroff gegenüberstehen. An dem Gegensatz zwischen Heraklitischer und eleatischer Philosophie, zwischen dynamischer und statischer Wirklichkeitsauffassung ist in der Tat nicht zu zweifeln. Man darf aber nicht übersehen, daß Heraklit und Parmenides insofern übereinstimmten, als sie der beobachtbaren eine „wahrere", „tiefere", den Sinnen verborgene Wirklichkeit gegenüberstellten; und obwohl Heraklit den Fluß aller Dinge betonte, glaubte auch er, wie Parmenides, an etwas Unwandelbares, das er aber nicht als Seiendes, sondern als ein in allem Werden waltendes Gesetz auffaßte. Nichtsdestoweniger sind die Unterschiede zwischen der Heraklitischen Lehre von der Veränderlichkeit der mannigfaltigen, einander widerstreitenden Seienden und der eleatischen Lehre von der Unveränderlichkeit des einen, wahrhaft Seienden groß genug, um von einer Antithese sprechen und diese zum Ausgangspunkt der Rekonstruktion der späteren Entwicklung machen zu können: Die Auffassungen von Philosophen wie Empedokles, Anaxagoras oder Demokrit lassen sich in der Tat als Versuche begreifen, zwischen Heraklit und den Eleaten zu vermitteln. Den verschiedenen Bemühungen um eine Synthese lag der Gedanke zugrunde, daß an der eleatischen Annahme von etwas wahrhaft Wirklichem, das unentstanden, unveränderlich und unvergänglich ist, festzuhalten sei, gleichzeitig jedoch die Realität des Werdens, d.h. des Entstehens, der Veränderung und des

Vergehens von Dingen nicht geleugnet werden könne. Die Synthese ergibt sich unter der Voraussetzung, daß die wahrhafte Wirklichkeit nicht (mit Parmenides) als Einheit, sondern als Vielheit unentstandener und unvergänglicher Seiender aufgefaßt und angenommen wird, daß diese Seienden sich miteinander zu Komplexen verbinden, die nicht konstant sind und sich daher auch wieder auflösen können. Kurz: die erfahrbaren Dinge sind veränderliche Aggregate unveränderlicher Partikeln, die mit Ausnahme der Einzigkeit alle Attribute des Parmenideischen Seienden haben. In diesem Punkte waren sich die von Parmenides und Heraklit angeregten Philosophen einig.

Über den Charakter der ungewordenen und unvergänglichen Partikeln, durch deren Kombination die beobachtbaren Dinge entstanden sein sollen, gingen die Meinungen jedoch auseinander: Empedokles sprach von vier Elementen, nämlich Feuer, Wasser, Erde und Luft; Anaxagoras nahm Partikeln an, die von gleicher Art sein sollten wie die wahrnehmbaren Dinge, also knochenartig, fleischartig, holzartig usw.; Leukipp und Demokrit schließlich postulierten die Existenz von Atomen, d.h. von unteilbaren Partikeln, die nur durch Eigenschaften der Größe, der Masse, der Gestalt, der Lage und der Bewegung, nicht aber durch andere Eigenschaften, bestimmt sein sollten.

Im einzelnen stellen sich die angedeuteten Lösungsversuche folgendermaßen dar:

a) Empedokles

Empedokles (etwa 492 bis etwa 432) aus Akragas, dem heutigen Agrigent, hat seine Theorie des Werdens in dem Lehrgedicht „Über die Natur" entwickelt, in dem er ausführte, daß die erfahrbaren Dinge aus Anteilen der vier Elemente – oder, wie er sagte, der „Wurzeln der Dinge"[36] – zusammengesetzt seien und daß ihre Veränderung in einer Neukombination dieser Anteile bestehe. Die Entstehung eines

Dinges erfolgt nach dieser Auffassung dadurch, daß sich Elementarteile in einem bestimmten Verhältnis zu einem Komplex verbinden. Die Eigenschaften eines Dinges hängen von dem Verhältnis ab, in dem die Elemente an dem Komplex beteiligt sind, und die Veränderung eines Dings ist als Änderung dieses Verhältnisses zu begreifen, so wie das Vergehen bzw. die Zerstörung von Dingen im Zerfallen des Komplexes besteht. Die Elemente selbst vergehen dabei nicht, so daß man von einer ersten Ahnung des Prinzips der Erhaltung der Masse sprechen kann.

Wenn man wie Empedokles die Elemente als träge Materie auffaßt, dann läßt sich die Frage nicht abweisen, was die Verbindung von Anteilen der Elemente zu Komplexen, ihre Änderung bzw. ihre Auflösung bewirkt. Empedokles hat angenommen, daß dies durch Kräfte geschieht, die er als Anziehungs- und Abstoßungskräfte charakterisierte und in mythologisierender Sprache als „Liebe" und „Zwietracht" bezeichnete. Sofern in der Natur Attraktionskräfte wirksam sind, kommt es zur Bildung von Komplexen oder Aggregaten, und sofern Repulsionskräfte zur Geltung kommen, lösen sich die Aggregate wieder auf. Empedokles meinte aber, daß sich die beiden kosmischen Grundkräfte nicht im Gleichgewicht befinden, sondern mit wechselndem Ergebnis miteinander konkurrieren. Setzt sich die „Liebe" vollständig durch, gibt es keine die Elemente trennenden Kräfte mehr und die Elemente bilden eine ungeschiedene Einheit, vergleichbar einer kompakten Kugel, die bei Empedokles „Sphairós" heißt. Erst wenn die „Zwietracht" zu wirken beginnt, setzt ein Prozeß der Differenzierung ein, in dessen Verlauf Dinge entstehen. Innerhalb der Dinge werden die Elemente zunächst noch durch „Liebe" zusammengehalten, die „Zwietracht" bewirkt aber, daß es voneinander getrennte Dinge gibt. Siegt schließlich die „Zwietracht" vollständig über die „Liebe", dann gibt es keine besonderen Dinge mehr, sondern die Elemente sind vollkommen voneinander getrennt und in Form von Kugelschalen um die Erde angeordnet. Der Sieg der „Zwietracht" ist aber ebensowenig endgültig, wie es die Herrschaft der „Liebe" im „Sphairós" war; die „Liebe" beginnt, die „Zwietracht" zurückzudrängen, bis eine Welt besonderer Dinge entsteht und schließlich unter der ausschließlichen Herrschaft der „Liebe" wieder die Einheit des „Sphairós" erreicht wird. Die Entwicklung ist zum Ausgangspunkt zurückgekehrt, ohne daß ein stabiler Zustand erreicht würde: Immer von neuem folgen die angedeuteten Phasen der Weltentwicklung aufeinander, so daß von einem pulsierenden Universum gesprochen werden kann,[37] ähnlich wie es in der Gegenwart – freilich in wissenschaftlich viel differenzierterer Weise – im Rahmen der Urknall-Theorie vorstellbar ist.

Bei dieser Auffassung ist besonders der Umstand erkenntnistheoretisch wichtig, daß die beobachtbaren Verhältnisse auf etwas zurückgeführt werden, das nicht beobachtet, sondern angenommen wird, um das Vorhandensein von Dingen mit bestimmten Eigenschaften und die Veränderung von Dingen begreiflich machen zu können. Die angenommenen Zusammenhänge im Bereich der vier Elemente und ihrer Teile sowie im Bereich der grundlegenden Kräfte gelten dabei als die eigentliche Wirklichkeit, die Verhältnisse, wie sie sich in der Wahrnehmung zeigen, werden dagegen als bloße Erscheinungen der zugrunde liegenden „wahren Wirklichkeit" aufgefaßt. Wenn z.B. die Eigenschaften des Blutes – also seine Flüssigkeit, seine Wärme, seine Farbe usw. – darauf zurückgeführt werden, daß Blut zu je einem Viertel aus Feuer, Erde, Luft und Wasser besteht, so sind Farbe, Aggregatzustand, Temperatur usw. Erscheinungsweisen der Konfiguration von Anteilen der genannten Elemente, die als solche nicht wahrgenommen werden. Obwohl Empedokles Annahmen der genannten Art nicht überprüfen konnte, ist eine solche Überprüfung doch prinzipiell möglich, wie die moderne Chemie zeigt, die die wahrnehmbaren Eigenschaften von Stoffen ebenfalls auf Verhältnisse im Bereich der Elemente bezieht, allerdings unter „Element" etwas anderes versteht als Empedokles. So werden z. B. die Eigenschaften des Wassers mit Hilfe der Annahme erklärt, daß jedes Wasser-Molekül aus zwei Wasserstoffatomen und einem Sauerstoffatom besteht, die in bestimmter Weise angeordnet sind. Eine vage Ahnung von derartigen Erklärungen hatte bereits Empedokles, was ihn als fernen Vorläufer der Chemie erscheinen läßt.

Auch die Organismen sind durch Verhältnisse der Elemente charakterisiert, einschließlich des menschlichen Organismus und seiner Teile, namentlich der Sinnesorgane. Die Wahrnehmung kommt dadurch zustande, daß Dinge einen Reiz auf das Sinnesorgan ausüben und dort eine Reaktion hervorrufen. Sie führt zur bewußten Wahrnehmung, wenn der Eindruck und das Sinnesorgan gleichartig sind und die Eindrücke in die Öffnungen (die Poren) der Sinnesorgane „passen". Empedokles vertrat mit einem Wort die Ansicht, daß die Wahrnehmung nur unter der Voraussetzung der Gleichartigkeit von Wahrgenommenem und Wahrnehmendem zustande komme. Das heißt: Wir nehmen die aus Erde, Wasser, Feuer, Luft bestehenden Dinge wahr, weil diese Elemente auch in unseren Sinnesorganen vorhanden sind. Ebenso erfahren wir auch Liebe und Zwietracht nur, weil diese Kräfte in uns selbst wirksam sind.[38]

Die Wahrnehmung stellt sich somit als Abbildung der Wirklichkeit im Bewußtsein auf Grund materieller Reize dar. Selbst das, was man „Seele" (psyché) nennt, gilt als Teil des Organismus. Infolgedessen handelt es sich bei der Wahrnehmung um einen Zusammenhang, der sich prinzipiell naturwissenschaftlich erklären läßt. Die angedeutete naturalistische Betrachtungsweise kommt auch bei anderen Problemen zur Geltung, so daß Empedokles mit der „physiologischen" Richtung der frühgriechischen Philosophie in Verbindung gebracht werden kann. Um so überraschender ist es daher, daß in dem zweiten von Empedokles überlieferten Gedicht, dem „Reinigungslied", eine betont anti-naturalistische Auffassung zur Geltung kommt: Hier ist die Seele nicht mehr ein Aspekt des Organismus, sondern ein Geist (daímon), aus seiner jenseitigen Heimat vertrieben und in die Welt der Dinge gebannt, der dazu verurteilt ist, in wechselnden Erscheinungsformen wiedergeboren zu werden. Im „Reinigungslied" wird nicht versucht, das Werden im allgemeinen oder einzelne Vorgänge in der Welt zu erklären, sondern es geht um die Erlösung der Seele aus der Bindung an den Leib. Dieses Ziel soll durch sittliche Lebensführung, Reinigungsriten und Opfer – also auf moralisch-religiösem Wege – erreicht werden. Durch Einhaltung sittlicher Regeln soll sichergestellt werden, daß die Seele in der Reihe der Wiedergeburten zu höheren Daseinsformen aufsteigt und sich schließlich von der Bindung an die Leiblichkeit überhaupt befreit, d. h. in ihre überirdische Heimat zurückkehrt: Die erlösten Seelen werden „emporwachsen als Götter, an Ehren reichste, den anderen Unsterblichen Herdgenossen, Tischgefährten, menschlicher Leiden unteilhaft, unverwüstlich".[39]

Im „Reinigungslied" stellt sich Empedokles nicht nur als Vertreter einer religiösen Heilslehre dar, sondern geradezu als gottähnlicher Prophet, der den Menschen den Weg zum Heil zeigt. Sein Auftreten als Seher und geistiger Führer wurde nach seinem Tod zum Anlaß der Legendenbildung: Seine Anhänger behaupteten, er sei zum Himmel aufgefahren; die Gegner vermuteten dagegen, er habe sich in den Krater des Ätna gestürzt, um die Himmelfahrtslegende entstehen zu lassen. Da er beim Aufstieg zum Krater eine Sandale verloren habe, sei die Mystifikation aufgedeckt worden.

Für die Philosophiegeschichte ist vor allem die Frage wichtig, wie sich der naturalistische Standpunkt des Gedichtes „Über die Natur" zu den anti-naturalistischen Ideen im „Reinigungslied" verhält. Hier könnte man sich mit der Annahme zu helfen suchen, daß die beiden Gedichte in verschiedenen Phasen von Empedokles' Denkentwicklung entstanden seien, so daß er sich entweder vom religiös gestimmten Propheten zum nüchternen Wissenschaftler oder umgekehrt vom naturwissenschaftlich eingestellten Theoretiker zum Seher und Künder entwickelt hätte. Diese Lösung ist plausibel, aber nicht hinreichend zu begründen, weshalb man mit der Möglichkeit rechnen muß, daß Empedokles beides war: ein Theoretiker, der mit rationalen Mitteln versuchte, das Werden der Welt und in der Welt zu erklären, und ein Guru oder Schamane, der einen Weg zur Enthebung von der leiblichen Realität weisen wollte. Uns fällt es schwer, die Verbindung derart unterschiedlicher Einstellungen für möglich zu halten – vielleicht deshalb, weil wir dem Denken der Frühzeit so fernstehen, daß es für uns nicht mehr nachvollziehbar ist. Tatsächlich dürfte die Verbindung von wissenschaftlichen und religiösen Ideen, wie sie sich bei Empedokles zeigt, für den damaligen Pythagoreismus, von dem wir unmittelbar nur wenig wissen, typisch gewesen sein, und daß Empedokles dem zeitgenössischen Pythagoreismus nahestand, ja daß er geradezu ein Pythagoreer war, ist wahrscheinlich.

b) Anaxagoras

Anaxagoras, geboren um 500 in Clazomenae, machte als erster die Athener mit dem philosophischen Denken bekannt, so daß es ihm zu verdanken ist, wenn in der blühenden Kultur Athens unter Perikles auch die Philosophie eine Rolle spielte. Mit Perikles, Themistokles, Euripides stand er in enger Verbindung. Allerdings stieß das philosophische Denken (mit Einschluß von Naturphilosophie und Naturwissenschaft) auf Widerstand, da die Vertreter des traditionellen Weltbildes die neuen Auffassungen ablehnten. So wurden namentlich seine astronomischen Ansichten als anstößig empfunden. Während herkömmlicherweise die Gestirne als göttlich galten, erklärte sie Anaxagoras als Himmelskörper von derselben Art wie die Erde. Nach Perikles' Tod wurde er wegen Gottlosigkeit („Asebie", was Verletzung der herkömmlichen Frömmigkeit bedeutet) angeklagt und zur Emigration genötigt. Ähnlich stieß 2000 Jahre später Galilei auf Widerstand, als er leugnete, daß der Mond von vollkommenerer Art sei als die Erde, und damit den Gegensatz von sublunarer und supralunarer Welt aufhob, den die damaligen Aristoteliker behaupteten.

Wie Empedokles sah sich auch Anaxagoras mit der eleatischen Ontologie konfrontiert, die auf die Leugnung eines realen Werdens hinauslief, und wie jener wollte auch er diese Konsequenz vermeiden. Mit Parmenides erkannte er an, daß etwas in aller Veränderung Konstantes angenommen werden müsse; gleichzeitig faßte er Entstehen und Vergehen von Dingen, ähnlich wie Empedokles, als die Bildung und die Auflösung von Aggregaten auf und konnte daher die Realität des Werdens behaupten. Wenn er erklärte: „Von Entstehen und Vergehen haben die Hellenen keine richtige Ansicht. Kein Ding nämlich entsteht oder vergeht [im absoluten Sinne], sondern aus vorhandenen Seienden bildet es sich durch Mischung und vergeht durch deren Trennung",[40] dann entspricht das formal der Ansicht eines Empedokles oder eines Demokrit (siehe den folgenden Abschn. c). Die Wandelbarkeit von Dingen besteht nach dieser Auffassung darin, daß sich die Anordnung der Teile in einem Komplex ändert. Anders als Empedokles sprach Anaxagoras aber nicht von Teilen der vier Elemente, sondern von Teilen mannigfaltiger Stoffe von der Art der empirisch bekannten – also von der Art des Eisens oder des Goldes, der Knochen oder des Fleisches, des Wassers oder des Blutes. Diese Stoffe bezeichnete er als „Keime aller Dinge" und nahm an, daß bei ihrer Teilung immer Partikeln der gleichen Art entstehen, so weit man den Teilungsprozeß, der prinzipiell unabschließbar ist, auch fortsetzt. Blutteilchen sind also stets von der Art des Blutes, Holzteilchen von der Art des Holzes usw., d.h., sie bestehen nicht aus Partikeln, denen die Eigenschaften der aus ihnen zusammengesetzten Dinge fehlen. Wegen der Gleichartigkeit der Teile mit den jeweiligen Grundstoffen wurden diese (vermutlich erst von Späteren) als „homöomere Stoffe" bzw. als „Homöomerien" bezeichnet.

Anaxagoras ging aber weiter und nahm an, daß jeder konkrete Stoff aus Teilen *aller* Grundstoffe bestehe,[41] also z.B. im Haar auch Fleisch, Getreide, Wasser, usw. enthalten seien. Daß wir etwas „Haar" nennen, kommt daher, daß gewisse Stoffteile überwiegen. Vermutlich wurde Anaxagoras zu dieser Annahme durch die Tatsache veranlaßt, daß der Organismus in der Ernährung verschiedene Stoffe assimiliert, so daß z.B. Fleisch, Getreide, Wasser usw. nicht nur zu Muskelgewebe, sondern auch zu Haaren, Nägeln und Knochen umgebildet werden. Das konnte den Gedanken nahelegen, in der Nahrung müßten bereits Teile von Haar, Nägeln und Knochen enthalten sein. Die allgemeine These, daß in jedem Ding Anteile aller Stoffe enthalten seien, scheint eine extreme Verallgemeinerung der angedeuteten Überlegung zu sein. Man muß jedoch fragen, warum Anaxagoras nicht die von Empedokles vorgeschlagene Lösung wählte und annahm, daß die Teile des Organismus aus denselben Elementen zusammengesetzt seien wie die Nahrung. Daß er eine viel weniger plausible Annahme vorzog, dürfte mit seiner Vorstellung von der Entwicklung der Welt zusammenhängen. Seiner Ansicht nach waren ursprünglich alle Grundstoffe (die Homöomeren) verbunden bzw. vollständig vermischt.[42] Die Welt, in der wir leben, ist durch Differenzierung entstanden, ohne daß eine vollständige Trennung der Grundstoffe erfolgte, weshalb in jedem Ding Anteile aller Grundstoffe enthalten sein sollen. Wenn z.B. angenommen wird, daß in unserer Nahrung auch Gold enthalten sei, dann trägt das zur Erklärung des Stoffwechsels nicht bei; hier handelt es sich um eine Konsequenz der Annahme, daß die Welt aus einem undifferenzierten Miteinander aller Stoffe entstanden sei.

Wenn Anaxagoras annimmt, daß die anfänglich verbundenen Stoffe getrennt werden und ihre Teile sich bewegen, zusammentreffen, sich verbinden und wieder auseinandertreten, dann erhebt sich die Frage, woher die Bewegung kommt. Da Anaxagoras die Stoffe wie Empedokles als träge Masse auffaßte, sah er sich wie dieser genötigt, eine Kraft anzunehmen, durch die der Stoff bewegt wird. Sofern diese Kraft von den Teilchen unterschieden wird, kann sie geistig genannt werden. Anaxagoras verwendet den Ausdruck „Nous" („Geist"), denkt aber nicht an einen Gegensatz von Geist und Materie im Sinne des späteren Immaterialismus, denn er bezeichnet den „Geist" als „das feinste und reinste von allen Dingen". Zugleich kommt mit der Annahme des „Nous" auch der Gesichtspunkt eines Zwecks der Welt ins Spiel. Der Geist, der von allem Kenntnis hat, ordnet alles, nicht nur wie es war oder ist, sondern wie es künftig sein soll.[43] Wegen der Unterscheidung der Welt der Dinge und des „Nous" sowie wegen der Einführung des Zweck-Gesichtspunktes sagte Aristoteles, Anaxagoras erscheine wie ein Nüchterner unter lauter anderen, die gedankenlos daherredeten.[44]

Hinter der Annahme des „Nous" steht eine Überlegung, die als Ansatz jenes Gottesbeweises verstanden werden kann, bei dem auf Grund der Tatsache, daß es bewegte Dinge gibt, auf ein erstes Prinzip der Bewegung geschlossen wird: Es gibt bewegte Dinge, und da die Bewegung stets etwas voraussetzt, das sie hervorruft, ergibt sich eine Reihe von bewegten und bewegenden Dingen. Weil nach der bei den Griechen herrschenden Ansicht unendliche Ursachen-Reihen ausgeschlossen sind, muß ein erstes bewegendes Prinzip angenommen werden, und ein solches ist der „Nous". Das erste Prinzip der Bewegung wird bei Anaxagoras wie bei den meisten jener griechischen Philosophen, die in der angedeuteten Weise argumentierten, nicht als persönliches Wesen gedacht, sondern als unpersönlich charakterisiert. Obwohl ihm göttliche Attribute beigelegt wurden, ist es daher eher als etwas Göttliches denn als Gott zu bezeichnen.

Anaxagoras spielt auch eine nicht unbeträchtliche Rolle in der Geschichte des naturwissenschaftlichen Denkens.

Ähnlich wie die Milesier bemühte er sich um die Erklärung der Nilüberschwemmung, des Hagels, des Regenbogens, der Sonnenfinsternisse. Er vermutete bereits, daß manche Himmelskörper, wie die Sonne, selbstleuchtend seien, andere dagegen, wie der Mond, lediglich das Licht der Sonne reflektierten. Daß derartige Erklärungen an die Erklärungsversuche eines Thales, Anaximenes und Anaximander erinnern, ist kein Zufall: Anaxagoras gehörte der von den milesischen Naturphilosophen ausgehenden Tradition an. Sie endete auch nicht mit ihm, sondern fand eine Fortsetzung bei Naturphilosophen wie Diogenes von Apollonia, Hippo von Samos und Cratylus, dessen Schüler Plato war. Auch Aristoteles war in gewisser Hinsicht dieser Tradition verpflichtet, wenn sich seine Philosophie auch keineswegs in naturphilosophischen Theorien erschöpft.

c) Die ältere Atomistik: Leukipp und Demokrit

Auch die von Leukipp, von dem nur wenig bekannt ist, und Demokrit (etwa 460 bis 365) begründete Atomistik ist als Reaktion auf die von den Eleaten aufgeworfene Frage anzusehen, in welchem Sinne sich von „Werden" sprechen lasse, wenn das Seiende selbst nicht dem Werden unterworfen ist. Die Antwort, die die Atomisten auf diese Frage gaben, erinnert in formaler Hinsicht an die Auffassungen von Empedokles und Anaxagoras: Man darf nicht ein einziges unveränderliches Seiendes annehmen, sondern hat mit einer Vielheit von unentstandenen, unveränderlichen und unvergänglichen Seienden zu rechnen, die in wandelbare Aggregate – die empirischen Dinge – eintreten und bestehen bleiben, wenn diese Aggregate sich auflösen. Wegen der angenommenen Unteilbarkeit der elementaren Seienden heißen diese bei Leukipp und Demokrit „Atome" (von „átomon" = „unteilbar"). Die Atome sind bewegliche, vollkommen kompakte Partikeln von konstanter Masse, Gestalt, Größe und Dichte, die außer diesen Bestimmungen keine anderen – namentlich keine qualitativen Eigenschaften – haben. Das heißt: sie sind farb- und geruchlos, sie tönen nicht, sind weder warm noch kalt, weder süß noch sauer usw., sondern ausschließlich durch quantitative Eigenschaften bestimmt. Leukipp und Demokrit schrieben aber den Atomen anschauliche Gestalten zu: Es soll runde, eckige und häkchenförmige Atome geben, wobei Komplexe aus eckigen oder gar aus häkchenförmigen Atomen als stabiler galten als Komplexe aus runden, gegeneinander leicht verschiebbaren Teilchen. Da die Atome absolut träge sein sollen, können sie sich nicht selbst bewegen. Um zu erklären, woher die Bewegung der Atome kommt, nahmen die Atomisten an, daß sie auf Grund ihrer Schwere fallen. Dabei prallen sie zusammen, bilden Aggregate, die sich beim Zusammenstoß mit anderen Atomen und Atom-Aggregaten wieder auflösen können und schließlich in eine Wirbelbewegung geraten, die zur Bildung von Himmelskörpern und zur Entstehung des Weltsystems führt. Anders als Empedokles oder Anaxagoras nahmen somit die Atomisten keine von der Materie verschiedenen Kräfte an, die die Bewegung hervorrufen, sondern sie führten die Bewegung auf eine Eigenschaft der Materie, nämlich die Schwere, zurück. Alle Vorgänge werden streng mechanistisch erklärt, indem sie ausschließlich als Bewegungen auf Grund von Druck und Stoß aufgefaßt werden. Auch das, was man „Seele" nennt, ist ein Komplex materieller, allerdings besonders feiner und leicht beweglicher Teilchen, also nicht eine immaterielle Substanz, sondern das materielle Lebensprinzip von Organismen. Natürlich kann die so aufgefaßte Seele nicht als unsterblich gelten, da sie ebenso wie der Körper ein Aggregat aus Atomen ist, das sich früher oder später in seine Teile auflöst.

Die These, daß die Atome nur durch Größe, Gestalt und Lage voneinander unterschieden sind, zieht die Frage nach sich, warum wir die Dinge als farbig, tönend, duftend usw. erfahren. Die Antwort kann unter den Voraussetzungen der atomistischen Theorie nur lauten, daß die Eigenschaften der letzteren Art (die sekundären Qualitäten, wie man in der Neuzeit sagte) Reaktionen des Subjekts auf Reize von seiten der Dinge sind, wobei diese Reize selbst nur durch quantitative Eigenschaften bestimmt sein sollen. Demokrit sprach von „Abflüssen" bzw. „Bildern". Die Welt der farbigen, tönenden, duftenden, glatten und rauhen, warmen und kalten Dinge ist subjektive Erscheinung; von der Welt, wie sie an sich besteht, wird dagegen angenommen, daß sie nur durch quantitative, somit prinzipiell mathematisch ausdrückbare Beziehungen bestimmt ist.

Blickt man vom Standpunkt des 20. Jahrhunderts aus auf die antike Atomistik zurück, könnte man sich versucht fühlen, sie für eine naturwissenschaftliche Theorie zu halten. In Wirklichkeit war sie nicht naturwissenschaftlich, sondern naturphilosophisch bzw. metaphysisch motiviert, da Leukipp, Demokrit und ihre Nachfolger die Theorie der Atome nicht auf Beobachtungen beziehen konnten. Der Begriff des Atoms wird nicht der Erfahrung entnommen, er wird auch nicht gebildet, um bestimmte Erfahrungstatsachen zu erklären, sondern er dient in erster Linie dazu, eine philosophische Theorie des Werdens zu formulieren. Mit Hilfe dieser Theorie sollte begreiflich gemacht werden, daß Dinge entstehen, sich wandeln und eines Tages zu bestehen aufhören. Da die Atomisten an der Voraussetzung festhielten, daß unabhängig von etwas Unwandelbarem nicht von „Werden" gesprochen werden könne, schufen sie den Begriff von etwas, das dem Werden entzogen ist, aber in veränderliche Komplexe eingehen kann. Das Werden im Bereich der makroskopischen Dinge läßt sich dann auf Änderungen der Zusammensetzung der Aggregate zurückführen.

Die atomistische Auffassung hat großen Einfluß auf das Denken der Folgezeit ausgeübt. Sie wurde von Epikur (siehe Kap. V, Abschn. 2) und anderen Vertretern der Atomistik in der späteren Antike übernommen; nach der

Erneuerung des Epikureismus im 17. Jahrhundert wurde sie zur Grundlage der exakten Naturwissenschaften, und zwar zunächst der Physik und der Chemie. Dabei wandelte sich die Atomistik von einer spekulativen Annahme zu einer empirischen Theorie. In der Neuzeit diente sie der wissenschaftlichen Erklärung von Beobachtungstatsachen und der Aufstellung von Prognosen, deren Eintreffen beobachtet werden kann.

Wegen ihrer materialistischen Konsequenzen stieß die atomistische Theorie allerdings auch auf scharfe Ablehnung, nicht nur von seiten Platos und Aristoteles', deren Einfluß bewirkte, daß die Werke der älteren Atomisten nicht überliefert wurden, sondern vor allem von seiten der christlichen Philosophie der ausgehenden Antike und des Mittelalters. Erst als die Wirkung christlicher Ideen in Philosophie und Wissenschaft abnahm, wurde es möglich, atomistische Auffassungen wieder zur Geltung zu bringen.

Auch die Ethik Demokrits verbleibt im Rahmen der mechanistischen Weltbetrachtung. Als Ziel aller moralischen Bemühungen gilt der gute Zustand der Seele, die, wie gesagt, als Aggregat von Atomen einer bestimmten Art aufgefaßt wird. Der erstrebenswerte Zustand der Seele ist durch Beständigkeit, Abwesenheit von emotionalen Erschütterungen bzw. Ausgeglichenheit charakterisiert und wird in Gefühlen der Lust bzw. der Freude erfahren. Handlungen werden demgemäß als „gut" zu bezeichnen sein, wenn sie geeignet sind, das Wohlbefinden der Seele im angedeuteten Sinn – das „euestó" – herbeizuführen oder zu erhalten; andernfalls sind sie zu mißbilligen. Konkret heißt das, daß man sich in seinen Entscheidungen um das rechte Maß bemühen und Extreme, die heftige Affekte und damit Beunruhigung auslösen, vermeiden soll. Dies läßt sich dadurch erreichen, daß man in rationaler Weise jene Mittel wählt, die zur Erreichung des obersten Ziels der moralischen Bemühungen – der bestmöglichen Erhaltung der Seele – geeignet sind. Die Lust ist nach atomistischer Auffassung nicht Ziel, sondern nur Anzeichen dafür, daß das sittliche Ziel erreicht ist oder daß man sich ihm annähert. Wer den Wert des obersten Ziels einsieht und entsprechend handelt, verhält sich pflichtgemäß; die Folge ist nicht nur größtmögliche Übereinstimmung der Menschen mit der Natur, sondern auch der Menschen untereinander. Wie allerdings im Rahmen eines mechanistischen Weltbildes, das Freiheit und Zufall ausschließt, von „Pflicht" die Rede sein kann, bleibt eine offene Frage.

Die von Empedokles, Anaxagoras und den Atomisten in den Mittelpunkt ihrer philosophischen Überlegungen gestellte Frage: „Wie ist es möglich, daß wir Entstehen, Veränderung und Vergehen von Dingen erfahren?" wurde in der damaligen Zeit nicht befriedigend beantwortet. Auch bei den Atomisten, deren Lösungsversuch besonders eindrucksvoll ist, blieben verschiedene Teilfragen offen. So fand das Problem, wie wir etwas von Atomen wissen können, wenn die Erkenntnis doch, wie angenommen wurde, durch Bilder von Atom-Aggregaten zustande kommt, keine angemessene Lösung. Dies macht verständlich, daß die Frage nach der Möglichkeit der Erfahrung von Dingen auch in der Folgezeit intensiv diskutiert und anders als bei den Atomisten beantwortet wurde, zunächst von Plato und Aristoteles, deren Auffassungen im übernächsten Kapitel dargestellt werden.

II. Sophistik und Sokratik[1]

1. Die Sophistik

> Aller Dinge Maß ist der Mensch.
> *(Protagoras)*

a) Der Charakter der Sophistik

Die Sophistik gilt mit Recht als Wende in der Entwicklung der griechischen Philosophie, obwohl sie keinen völligen Bruch mit der Philosophie der vorangegangenen Zeit darstellt und obwohl sie auch zeitlich nicht scharf von der im letzten Abschnitt von Kap. I behandelten Philosophie abgegrenzt werden kann. Protagoras, der am Beginn der Sophistik steht, war älter als Demokrit. Dennoch gibt es wichtige Unterschiede. So ändert sich die Richtung des philosophischen Interesses: die Fragen nach der Entstehung und dem Wesen der Natur bzw. nach dem wahrhaft Seienden und seiner Erkennbarkeit treten zugunsten rechts- und staatsphilosophischer, sprach- und kulturphilosophischer Fragen in den Hintergrund. In diesem Sinne kann man sagen, daß der Mensch in der Sophistik stärker beachtet wird als die objektive Wirklichkeit und daß neben die Metaphysik (die damals noch nicht so genannt wurde) und die Naturwissenschaften die Geisteswissenschaften treten.

Ursprünglich bezeichnete der Name „Sophist" nichts anderes als einen Sachkundigen, namentlich im Bereich der Erkenntnislehre, der Logik, der Rhetorik, der Rechtslehre, der Geschichte. Im engeren Sinne ist der Sophist ein Experte in den genannten Bereichen, der sein Wissen gegen Bezahlung vermittelt, und im engsten und zugleich negativsten

Sinn ist er ein solcher Lehrer, für den nur der materielle Erfolg zählt, unabhängig von jeglicher Bindung an die Ideale der Wahrheit und der sittlichen Pflicht.

Die sophistische Bewegung ist im Zusammenhang mit der Ausbildung verschiedener Einzelwissenschaften zu sehen. So entstand damals die Geschichtswissenschaft, die in Hekatäus von Milet um 500 ihren ersten bekannten Vertreter hatte und im fünften Jahrhundert durch Herodot von Halikarnaß einen gewaltigen Aufschwung nahm. Herodot verarbeitete in seinen „Historien" eine Fülle von Informationen, die er auf seinen Reisen gesammelt hatte, und prüfte sie auf ihren Wahrheitsgehalt, wobei ihn – vor allem mit dem Blick auf die Perserkriege – das Verhältnis des Westens zum Osten besonders beschäftigte. Der etwa eine Generation jüngere Thukydides schrieb die Geschichte des Peloponnesischen Krieges mit dem ausdrücklichen Bemühen um objektive Analyse der Ereignisse, so daß er mit mehr Recht als Herodot, den er an analytischem Geist übertraf, als erster kritischer Historiker angesehen werden kann. Angesichts der vermehrten Kontakte zu außergriechischen Kulturen ist es nicht überraschend, daß in diese Zeit auch die Anfänge der Sprachwissenschaft fallen. Hier ist Prodicus zu erwähnen, ein kultivierter, mit Euripides und Perikles befreundeter, auch für seine Vaterstadt Julis auf Keos (heute Kea) politisch engagierter Mann, der Werke über die Natur (verloren), über synonyme Ausdrücke[2] und über moralphilosophische Themen – die „Horai" – verfaßte. Besonders einflußreich wurde sein „Herakles": Das Thema vom Menschen, der am Scheidewege zwischen dem Pfad der Tugend und dem Pfad des Lasters zu wählen hat, tauchte in der Folgezeit immer wieder in der Literatur auf.

Die Sophisten machten auch Rhetorik, Musik, Dichtung und bildende Kunst zu Gegenständen ihrer Reflexion. (So stellte z.B. der Bildhauer Polyklet Überlegungen über die Idealmaße des menschlichen Körpers an.) In der Medizin hatte der um die Mitte des 5. Jahrhunderts geborene Hippokrates von Kos im Gegensatz zu dem metaphysisch eingestellten Arzt Alkmäon von Kroton eine empirische, von metaphysischen Spekulationen unabhängige Betrachtungsweise zur Geltung gebracht. Seine Autorität war so groß, daß ihm zahlreiche Schriften anderer Herkunft zugeschrieben wurden. Seine überragende Rolle bei der Entwicklung der wissenschaftlichen Medizin kommt heute noch darin zum Ausdruck, daß die Verpflichtung der angehenden Ärzte auf die ethischen Grundsätze ihres Standes auf Hippokrates zurückgeführt wird (Hippokratischer Eid). Die empirische Einstellung von Ärzten wie Hippokrates förderte die Entwicklung einer nichtspekulativen Philosophie, wie sie uns bei den Sophisten begegnet. Bedenkt man außerdem, welche Fortschritte die zeitgenössische Mathematik machte, dann ergibt sich ein eindrucksvolles Bild der wissenschaftlichen Entwicklung im 5. Jahrhundert.

Mit der Sophistik begann sich ein neuer Stil der Wissensvermittlung durchzusetzen. Im Gegensatz zu den älteren Philosophen, die sich, ohne ihren Lebensunterhalt verdienen zu müssen, einem Kreis von Anhängern und Freunden widmen konnten, waren die Sophisten professionelle Lehrer und Redner, die von ihrer Lehrtätigkeit und von ihren öffentlichen Auftritten lebten. Die älteren Philosophen suchten nicht Schüler anzuziehen, denen sie Unterricht erteilten, sondern Anhänger zu sammeln, die einen Kreis von Eingeweihten bildeten. Indem die Sophistik mit dieser aristokratischen Art der Wissensvermittlung brach, führte sie, parallel zum Vordringen demokratischer Verhältnisse im politischen Bereich, zu einer Demokratisierung der Philosophie. Dabei mußte die philosophische Lehre zwangsläufig ihren Charakter ändern: Indem sie einen spezialistischen Schul-„Betrieb" erforderlich machte, hörte sie auf, eine Weisheitslehre zu sein, die den ganzen Menschen prägt; sie war vor allem auf praktisch anwendbares Wissen gerichtet. Plato hat die Praxis der Sophisten, Unterricht gegen Geld zu erteilen, für anrüchig gehalten, und diese Einschätzung hat das Bild der Sophisten nachhaltig bestimmt. Platos Vorwurf mag unter den Bedingungen der damaligen Zeit Gewicht gehabt haben; vom heutigen Standpunkt aus vermag er nicht zu überzeugen, da es längst selbstverständlich ist, daß Philosophen nicht nur *für* die Philosophie, sondern auch *von* der Philosophie leben. Plato setzte der sophistischen Praxis das Bekenntnis zum älteren Ideal der Philosophie als Weisheit entgegen, die das Leben prägen und zum Heil führen soll.

Inhaltlich knüpfte die Sophistik vielfach an ältere philosophische Auffassungen an, wie besonders in der Erkenntnislehre deutlich wird, wo sie ältere Theorien der Wahrnehmung übernahm und in subjektivistischem Sinne weiterentwickelte. Wenn wir die Dinge nicht unmittelbar, sondern immer nur vermittels von Reizen erkennen, die die Dinge auf uns ausüben, und wenn nicht alle Menschen auf dieselben Reize in gleicher Weise reagieren bzw. wenn derselbe Mensch zu verschiedenen Zeiten auf gleiche Reize verschieden reagieren kann, dann liegen relativistische Konsequenzen nahe: Wie die Dinge uns erscheinen, so sind sie auch für uns, und von Dingen, wie sie unabhängig von ihrer Erscheinungsweise sein mögen, läßt sich nicht mehr sinnvoll reden. Der sophistische Relativismus blieb nicht auf den theoretischen Bereich beschränkt, sondern bezog auch Moral und Recht ein.

Die Tendenz zur Relativierung von Wahrheit und Wert stieß auf den Widerstand Sokrates' und Platos, die sie als Gefahr empfanden. Sie machten der Sophistik den Vorwurf, die Philosophie zu einem Mittel für äußerliche Ziele gemacht zu haben, namentlich im Hinblick auf die Meinungsbildung, etwa in der Justiz oder in der Politik. Dieser Vorwurf ist nicht aus der Luft gegriffen, da es den Sophisten tatsächlich in erster Linie um praktisch brauchbares Wissen ging. Deshalb interessierten sie sich zum Beispiel dafür, wie die Rhetorik als Mittel zur Bewältigung von Aufgaben im sozialen Bereich eingesetzt werden könnte. Die Kritik richtete sich allerdings nicht gegen diese Zielsetzung als solche, sondern gegen den Anspruch, mit rhetorischen Mitteln beliebige – auch moralisch bedenkliche – Resultate herbeiführen zu können. Auf den von manchen Sophisten erhobenen Anspruch, die schlechteren Gründe als die besseren erscheinen lassen zu können,[3] bezieht sich die bekannte Anekdote von Protagoras, dem ersten und bedeutendsten aller Sophisten, und seinem Schüler Euathlus: Die beiden hatten vertraglich vereinbart, daß der Schüler die Hälfte des Ausbildungshonorars erst nach seinem ersten Erfolg vor Gericht zu zahlen habe. Als Euathlus aber nicht Rechtsanwalt wurde und die Zahlung des restlichen Honorars mit der Begründung verweigerte, daß er noch keinen Prozeß gewonnen habe und daher die im Vertrag vorgesehene Bedingung nicht erfüllt sei, verklagte ihn Protagoras und argumentierte, daß Euathlus auf jeden Fall zahlen müsse: Werde er verurteilt, müsse er auf Grund des Urteils zahlen; werde er freigesprochen, habe er seinen ersten Prozeß gewonnen und müsse auf Grund des Vertrags zahlen. Euathlus erwies sich in seiner Verteidigung als gelehriger Schüler: Werde die Klage seines früheren Lehrers abgewiesen, brauche er auf Grund des Urteils nicht zu zahlen; sei sie aber erfolgreich, stehe sein erster Erfolg vor Gericht nach wie vor aus, so daß die vertraglich vereinbarte Bedingung für die Entrichtung des Rest-Honorars nicht erfüllt sei.[4] Diese offensichtlich erfundene Geschichte illustriert die sophistische These, daß jeder Sachverhalt zwei entgegengesetzte Auffassungen zulasse.[5]

Man darf aber nicht übersehen, daß die Tendenz zur Relativierung von Meinungen und Wertungen auch einen positiven Aspekt hatte: In der Rechtsphilosophie diskutierten die Sophisten kritisch die Auffassungen von Recht und Staat und eröffneten damit der Rechtspolitik eine realpolitische Perspektive. Letzten Endes ging es um die Rechtfertigung einer flexiblen Rechtsordnung, die den sozialen Veränderungen der Zeit Rechnung tragen sollte. In welchem Sinne die Rechtsphilosophie als Mittel zur angemesseneren Bewältigung von Aufgaben der Gesetzgebung (teilweise auch der Gesetzesanwendung) aufgefaßt wurde, zeigt die durch einen Aufsehen erregenden Sportunfall ausgelöste Diskussion zwischen Protagoras und Perikles über die Frage, ob der Sportler oder die Veranstalter für den Unfall verantwortlich zu machen seien. Die Debatte beschränkte sich nicht auf den konkreten Fall, sondern nahm prinzipiellen Charakter an.[6] Es ist bemerkenswert, daß die Sophisten die Ansicht vertraten, Strafen sollten das Rückfälligwerden des Täters verhindern und andere potentielle Täter abschrecken; sie hätten also nicht den Charakter der Sühne.

Der sophistische Relativismus hängt offensichtlich mit dem zusammen, was als die „Skepsis" der Sophisten bezeichnet wurde, nämlich mit der Leugnung einer wahren Wirklichkeit „hinter" den erfahrbaren Dingen. Wenn es, wie Protagoras oder Gorgias lehrten, unmöglich ist, das wahre Wesen der Welt durch reine Vernunft zu erfassen, dann kann man sich auch in praktischen Fragen nicht auf eine vorgebliche Wesenseinsicht berufen, wie es etwa Heraklit getan hatte. Damit entfällt die Möglichkeit, einige wenige als vermeintlich Einsichtige der uneinsichtigen Menge gegenüberzustellen und ihnen das ausschließliche Entscheidungsrecht vorzubehalten, wie es der aristokratischen Auffassung entsprochen hatte.

Mit der sophistischen Tendenz zur Instrumentalisierung der Philosophie hängt die Demokratisierung des Wissens eng zusammen: Wenn die Philosophie der Praxis dienen soll, dann wird sie für alle interessant, die mit der Praxis, namentlich der sozialen Praxis, zu tun haben. In dem Maße, in dem immer weiteren Kreisen die Mitwirkung an der Politik ermöglicht wurde, mußte auch das nötige theoretische Rüstzeug allgemein zugänglich gemacht werden. Mit der Abwendung von der esoterischen Weisheit und der Konzentration auf praktisch verwertbares Wissen mußte sich die Philosophie weiteren Kreisen öffnen und ihre Thesen so vortragen, daß sie allgemein zugänglich wurden. Wissen solcher Art zu vermitteln betrachteten die Sophisten als ihre Aufgabe. Zugleich sahen sie sich insofern dem Ideal einer rationalen Praxis verpflichtet, als sie theoretisches Wissen auf Grund angemessener Begriffe zur Bedingung des richtigen Handelns erklärten. Das richtige Handeln wird von der richtigen Beurteilung der Tatsachen und der Orientierung an richtigen Prinzipien abhängig gemacht. Dabei war die Frage, was „richtig" bedeutet, begreiflicherweise nicht zu umgehen; auf die Art, in der sie Protagoras beantwortete, wird unten einzugehen sein.

Man kann allerdings nicht leugnen, daß mit dem Schritt von der als Berufung aufgefaßten Philosophie zur Philosophie als Beruf gewisse Gefahren verbunden waren: Der Betrieb drohte auf Kosten des echten philosophischen Geistes überhandzunehmen und die gedankliche Spontaneität zu hemmen. Dieser Gefahr sind manche Vertreter der Sophistik erlegen. Während in der ersten Generation der genuine philosophische Impuls noch durchaus vorhanden war, verlor er sich in der zweiten Generation zusehends. Auf ihre Einstellung geht die bis heute wirksame negative Konnotation des Ausdrucks „Sophist" zurück.

Man muß sich aber stets vor Augen halten, daß die letztere Bedeutung nicht für alle Sophisten gilt; die seriösen Vertreter der Sophistik waren Gelehrte, deren Theorien die Philosophie- und Geistesgeschichte nicht vernachlässigen darf, zumal sie das Verdienst hatten, einer kritischen Denkhaltung zum Durchbruch verholfen zu haben, die als solche – auch in ihrer Wirkung auf die weitere Entwicklung der Philosophie – im wesentlichen positiv zu bewerten ist. Der Unterschied zwischen den bedeutenden Vertretern der Sophistik und einem Philosophen wie Empedokles beruht auf dem Unterschied zwischen kritischer Rationalität und prophetischer Verkündigung; der Sophist ist Analytiker, der Philosoph vom Typus des Empedokles will Verkünder einer höheren Einsicht sein, die dem Uneingeweihten verschlossen bleibt.

b) Einzelne Sophisten

Der älteste und zugleich philosophisch bedeutendste Sophist war Protagoras (etwa 490 bis 420) aus Abdera (der Heimat Demokrits und möglicherweise Leukipps), der auf seinen ausgedehnten Reisen auch mehrmals nach Athen kam und dort zur Ausbreitung des philosophischen Denkens wesentlich beitrug.

In Athen war längst die Königsherrschaft abgeschafft und nach den Drakonischen und Solonischen Versuchen einer sozialen Reform unter der fünfzig Jahre dauernden Tyrannis der Pisistratiden um 510 nach und nach der Prozeß der Demokratisierung eingeleitet worden. So wurde z.B. den Lohnarbeitern (den sogenannten Theten) das Bürgerrecht zugestanden. Die erfolgreiche Abwehr des persischen Angriffs steigerte das Selbstbewußtsein der Athener, die sich anschickten, nicht nur in Politik und Wirtschaft, sondern in der bildenden Kunst und Literatur innerhalb der griechischen Welt die Führung zu übernehmen. Daß Athen nach dem Ende des Peloponnesischen Krieges, d.h. nach dem Verlust seiner Vormachtstellung, zum Mittelpunkt der Philosophie wurde, hängt – nachdem Anaxagoras den Boden bereitet hatte – nicht zuletzt mit der Tätigkeit zusammen, die die Sophisten in dieser Stadt ausübten.[7]

Die traditionalistischen Kräfte waren in Athen allerdings noch stark. Sie erreichten es, daß Protagoras (wahrscheinlich im Jahre 411, also achtzehn Jahre nach Perikles' Tod) aus Athen vertrieben wurde, weil er gegenüber herkömmlichen Vorstellungen von den Göttern eine agnostische Haltung einnahm. Seine wichtigste Schrift waren die „Niederwerfenden Argumente" („Kataballontes"). Da dieses Werk nicht erhalten ist, läßt sich Protagoras' Denken nur auf Grund späterer Berichte rekonstruieren. Der wichtigste Gewährsmann ist Plato, der jedoch Protagoras wie der Sophistik im allgemeinen nicht unvoreingenommen gegenüberstand. Deshalb ist es nicht leicht festzustellen, welche Ansichten Protagoras wirklich vertreten hat.

Am Beginn der „Niederwerfenden Argumente" steht, wie Plato und Sextus Empiricus berichten, der berühmte Satz: „Das Maß aller Dinge ist der Mensch, der seienden, daß (bzw. wie) sie sind, der nichtseienden, daß sie nicht sind." Dieser Satz gilt als reinster Ausdruck des relativistischen Subjektivismus. Ihm liegt die Auffassung zugrunde, daß die Art, in der sich uns die Dinge darstellen bzw. uns erscheinen, nicht nur von den Dingen selbst, sondern auch von unseren Reaktionen auf die von den Dingen ausgehenden Reize abhängt. Die Dinge werden somit nicht einfach vorgefunden, sondern ihre Wahrnehmung entsteht durch das Zusammenwirken von objektivem Reiz und subjektiver Reaktion. Da die Reaktion auf Reize aber von der Verfassung des Menschen abhängt, ist der Mensch „das Maß" der erscheinenden Dinge. Da überdies die Verfassung des Subjekts auch von Mensch zu Mensch verschieden sein und sich beim Einzelnen im Verlauf der Zeit ändern kann, ergibt sich die relativistische Konsequenz, daß die Dinge für jeden so sind, wie sie ihm erscheinen. Infolgedessen hätte es keinen Sinn, eine bestimmte Art, die Dinge vorzustellen, für wahr, eine andere für falsch zu erklären. Wenn Protagoras die Wahrnehmungsvorstellungen (phantasíai) sämtlich als „wahr" bezeichnete,[8] dann kann das nur heißen, daß es sinnlos wäre, sie „falsch" zu nennen. Anders verhält es sich mit Urteilen, bei denen die Frage, ob sie zutreffen, nicht zu umgehen ist. Wenn von „Wahrheit" im eigentlichen Sinne gesprochen wird, ist immer die Urteilswahrheit gemeint. Protagoras vertrat eine Auffassung der Wahrheit, die von deren üblicher Bestimmung als Korrespondenz von Urteil und Beurteiltem abweicht: Seiner Ansicht nach sind Urteile nicht deshalb wahr, weil sie das Wesen der beurteilten Wirklichkeit angemessen beschreiben, sondern weil sie eine allgemein akzeptierte Meinung („doxa") von den Dingen ausdrücken. Infolgedessen sind nicht die Dinge selbst, sondern der Mensch in seiner Beziehung zu Dingen – näherhin sein Fürwahrhalten – das Maß der Wahrheit. Mit dieser Auffassung wandte sich Protagoras von der Einstellung der Naturphilosophen ab, die das Wesen der Wirklichkeit für erkennbar hielten. Demgegenüber wies Protagoras darauf hin, daß die Dinge, die wir erfahren, durch das erfahrende Subjekt bedingt sind. Die Frage, ob wir überhaupt fähig sind, die Wirklichkeit, wie sie an sich ist, zu erkennen, bzw. innerhalb welcher Grenzen wir dazu fähig sind, sollte sich in der späteren Philosophie als Grundfrage der Erkenntnislehre erweisen. Protagoras hat das Erkenntnisproblem in recht primitiver Gestalt formuliert; aber es überhaupt aufgeworfen zu haben, bedeutet einen wichtigen Schritt auf dem Wege der Philosophie.

Die von Protagoras vertretene Auffassung ist plausibel, solange nur Wahrnehmungsurteile in Betracht gezogen werden: Daß z.B. unter Umständen der eine urteilt, ein bestimmtes Getränk sei angenehm, während ein anderer es für unangenehm erklärt, ist ebenso unbestreitbar wie die Tatsache, daß auch derselbe Mensch das gleiche Getränk bald als wohlschmeckend, bald als widerlich empfindet, je nachdem, in welcher Verfassung er ist. Hier gibt es in der Tat keinen übersubjektiven Maßstab der Wahrheit. Protagoras hat aber seine These nicht auf Urteile beschränkt, die sich auf Empfindungen und Wahrnehmungen beziehen, sondern sie für Urteile im allgemeinen formuliert. Zu dieser Auffassung gelangte er, weil er annahm, daß alle Begriffe letzten Endes auf Sinneseindrücken beruhen. Eine solche sensualistische Auffassung ist, wie Plato klar sah, bedenklich.

Plato hat sich bemüht, die in seinen Augen ruinösen Konsequenzen des Protagoreischen Subjektivismus bzw. Relativismus anzuprangern. So bemerkte er polemisch, daß Protagoras konsequenterweise auch das Schwein oder den Affen für das Maß aller Dinge hätte erklären müssen. Darüber hinaus stellte er fest, daß Protagoras gar nicht versuchen dürfte, andere zu belehren, denn Lehren ist nur sinnvoll, wenn der Lehrer dem Schüler an Wissen überlegen ist. Nach Protagoras muß das ausgeschlossen werden, da seiner Ansicht nach alle Meinungen gleich „wahr" sind. Diese Konsequenz steht natürlich auch im Gegensatz zu der Tatsache, daß das Vorhandensein größerer und geringerer Kompetenz allgemein anerkannt wird und daß man sich in der Praxis an der Auffassung der Sachverständigen orientiert, also keineswegs alle Meinungen für gleichberechtigt hält.

Es ist jedoch fraglich, ob Protagoras wirklich den ihm von Plato zugeschriebenen extrem subjektivistischen Relativismus vertreten hat. Protagoras dürfte – wie sich Andeutungen Platos entnehmen läßt – den Umstand, daß gewisse Sätze allgemeine Geltung haben, durchaus berücksichtigt und zu erklären gesucht haben; anders als Plato berief er sich aber zu diesem Zweck nicht auf Einsichten in allgemeine Sachverhalte („Ideen"), sondern auf den Konsens der Urteilenden. Diese Auffassung kommt besonders deutlich zum Ausdruck, wenn er die übersubjektive Gültigkeit moralischer Urteile auf stillschweigende Übereinkunft und gesetzliche Regelung zurückführt.[9] Die allgemeine Geltung von Urteilen beruht also darauf, daß sich gewisse Konventionen in einer gesellschaftlichen Gruppe durchgesetzt haben; sie ist zwar auch relativ, aber nicht auf dieses oder jenes Individuum, sondern auf eine bestimmte Gemeinschaft bzw. auf einen bestimmten Staat.[10] So läßt sich die Protagoras von Plato zugeschriebene These verstehen, daß wahr ist, was gemeinsam akzeptiert wird, und zwar wenn und solange es akzeptiert wird.[11] Protagoras hat also nicht einfach, wie Plato unterstellt, „einen jeden für sich selbst genügend zur Einsicht erklärt",[12] sondern er hat gewisse Urteile für allgemein erklärt, weil sie auf Übereinkunft beruhen.

Auch wenn man Protagoras im angedeuteten Sinne für einen Konventionalisten hält, bleibt seine Auffassung in dem Sinne relativistisch, daß sie keinen Platz für absolute

Wahrheiten und Werte läßt. Das war in den Augen der Sophisten kein Mangel, da sie Bemühungen um theoretische Bildung und Erziehung gerade deshalb für sinnvoll hielten, weil sie überzeugt waren, daß die Einstellung zur Wirklichkeit und zu Werten vom Subjekt abhängt und daher über das Subjekt beeinflußt werden kann. In diesem Sinne sagt Protagoras bei Plato: „Den nenne ich weise, welcher, wenn einem unter uns Übles ist und erscheint, die Umwandlung bewirken kann, so daß ihm Gutes erscheine und sei."[13]

Fragt man, wer bestimmt, was dem Gemeinwesen heilsam ist, dann lautet die Antwort: der Kompetente, der Experte, letzten Endes: der Sophist, der zwar nicht über höhere Einsicht in das Wesen des Guten und Gerechten verfügt, der aber auf Grund seiner wissenschaftlichen Kenntnisse die öffentliche Meinung im Staate zum Ausdruck zu bringen und eventuell zu beeinflussen vermag. Dabei werden sich gewisse Meinungen als brauchbarer, andere als weniger brauchbar erweisen, ohne daß man die einen für wahrer halten könnte als die anderen.

Die Protagoreische Auffassung von Moral und Recht kommt in dem Mythus von Prometheus und Epimetheus zum Ausdruck, die im Auftrag der Götter die Lebewesen mit allem Lebensnotwendigen ausstatteten.[14] Epimetheus hatte alle natürlichen Fähigkeiten bereits vergeben, als die Menschen ins Dasein traten. Zum Ausgleich gab ihnen Prometheus die technische Intelligenz und als wichtiges Mittel zur Herstellung von Geräten das Feuer. Es stellte sich jedoch heraus, daß das noch nicht ausreichend war, um die Erhaltung des Mängelwesens Mensch zu sichern, da die menschliche Gattung Gefahr lief, sich durch Kriege selbst zu zerstören. Deshalb beschlossen die Götter, allen Menschen – und nicht nur einigen von ihnen – den Sinn für Sittlichkeit und Recht einzupflanzen, um die Bildung geordneter Gemeinschaften zu ermöglichen. Gesittung und Gerechtigkeitssinn bilden demnach die Grundlage jeglicher Zivilisation.

Diesem Mythus liegt der Gedanke zugrunde, daß sich das Recht wie die Technik im Verlauf der Zeit entwickelt hat, weshalb es sinnvoll ist, sich um ständige Anpassung der Rechtsordnung an die sich wandelnden gesellschaftlichen Bedingungen zu bemühen. Daß das Recht nicht von Natur aus ein für allemal gegeben ist, zeigt die Verschiedenheit der Rechtsauffassungen an verschiedenen Orten und zu verschiedenen Zeiten. Wenn aber Recht und Gerechtigkeit nicht von Natur aus gelten, bleibt nur die Möglichkeit, sie auf Übereinkunft zurückzuführen, wie es Protagoras nach Plato tat, wenn er erklärte: „Denn was jedem Staate gerecht und angemessen erscheint, das ist es ihm auch, sofern er es dafür hält."[15]

Der Relativismus der Sophisten stand in schroffem Gegensatz zum Anspruch der früheren metaphysisch eingestellten Philosophen, das Wesen der Wirklichkeit in rein vernünftiger Einsicht erfassen zu können. Als Kritiker der älteren Metaphysik trat namentlich Gorgias aus dem sizilischen Leontinoi (etwa 483 bis 375) auf, der die eleatische Metaphysik mit Hilfe der von den Eleaten, namentlich von Zeno, entwickelten Argumentationsmethode ad absurdum zu führen suchte. Der eleatischen Auffassung des einen, unwandelbaren Seienden, das allein wahrhaft existiert, setzte er die paradoxe These entgegen, daß überhaupt nichts wahrhaft ist. Wenn dieses unsinnige Ergebnis aus den Voraussetzungen folgt, auf denen die herkömmliche Metaphysik aufbaute, dann sind diese Voraussetzungen und damit die Metaphysik des wahrhaft Seienden diskreditiert.

Gorgias argumentierte in der Schrift „Über das Nicht-Seiende"[16] etwa so: Wenn es etwas gäbe, wäre es entweder einmal entstanden oder ungeworden. Wäre es ungeworden, so wäre es anfangslos und somit unbegrenzt; was aber ist, muß begrenzt sein. Wäre das Seiende dagegen entstanden, so könnte es nur entweder aus Seiendem oder aus Nicht-Seiendem entstanden sein. Zu sagen, das Seiende sei aus dem Seienden entstanden, heißt, es für unentstanden zu erklären;

aber auch die Annahme, daß es aus Nicht-Seiendem entstanden sei, läßt sich nicht aufrechterhalten, denn aus nichts wird nichts. Da auch ein Ausweg in Form eines Sowohl-als-auch nicht in Betracht kommt, muß die Existenz von Seiendem geleugnet werden: „Wenn das Seiende weder ewig noch geworden noch beides zugleich ist, so existiert es überhaupt nicht."[17]

Auch wenn eingeräumt würde, daß etwas wahrhaft existiert, ist nichts gewonnen, weil das angenommene Seiende als unerkennbar gelten muß. Käme nur das wahrhaft Seiende als Gegenstand des vernünftigen Denkens in Betracht, wie die Eleaten gelehrt hatten, dann wäre es unmöglich, Nicht-Seiendes zu denken, während wir faktisch manches denken können, das nicht wirklich ist. Erweist sich aber die Annahme einer Entsprechung von Denken und Seiendem als fragwürdig, dann hat das Seiende, selbst wenn es existieren sollte, als unerkennbar zu gelten.

Man kann nach Gorgias sogar noch einen Schritt weitergehen und auch die Erkennbarkeit des Seienden einräumen, ohne dem Metaphysiker recht geben zu müssen. Denn selbst wenn es eine Erkenntnis der wahren Wirklichkeit gäbe, wäre sie unaussprechlich, und da sie nicht mitgeteilt werden könnte, wäre sie unbrauchbar. Dies ergibt sich daraus, daß die der Mitteilung dienenden Wörter keine Ähnlichkeit mit dem haben, was sie bezeichnen sollen. Wenn die sprachlichen Zeichen mit dem Seienden nichts gemein haben, dann läßt sich mit ihrer Hilfe nichts über das Seiende aussagen.

Die von Gorgias ins Treffen geführten Argumente sind im einzelnen nicht mehr genau zu rekonstruieren, da die Hauptquellen[18] in wichtigen Punkten voneinander abweichen; auch die ihnen zugrunde liegende Absicht läßt sich nicht mehr eindeutig bestimmen. Daß Gorgias eine bloße Spiegelfechterei oder eine philosophische Satire im Sinne gehabt haben sollte, ist wenig wahrscheinlich; viel plausibler ist die Annahme, daß er die spekulativen Metaphysiker mit ihren eigenen Waffen schlagen wollte.

Bezeichnet man den Inbegriff der Überlegungen über das wahrhaft Wirkliche (anachronistisch) als „Metaphysik", dann läßt sich sagen, daß Gorgias in bezug auf die Metaphysik ähnlich argumentierte wie Zeno in bezug auf die Lehre von der Bewegung der Körper, die er durch das Argument zu entkräften suchte, daß die Annahme einer Mannigfaltigkeit bewegter Körper zu Widersprüchen führe: Der schnelle Achill kann die langsame Schildkröte in alle Ewigkeit nicht einholen. Formal ähnlich suchte Gorgias zu zeigen, daß die metaphysische Annahme einer wahrhaften Wirklichkeit zu absurden Konsequenzen führe. Die Schrift „Über das Nicht-Seiende" ist nicht Niederschlag der Freude an dialektischer Virtuosität, sondern der Versuch einer Überwindung der älteren spekulativen Philosophie. Letzten Endes geht es darum, die metaphysische Annahme zu entkräften, daß die Struktur des vernünftigen Denkens mit der Struktur der Wirklichkeit selbst übereinstimmen müsse.

Die Absage an die spekulative Metaphysik ging mit der Hinwendung zu anderen Disziplinen, namentlich zur Rhetorik, auf die sich Gorgias schließlich konzentrierte, Hand in Hand. Er beschäftigte sich nicht nur theoretisch mit Rhetorik, sondern schuf auch Muster rhetorisch perfekter Darstellungen („Die Apologie des Palamedes" und „Das Lob auf Helena"). Die Verschiebung des Interesses von der Natur- und Seins-Philosophie zu spezielleren Disziplinen ist typisch für die Einstellung der Sophisten im allgemeinen, die sich auch mit Sprachphilosophie – namentlich mit der Frage nach der Richtigkeit des Wortgebrauchs –, mit Fragen der Rechts- und Moralphilosophie, mit Kulturgeschichte usw. beschäftigten.

Bei Prodicus kam in der Auseinandersetzung mit Themen dieser Art deutlich die aufklärerische Tendenz der Sophistik zum Vorschein. Er leugnete die Existenz von Göttern und das Weiterleben der Seele nach dem Tode. Ihm ging es nicht mehr darum, den herkömmlichen Götterglauben in philosophischem Sinne umzudeuten, sondern darum, ihm durch

Aufweis seiner natürlichen Entstehung die Grundlage zu entziehen. Daß im fünften Jahrhundert eine solche Einstellung möglich war, läßt erkennen, wie sehr die traditionelle Religion bereits an Einfluß verloren hatte. Als Moralphilosoph vertrat Prodicus die Ansicht, daß nichts an sich gut oder schlecht sei; erst durch die Art, in der man von etwas Gebrauch macht, wird es gut oder schlecht. Sind die Menschen, die die Dinge gebrauchen, gut, so sind es auch die Dinge; Dinge, die von schlechten Menschen zu ihren Zwecken eingesetzt werden, sind dagegen schlecht.

In anderem Zusammenhang hat Prodicus Tugenden wie Ehrfurcht gegenüber den Göttern, Hilfsbereitschaft gegenüber Freunden, politisches Engagement und Götterverehrung als unabhängig vom Menschen bestehende Werte behandelt. Wie sich diese Auffassung mit seiner atheistischen Grundhaltung vertragen soll, ist unklar.[19]

Andere Vertreter der Sophistik, wie Hippias von Elis, widmeten sich außer der Grammatik und Rhetorik, der Ästhetik und Poetik, der Mythologie und Geschichte auch der Mathematik und Astronomie, doch bilden diejenigen Sophisten, die sich mit Naturwissenschaft und Mathematik befaßten, eine Minderheit. Bei verschiedenen jüngeren Sophisten, großenteils Schülern der Genannten, spielten rechtsphilosophische Überlegungen eine wichtige Rolle. Eine einheitliche sophistische Rechtsphilosophie gab es allerdings nicht, sondern die Positionen gingen zum Teil stark auseinander. Namentlich konkurrierten naturrechtliche und rechtspositivistische Positionen miteinander. Während die Vertreter der einen Seite annahmen, daß es eine in der Natur begründete, daher von der staatlichen Gesetzgebung unabhängige und dieser übergeordnete Gerechtigkeit gebe, relativierten die Vertreter der anderen Seite den Begriff der Gerechtigkeit auf die jeweilige staatliche Rechtsordnung. Die letztere, in gewissem Sinne positivistische Auffassung vertrat Antiphon, wenn er erklärte: „Die Gerechtigkeit besteht darin, die gesetzlichen Vorschriften des Staates, in dem man

Bürger ist, nicht zu übertreten."[20] Dagegen vertrat Callicles in Platos Dialog „Gorgias" die Auffassung, daß es ein in der Natur selbst verankertes Recht gebe, dem gemäß dem Edleren mehr zustehe als dem Schlechteren bzw. dem Tüchtigeren mehr als dem Untüchtigen. Ebenso galt es ihm als ein in der Natur begründetes Recht, daß der Bessere über den Schlechteren herrsche.[21]

Besonderes Interesse verdient jene sophistische Auffassung des Rechts, die im ersten Buch der Platonischen „Republik" Thrasymachus zugeschrieben wird.[22] Er soll gelehrt haben, daß das Gerechte das dem Stärkeren Förderliche sei und daß jede Regierung Gesetze gebe, die für sie vorteilhaft sind. Man muß Thrasymachus nicht die Ansicht unterstellen, daß die Gesetze immer im Interesse der Regierungsmitglieder erlassen werden; er dürfte vielmehr gemeint haben, daß sie der Absicht entspringen, die bestehende Verfassung aufrechtzuerhalten. Demnach werden in der Demokratie Gesetze erlassen, die der demokratischen Verfassung entsprechen und sie stützen, in der Monarchie Gesetze, die die monarchische Verfassung befestigen usw. Nach dieser Ansicht gibt es keine vom positiven Recht unabhängige Gerechtigkeit, sondern die Gesetzgebung kann nur mit Bezug auf die jeweilige Verfassung bewertet werden. Aller Wahrscheinlichkeit nach stand Thrasymachus auf einem utilitaristischen Standpunkt; ob er einen rein individualistischen Utilitarismus vertrat oder auch den Sozialnutzen berücksichtigte, muß dahingestellt bleiben.

Auch in bezug auf die staatliche Gemeinschaft läßt sich fragen, ob sie von Natur aus bestehe, d.h. mit der Natur des Menschen zwangsläufig gegeben sei, oder ob sie durch Übereinkunft zustande komme. Die erste Ansicht vertrat ein anonymer Sophist, von dem Spuren bei dem Neuplatoniker Jamblich zu finden sind (daher „Anonymus Jamblichi"): Die Natur des Menschen veranlaßt zur Errichtung rechtlich geordneter Gemeinschaften, da sich die Individuen nicht erhalten könnten, wenn es keine Gesellschaft und keine sozialen Regeln gäbe. Deshalb ist die Gemeinschaftsbildung im Rahmen einer Rechtsordnung naturgemäß. Die zweite Ansicht findet sich bei Lycophron,[23] nach dessen Ansicht die Rechtsordnung auf einem Vertrag beruht; infolgedessen müssen auch die von diesem Vertrag abhängigen besonderen Gesetze als konventionell gelten. Der Gedanke, daß die Rechtsordnung durch einen Vertrag – den Sozialkontrakt – entstanden sei, sollte auch später noch eine wichtige Rolle spielen: Vor allem im Spätmittelalter und in der frühen Neuzeit wurde er wiederholt zur Geltung gebracht.

Obwohl die Sophisten somit in bezug auf den Inhalt ihrer Lehren keineswegs übereinstimmten, war ihnen in formaler Hinsicht die kritische Grundhaltung gemeinsam: Sie unterwarfen nicht nur die ältere philosophische Spekulation, die überlieferte Religion und die traditionelle Auffassung von Moral und Recht der Prüfung, sondern stellten sie unter Umständen auch in Frage. Dies legt den Vergleich mit der Aufklärung des 18. Jahrhunderts nahe und läßt die Bezeichnung der Sophistik als „griechische Aufklärung" berechtigt erscheinen. Ähnlich wie die Aufklärung des 18. Jahrhunderts reagierte auch die Sophistik auf Veränderungen im politischen und sozialen Bereich. Der Hinwendung zu neuen Wissensgebieten von aktueller Bedeutung entsprach allerdings ein Rückzug aus Bereichen der Philosophie, die für das philosophische Denken so wesentlich sind, daß sie nicht ohne Gefahr für die Philosophie vernachlässigt werden können. Daher war es eine notwendige Reaktion, als Sokrates, Plato und Aristoteles der Metaphysik, der Erkenntnislehre, der Ethik wieder jenen Platz im Mittelpunkt des philosophischen Denkens sicherten, der ihnen zukommt; darüber sollte aber nicht vergessen werden, daß die Sophistik ihrerseits einen Beitrag zur Philosophie leistete, dessen Bedeutung zunächst nicht erkannt wurde: Indem die Sophisten das Ideal einer perfekten Erkenntnis, die prinzipiell nicht mehr korrigiert werden kann, in Frage stellten, wendeten sie sich gegen den Anspruch, definitives Wissen erreichen zu können. In dieser Hinsicht hatten ihre Bemühungen zunächst keinen Erfolg, da schon Plato und Aristoteles jenen Anspruch wieder zur Geltung brachten. So wie daher bei der Beurteilung der Sophistik zu differenzieren ist, so ist auch in bezug auf Platos Kritik an der Sophistik eine differenzierte Bewertung angebracht: Sie war insofern positiv, als sie den großen Fragen der Metaphysik und der Ethik wieder zu ihrem Recht verhalf, sie gab aber, indem sie das Ideal unkorrigierbarer Wirklichkeitserkenntnis erneuerte, eine wichtige Errungenschaft der Sophistik preis. Jedenfalls geht es nicht an, die Sophistik so einseitig negativ zu bewerten, wie es Plato, ihr großer Gegner, getan hat und wie es unter dem Eindruck von Platos Polemik lange Zeit üblich war. Daß und in welchem Maße die Sophistik auch für die weitere Entwicklung der Philosophie wichtig war, zeigt der Umstand, daß ohne sie ein Sokrates nicht denkbar ist.

2. Sokrates

Dich erklärte der Pythia Mund für den weisesten Griechen.
Wohl! Der Weiseste mag oft der Beschwerlichste sein.
(Goethe: Xenien)

a) Die Persönlichkeit

Sokrates ist eine der merkwürdigsten Gestalten der gesamten Philosophiegeschichte: Obwohl er seine Gedanken nur mündlich weitergegeben hat, übte er einen so starken Einfluß aus, daß sein Auftreten als Einschnitt in der Entwicklung der griechischen Philosophie anzusehen ist; und obwohl seine Wirkung unbestreitbar ist, weiß man von ihm und seiner Philosophie kaum etwas Sicheres. Das hängt eben damit zusammen, daß er nur mündlich lehrte und wir daher gezwungen sind, seine Ansichten den Reaktionen seiner Schüler zu entnehmen: Weil die Reaktionen, die seine Persönlichkeit und sein Denken hervorriefen, bei Zeitgenossen und Späteren sehr unterschiedlich waren, haben wir verschiedene Sokrates-Bilder, aber kein Kriterium, um zu entscheiden, welches das richtige ist oder wieviel Wahrheit diese oder jene Darstellung enthält. In erster Linie sind die Zeugnisse von Plato und Xenophon zu berücksichtigen, wobei im Falle Platos aber damit gerechnet werden muß, daß er Sokrates nur zum Sprachrohr eigener Auffassungen machte. Bei Xenophon ist die Absicht unübersehbar, Sokrates gegen Vorwürfe zu verteidigen, mit dem Ergebnis, daß er als allzu harmloser Zeitgenosse erscheint. Die Karikatur, die Aristophanes in den „Wolken" von Sokrates als Erzsophisten zeichnete, kann übergangen werden, da sie augenscheinlich unangemessen ist. Außerdem kommt auch Aristoteles als Gewährsmann in Betracht, der zwar Sokrates nicht mehr persönlich kannte, aber durch Vermittlung Platos noch hinreichend zuverlässige Kenntnis von der Sokratischen Lehre gehabt haben muß. Schließlich läßt sich mit einiger Plausibilität von den sokratischen Schulen der Cyniker und der Cyrenaiker auf die von Sokrates vertretenen Auffassungen zurückschließen. Die Ansicht, es habe niemals einen Sokrates gegeben und der Name „Sokrates" bezeichne eine fiktive literarische Gestalt, muß als extrem unwahrscheinlich zurückgewiesen werden.[24] Denn hätte es keinen Sokrates gegeben und hätte er nicht eine bestimmte Art des Denkens praktiziert, so wäre nicht begreiflich, daß sich außer Plato auch die Begründer einer Reihe anderer philosophischer Richtungen auf ihn berufen konnten, ohne sogleich auf Widerspruch zu stoßen.

Sokrates wurde um 470 geboren. Seine Jugend fiel somit in die Blütezeit Athens nach den Perserkriegen. An der Schlacht von Potidäa nahm er als einfacher Soldat teil, und im Prozeß gegen die Feldherren, die es während der Seeschlacht bei den Arginusen unter dem Druck der Umstände unterlassen hatten, für die Beisetzung der Gefallenen an Land zu sorgen, setzte er sich als Mitglied des athenischen Ratsausschusses für die Angeklagten ein. Er erlebte noch die

Niederlage Athens im Peloponnesischen Krieg und die Zeit der Vorherrschaft Spartas. Im Jahre 399 wegen „Asebie" (d. h. des Verstoßes gegen die herkömmlichen religiösen Auffassungen, namentlich wegen angeblicher Bemühungen, den Glauben an neue Gottheiten einzuführen) und wegen „Verführung der Jugend" angeklagt, wurde er, da er eine angemessene Alternativstrafe nicht annehmen wollte, zum Tode verurteilt und, nachdem er alle Fluchtpläne verworfen hatte, hingerichtet. Der Platonische Dialog „Phädo" schildert in ergreifender Weise, wie Sokrates, überzeugt, daß dem Guten kein wirkliches Übel widerfahren könne, den Schierlingsbecher leerte.

Was mit dem Vorwurf der Jugend-Verführung gemeint war, läßt sich allerdings nur vermuten. Sexuelle Verführung kommt nicht in Betracht, da Sokrates die Homosexualität ablehnte. Daß sich der Vorwurf auf die Erziehung zu geistiger Mündigkeit im allgemeinen richtete, ist nicht plausibel, da in diesem Fall der Prozeß nicht mit einem Todesurteil hätte enden können. Daher hat die Annahme einiges für sich, daß die eigentlichen Motive der Anklage politischer Natur waren: Sokrates, obwohl Vertreter demokratischer Ideen, hatte Schüler, die mit Sparta konspirierten und nach der Niederlage Athens im Jahre 404 zu den Dreißig Tyrannen gehörten, die ein anti-demokratisches Regime in Abhängigkeit von Sparta errichteten. Als sich die Demokraten nach achtmonatiger Gewaltherrschaft der Oligarchen wieder durchsetzten, dürfte Sokrates für das Verhalten dieser Gruppe von Anhängern (namentlich Alcibiades, Critias, Charmides) verantwortlich gemacht worden sein.[25] Diese Erklärung macht den Vorwurf der Jugend-Verführung begreiflich; was hinter der Anschuldigung, Sokrates habe neue Götter eingeführt, stand, bleibt dagegen dunkel. Möglicherweise stützte sie sich darauf, daß sich Sokrates häufig auf eine innere Stimme – das *daimónion* – berief, die meist vor gewissen Handlungen warnte, in selteneren Fällen aber auch positiv in eine bestimmte Richtung drängte.

Darüber hinaus darf angenommen werden, daß Sokrates allein schon wegen seiner Denkweise nicht nur in einer Hinsicht Anstoß erregte. Sicher fühlten sich alle jene provoziert, die den bohrenden Fragen des Philosophen nicht standhalten konnten, besonders wenn es sich um Bereiche handelte, in denen sie zuständig zu sein glaubten. Vor allem aber mußte sich mancher Politiker getroffen fühlen, wenn Sokrates erklärte, die Staatsgeschäfte dürften nur Leuten anvertraut werden, die durch Wissen und Können qualifiziert seien, nicht solchen, die ihren Einfluß allein der Gunst der Massen oder dem Zufall vornehmer Herkunft verdankten. Mit dieser Auffassung stellte er sich gegen die Ansprüche sowohl des Geburtsadels als auch der Demokraten.

Bei Plato erscheint Sokrates als schärfster Gegner der Sophisten, während ihn Aristophanes umgekehrt als Sophisten darstellt. Beide Auffassungen werden jeweils einem Aspekt des Sokratischen Denkens gerecht: Plato stellte den Gegensatz zum sophistischen Relativismus in den Vordergrund, Aristophanes könnte den Umstand im Auge gehabt haben, daß sich Sokrates' philosophische Interessen insofern mit den Interessen der Sophisten deckten, als sie nicht mehr auf die Natur, sondern auf den Menschen und sein Handeln gerichtet waren. Sokrates reflektierte in erster Linie auf die ethischen Gesichtspunkte, nach denen menschliches Handeln zu bewerten ist, und auf die Ziele, an denen sich die Erziehung orientiert. Dieser Aspekt seines Denkens spiegelt sich besonders deutlich in den Auffassungen der Sokrates-Schüler Antisthenes und Aristipp. Wenn sich Sokrates bemühte, ethische Wertungen und pädagogische Ziele in rationaler Weise zu begründen, so trug er dem Umstand Rechnung, daß damals die traditionellen Wert- und Zielvorstellungen, wie auch der Inhalt der Götter-Mythen, bereits weitgehend fragwürdig geworden waren, so daß es nicht mehr ausreiche, sich auf eine allgemein akzeptierte Auffassung von Tugend und Pflicht oder auf den Willen der

Götter zu berufen; die ethischen Forderungen galten nicht mehr als selbstverständlich, sondern verlangten nach rationaler Rechtfertigung. In diesem Sinne suchte Sokrates, wie uns die Platonischen Dialoge eindringlich zeigen, in der vernünftigen Einsicht, die allen Menschen aller Zeiten unabhängig von besonderen Verhältnissen gleichermaßen zukommen soll, den Grund objektiver Wahrheiten und objektiver Werte. Offensichtlich war eine solche Auffassung erst möglich, nachdem die herkömmlichen Überzeugungen erschüttert waren: Erst als die Macht der Tradition gebrochen war, konnte der Versuch unternommen werden, die Ethik rational zu begründen. Sokrates tat das allerdings inhaltlich anders als die Sophisten. Während diese eine Nützlichkeitsmoral vertraten, der zufolge zu billigen ist, was dazu dient, gesellschaftlich anerkannte Zwecke zu erreichen, wies der Sokratische Ansatz in die Richtung einer Vernunft-Ethik und eines Vernunft-Rechts. Die so verstandene praktische Philosophie erfordert daher eine Metaphysik, mit deren Hilfe sich die der Vernunft zugewiesene Rolle rechtfertigen läßt. Eine solche Metaphysik dürfte Sokrates noch nicht konzipiert haben; sie findet sich erst bei Plato, seinem bedeutendsten Schüler.

Nach Sokrates orientieren wir uns bei ethischen Entscheidungen stets am Guten, genauer an dem, was wir für gut halten. Wenn jemand etwas Schlechtes für gut hält, wird er schlecht handeln, aber in diesem Falle liegt der Grund seiner Verfehlung nicht darin, daß er etwas Schlechtes will – Schlechtes, das als solches erkannt ist, kann nicht gewollt werden –, sondern in der irrigen Überzeugung, etwas in Wirklichkeit Schlechtes sei gut. Wer schlecht handelt, tut das auf Grund eines Irrtums; die Korrektur erfolgt durch Belehrung, d.h. durch die Überwindung des Irrtums. Umgekehrt handelt richtig, wer richtig urteilt, und wer mit Sicherheit richtig urteilt, handelt mit Sicherheit richtig. Wenn daher der Geist aus der Verstrickung in Irrtum und Schuld befreit werden soll, muß dem moralischen Handeln mit den

Mitteln der Vernunft größtmögliche Sicherheit verliehen werden. Die Überzeugung, daß theoretische und praktische Gewißheit zusammenhängen, ist für die Sokratische Ethik grundlegend: Tugend ist nach Sokrates Wissen.

Wenn Tugend als Wissen aufgefaßt wird, erhebt sich die Frage, welche Art Wissen gemeint ist. Nach Sokrates kann es sich nur um rein vernünftiges Wissen handeln, nicht um empirisches Wissen, das somit nicht als das einzige, ja nicht einmal als das ursprüngliche Wissen gilt. Vielmehr betonte Sokrates die Selbständigkeit der vernünftigen Einsicht, ja deren Überlegenheit über die Wahrnehmungserkenntnis. Da vernünftige Einsicht auf deutlichen Begriffen beruht, bemühte er sich um die Präzisierung von Begriffen, namentlich von ethisch relevanten Begriffen. Dabei ging es ihm nicht nur um spezielle Begriffe wie „Tapferkeit"[26] oder „Frömmigkeit"[27], sondern auch um das Wesen der Tugend überhaupt.[28] Nur wer z. B. genau weiß, was „Frömmigkeit" und „Tugend" bedeuten, wird sicher beurteilen können, ob die Frömmigkeit eine Tugend sei. Die Präzisierung von Begriffen, die Sokrates im Hinblick auf die Ethik für wesentlich hielt, muß geübt werden, und der Einübung in die Begriffsanalyse dürften die Erörterungen moralisch neutraler Begriffe gedient haben, von denen in einigen Platonischen Dialogen die Rede ist. Ein Beispiel für die Art, in der Sokrates die Bedeutung von Begriffen zu klären suchte, ist die Erörterung der Frage, unter welchen Umständen man sagen könne, daß eine Rüstung ihrem Träger passe.

Die Wirkung, die Sokrates ausübte, läßt sich nicht nur auf den Eindruck zurückführen, den seine Lehre machte; sie hängt außerdem mit der Konsequenz zusammen, mit der er sein Leben im Sinne seiner Überzeugungen gestaltete: Sein Leben und vor allem sein Sterben waren praktizierte Philosophie.

b) Die Sokratische Methode

Geht man davon aus, daß vor allem die frühen Platonischen Dialoge Einblick in die Art gewähren, in der Sokrates seine Gesprächspartner zu philosophischen Einsichten veranlaßte, dann wird klar, daß nicht so sehr von einer Sokratischen Lehre, als vielmehr von einer Sokratischen Denkweise zu sprechen ist, die teils die Bildung adäquaterer Begriffe, teils die Überwindung der Meinung zum Ziel hat, die landläufigen Begriffe seien bereits hinreichend genau. Wie Sokrates dieses Ziel im einzelnen zu erreichen suchte, zeigt z.B. Platos Dialog „Laches", in dem es um die Frage geht, was „Tapferkeit" sei. Die Definition von „Tapferkeit" als „Standhalten in der Schlachtreihe", die Laches ins Auge faßt, erweist sich rasch als zu eng: Man kann offensichtlich auch während eines Rückzugs tapfer sein; darüber hinaus gibt es offensichtlich Tapferkeit nicht nur im Kriege. Die Frage richtet sich nicht auf eine besondere Art von Tapferkeit, sondern auf die Bedeutung von „Tapferkeit" im allgemeinen. Der Vorschlag, sie als „Beständigkeit der Seele" zu bestimmen, erweist sich als unbefriedigend, weil unvernünftiges Beharren auf einem Standpunkt nicht als Tapferkeit gelten kann. Umgekehrt ist die Definition als „Beständigkeit auf Grund von vernünftiger Überlegung" zu weit, da sie z.B. auch auf das Verhalten eines Arztes angewendet werden kann, der auf einer als richtig erkannten Therapie beharrt. Ein solches Verhalten pflegt aber nicht „tapfer" genannt zu werden. Daher scheint es nur einen Weg zur Lösung der Aufgabe zu geben: Man muß angeben, was Inhalt der vernünftigen Überlegung ist, die der Beständigkeit zugrunde liegt. Hier scheint nun nichts anderes als die Gefahr in Betracht zu kommen, so daß „Tapferkeit" definiert werden kann als „Standhaftigkeit angesichts vernünftig eingeschätzter Gefahren". Im weiteren Gesprächsverlauf wird der Aspekt der Standhaftigkeit jedoch wieder beiseite gelassen und das Moment des Wissens in den Vordergrund gerückt: „Tapferkeit" bedeutet „Wissen vom Gefährlichen und Unbedenklichen", d.h., jemand soll „tapfer" heißen, wenn er auf Grund zutreffender Beurteilung des Risikos handelt. Auch dieser Vorschlag erweist sich als unhaltbar: Das Urteil über das Risiko betrifft etwas Zukünftiges, Wissen aber muß für alle Zeit gültig, infolgedessen nicht auf eine bestimmte Zeit (wie die Zukunft) beschränkt sein. Zieht man aber die Konsequenz, daß die Tapferkeit ein Wissen von Gut und Übel überhaupt sei, dann kann sie nicht mehr gegenüber Gerechtigkeit, Frömmigkeit und anderen Tugenden abgegrenzt werden. Die Frage, was die Tapferkeit sei, läßt sich vermutlich deshalb nicht beantworten, weil sie falsch gestellt ist: Die Tapferkeit wird in der Erörterung als isolierter „Teil" der Tugend, und nicht, wie es nach Plato nötig wäre, als Sonderfall der Tugend als solcher betrachtet. Vielleicht wollte Plato den Gedanken nahelegen, daß von der Tapferkeit gar nicht so gesprochen werden könne, als handle es sich um einen isolierten „Teil" der Tugend, wie bei der Diskussion vorausgesetzt wird. Solange das Wesen der Tugend überhaupt nicht berücksichtigt wird, lassen sich besondere Tugenden nicht definieren.

Fragen wie „Was ist Tugend?" – allgemein: Was-ist-Fragen[29] – hatten schon die Sophisten erörtert; Sokrates stellte solche Fragen aber in anderer Absicht als die Sophisten: Er wollte nicht belehren, sondern er suchte im Gespräch die gemeinsame Annäherung an eine Einsicht, die zu besitzen er nicht beanspruchte. Im Platonischen „Theätet" verglich er seine Tätigkeit mit dem Beruf seiner Mutter: So wie die Hebamme anderen Frauen bei der Geburt hilft, so hilft er seinen Unterredungspartnern bei der Geburt der Wahrheit; und so wie in Athen nur Frauen jenseits des gebärfähigen Alters als Hebammen tätig sein durften, so erklärte auch Sokrates, er selber vermöge keine Erkenntnis hervorzubringen, sondern nur bei der Erkenntnisgewinnung behilflich zu sein und zu prüfen, ob irgendwelche Meinungen als Erkenntnisse gelten könnten oder nicht.

Demgemäß lassen sich zwei Aspekte der Sokratischen Dialektik, d.h. der Kunst, durch Unterredung Einsicht zu gewinnen, unterscheiden: die Ironie als Weg zur Aufhebung vermeintlichen Wissens und die Mäeutik als Hilfestellung bei der Hervorbringung echter Einsicht.

Die Sokratische Dialektik beruht auf stillschweigenden Voraussetzungen, die erst Plato explizierte: Wenn die Gesprächspartner allein durch Fragen zu Erkenntnissen veranlaßt werden sollen, die der Fragende nicht besitzt, dann muß auf seiten des Antwortenden ein potentielles Wissen angenommen werden, das durch geeignete Fragen lediglich aktualisiert wird. Die Seele verfügt demnach sozusagen über ein keimhaftes Wissen, das im Gespräch entfaltet wird.

Wenn Sokrates fragt „Was ist die Tugend?" oder „Was ist das Wissen?", dann geht es nicht darum festzustellen, wie die Ausdrücke „Tugend", „Wissen" faktisch gebraucht werden oder wie sie zweckmäßigerweise gebraucht werden sollten, sondern es geht um das Wissen als solches, die Tugend als solche. Bei derartigen Fragen bzw. den entsprechenden Antworten scheint vorausgesetzt werden zu müssen, daß es die Tapferkeit selbst, die Tugend selbst (und analog bei allen anderen derartigen Begriffen) gibt, da nur unter der Voraussetzung, daß den Begriffen ein Sachverhalt entspricht, nach der „richtigen" Definition der entsprechenden Begriffe gefragt werden kann. Sokrates hat, wenn man Plato glaubt, nicht nur den konventionellen Sprachgebrauch feststellen oder bessere sprachliche Konventionen herbeiführen, sondern zur Einsicht in die unseren Begriffen entsprechenden idealen Sachverhalte hinführen wollen. Da auch Aristoteles die Sokratische Auffassung in diesem Sinne darstellte, darf man annehmen, daß Plato an eine Sokratische (oder bei Sokrates mindestens angelegte) Auffassung anknüpfte, wenn er das Allgemeine, auf das sich Was-ist-Fragen beziehen, als eine objektive Wesenheit – als „Idee" – charakterisierte.

c) Die Lehrbarkeit der Tugend

Für Sokrates dürfte die Bestimmung des Wesens der Tugend zentrales Anliegen gewesen sein. „Tugend" ist nach Sokrates nicht ein Sammelname für eine Menge einzelner Tugenden, die aufzuzählen und miteinander zu vergleichen wären, sondern dieser Ausdruck bezeichnet das allgemeine Wesen, das die alltäglich so genannten besonderen Tugenden erst zu Tugenden macht. „Tugend" ist ein allgemeiner Sachverhalt, der eingesehen werden kann; und wer diese Einsicht hat, kann gar nicht anders als tugendhaft handeln. Diese Auffassung beruht auf der Voraussetzung, daß die Tugend ein Wert ist und daß niemand einen Unwert erstreben kann: Niemand begeht freiwillig ein Unrecht. Wer unmoralisch handelt, ist daher Opfer einer Täuschung: er hält einen Unwert fälschlich für einen Wert. Die Besserung besteht daher in der Überwindung der Täuschung. Daß man das Gute erkennen und doch das Schlechte tun könne (Video meliora proboque, deteriora sequor[30]), ist unter Sokrates' Voraussetzungen auszuschließen. Sofern das Handeln dieser Ansicht zufolge eindeutig durch die Erkenntnis des Guten und Schlechten bestimmt ist, handelt es sich um eine deterministische Position.

Wenn die Tugend objektiv wertvoll ist, dann wird die Seele durch moralisches Handeln besser und durch unmoralisches Handeln schlechter: Unrecht tun ist nach Sokrates schlimmer als Unrecht erleiden.[31] Sokrates ist dieser Auffassung mit unerhörter Konsequenz treu geblieben: Er lehnte es ab, sich durch Flucht der Hinrichtung zu entziehen, und er ging in der Gewißheit in den Tod, die Schwelle zu einer besseren Daseinsform zu überschreiten. Nach Plato suchte er am letzten Tage seines Lebens seine Freunde von der Unsterblichkeit der Seele und von deren glücklichem Los nach dem Ende eines guten irdischen Lebens zu überzeugen. Nach Sokrates kann jemand, der gut gelebt, d.h. nach Tugend und Wissen gestrebt hat, guten

Mutes seine Fahrt nach der Unterwelt antreten, sobald das Schicksal ruft.[32]

3. Die kleineren sokratischen Schulen

Eine wichtige Ergänzung unseres Bildes von Sokrates ergibt sich aus dem Echo, das er bei jenen zeitgenössischen Philosophen fand, die sich auf ihn beriefen. Obwohl Plato unter ihnen der weitaus bedeutendste war, soll zuerst ein Blick auf die sogenannten kleineren sokratischen Schulen – die Cyniker, Cyrenaiker, die Schulen von Megara und Elis – geworfen werden.

a) Die Cyniker

Die Sokratische Auffassung, daß die Erkenntnis des sittlich Guten die Grundlage der moralischen Praxis bilde, ließ sich zu der Auffassung weiterentwickeln, daß das Erkennen im allgemeinen praktischen Zielen untergeordnet und unterzuordnen sei. Diese moralisierende Einseitigkeit prägte das Denken der cynischen Schule, deren Begründer, Antisthenes (etwa 455 bis etwa 360), Schüler des Sophisten Gorgias war und sich später Sokrates anschloß. Er lehrte im Gymnasion Kynosarges, nach dessen Namen man seine Anhänger als „Cyniker" („Kyniker") bezeichnete. Dabei spielte wohl auch die Etymologie des Wortes eines Rolle: „kyon" bedeutet „Hund", und die extreme Bedürfnislosigkeit, ja Kulturfeindlichkeit, die Antisthenes empfahl, legten es nahe, sein und seiner Schüler Verhalten als „hündisch" zu charakterisieren. Der Cyniker Diogenes von Sinope trug tatsächlich den Beinamen „der Hund". Sokrates hatte beispielgebend gezeigt, daß der sittlich autonome Mensch von inneren und äußeren Umständen unabhängig werden kann. Unter dem Eindruck dieser Unabhängigkeit kam Antisthenes zu der Überzeugung, daß die Tugend nicht nur das höchste, sondern das einzige Gut sei; alles andere erscheint ihr gegenüber entweder als schlecht oder doch zumindest als gleichgültig. Die Tugend ist cynischer Ansicht nach Selbstzweck, d.h., sie ist nicht ein Mittel, um Lust oder Glückseligkeit oder irgendein anderes Ziel zu erreichen: Sie ist ihr eigener Lohn, wie sie auch die einzige wahre Glückseligkeit ist; umgekehrt ist die Schlechtigkeit ihre eigene Strafe und das einzige wirkliche Unglück. Die Theorie – namentlich die metaphysische Theorie – ist gegenüber dem Handeln von untergeordneter Bedeutung; insbesondere lehnte es Antisthenes ab, die von Sokrates gesuchten Definitionen auf Ideen im Sinne Platos zu beziehen. Das läßt erkennen, daß Platos Metaphysik nicht die einzig mögliche Weiterbildung des Sokratischen Denkens war.

Wenn allein die Tugend ein Gut ist, dann wird der Weise nichts außer ihr erstreben. Namentlich sind die Triebe und alle auf Trieben beruhenden Bedürfnisse abzulehnen, zumal sie der Selbstgenügsamkeit (Autarkie) des tugendhaften Menschen abträglich sein können. Jedes Bedürfnis bedeutet Abhängigkeit von Umständen, die wir nicht vollständig kontrollieren können und die daher geeignet sind, unsere innere Ruhe zu beeinträchtigen. Der Weise macht sich daher nicht nur von den Leidenschaften, sondern auch von allen anderen Einflüssen frei, die seine Autarkie gefährden können. Das gilt auch von den Bindungen an Sitte und Brauch. Folgerichtig bekämpften die Cyniker die gesellschaftlichen Konventionen und die herkömmliche Moral, auch mit dem Mittel der provokativen Verletzung der geltenden Normen. In dieser Hinsicht tat sich besonders Diogenes von Sinope hervor (gest. 323, dem Todesjahr Alexanders d. Gr.), der der bekannteste, keineswegs aber der bedeutendste Cyniker war. Seine Lebensweise, die Anlaß zu zahlreichen Anekdoten gab – er soll in einer Tonne gelebt und am hellen Tag mit der Laterne auf dem Markt von Korinth erschienen sein, um, wie er den Neugierigen erklärte, einen Menschen zu suchen –, macht verständlich, wie der Ausdruck „zynisch" seine heutige Bedeutung erhalten konnte. Diogenes lehnte die Einehe ab, empfahl Promiskuität und gemeinsame Kindererziehung, ja er stellte sogar das Inzestverbot in Frage, weil er meinte, daß es nicht auf der Natur beruhe und bloß konventionellen Charakter habe. Um auszudrücken, daß er sich nicht an die Polis gebunden fühle – er war kein Athener –, bezeichnete er sich als Weltbürger.[33] Da nach cynischer Ansicht Natürliches nicht häßlich sein kann (vgl. das sprichwörtliche „Naturalia non sunt turpia"), erklärte er alle Anstandsregeln, die auf die Tabuisierung gewisser natürlicher Vorgänge hinausliefen, für hinfällig. Diogenes beschränkte sich aber nicht auf Provokation, um den Einfluß moralischer Konventionen zu brechen, sondern er suchte die Abhängigkeit von Trieben und Begierden durch extreme und manchmal groteske Askese zu überwinden. Die Grundlage der cynischen Ideologie, an der sich die damalige „Alternativszene" orientierte, bildete der Glaube an die Güte der Natur im allgemeinen und der menschlichen Natur im besonderen, wobei „Natur" als Gegenbegriff zu „Kultur", d.i. zu Sitte und Sittlichkeit, zu Recht und Gesellschaftsordnung verwendet wurde.

Die cynische Praxis entsprang nicht nur einem zivilisationsfeindlichen Affekt, der sich an den Mängeln der zeitgenössischen sozialen Wirklichkeit entzündete, sondern sie entsprach auch dem Bedürfnis nach Befreiung von biologischen, psychologischen und sozialen Zwängen. Sofern diese Zwänge stets an Trieben ansetzen, erweist sich die Triebkontrolle als Mittel ihrer Überwindung. Die cynische Trieb- und Bedürfnis-Askese diente demnach nicht dem Ziel jenseitiger Glückseligkeit oder der Erlösung von der Folge der Wiedergeburten, sondern der Entlastung von triebbedingten Abhängigkeiten. Die Ethik der Cyniker soll die innere Unerschütterlichkeit sichern und gegen Beeinträchtigungen abschirmen, indem sie den Menschen in die Geborgenheit der Natur zurückführt. Diese Geborgenheit soll an die Stelle der Geborgenheit in Familie, Stand und Staat (Polis) treten; der Kosmos als Heimat wird Ersatz der in der damaligen Zeit immer mehr an Bedeutung verlierenden herkömmlichen Bindungen.

Die Tendenz zur Abwertung der Bindung an irgendeinen Staat ist ansatzweise bereits bei Sokrates festzustellen;[34] sie machte sich verstärkt bei den Cynikern bemerkbar, offenbar im Einklang mit der sich damals bereits abzeichnenden Entwicklung eines Großreichs, in dem die Stadtstaaten aufgingen. Tatsächlich erlebte Diogenes noch die Entstehung des Reichs Alexanders des Großen. So wie die philosophische Idee des Weltbürgertums der politischen Idee eines Großreichs entgegenkam, so bereitete die Loslösung von lokal bedingten herkömmlichen Bedingungen die Entstehung jener kulturellen Synthese vor, die mit der Errichtung des mazedonischen Reiches in die Wege geleitet wurde. Das kosmopolitische Vermächtnis des Cynismus übernahm später die Stoa, die sich von dessen „zynischen" Zügen freihielt und den Pflichten des einzelnen gegenüber Gesellschaft und Staat wieder Rechnung trug – allerdings gegenüber einer Gesellschaft, die nicht mehr im traditionellen Sinn ständisch gegliedert war, und einem nicht mehr national geprägten Staat.

b) Die Cyrenaiker

Hatten die Cyniker das praktische Ziel in der größtmöglichen Unabhängigkeit und inneren Unerschütterlichkeit erblickt, so stellten der Sokrates-Schüler Aristipp (etwa 435 bis 366) und seine Anhänger die Ethik in den Dienst des Glücksstrebens. Wie die Cyniker sich für ihr moralisches Ideal auf die Sokratische Auffassung der Pflicht berufen konnten, so knüpften die Cyrenaiker an die von Sokrates erhobene Forderung des glücklichen Lebens an. Sie waren somit ähnlich einseitig wie Anthisthenes, wenn sie auch einen anderen Aspekt des Sokratischen Denkens in den Vordergrund rückten als die Cyniker, mit denen sie aber die Tendenz zur Unterordnung der Theorie unter die Praxis verband. So hielt Aristipp, mit dem die cyrenaische Schule beginnt, das Wissen von der Natur nur insofern für nützlich, als es der Unterscheidung von Gut und Übel dient. Obwohl er in der Lust das einzige Kriterium des Wertes von Handlungen erblickte, übersah er nicht die Rolle, die der Verstand bei moralischen Entscheidungen spielt. Da nicht alle Lüste auf derselben Ebene liegen, muß zwischen ihnen gewählt werden, und dabei soll die höhere gegenüber der niedrigeren Lust bevorzugt werden. Als höher gilt die Lust, die der Befriedigung geistiger Bedürfnisse entspringt, als niedriger die aus der Befriedigung sinnlicher Triebe hervorgehende Lust. Einem kultivierten Menschen sind somit beglückendere Erlebnisse zugänglich als einem primitiven, weshalb nach Ansicht der Cyrenaiker die geistige Kultur als Voraussetzung höherer Befriedigung selbst als Wert anzusehen ist. Die Unterscheidung zwischen höherer und niedrigerer Lust ist aber nur auf Grund verständiger Beurteilung möglich. Ebenso ist der Verstand nötig, um alles fernzuhalten, was die Genußfähigkeit beeinträchtigen könnte – namentlich die Abhängigkeit von äußeren Umständen, von Konventionen und abergläubischen Meinungen. Soweit sich der Verständige dem Zwang der Verhältnisse zu entziehen vermag, steht er über den Dingen und genießt die Vorzüge eines ungestörten Lebens, wozu auch gehört, daß er nicht zum Sklaven des Luststrebens wird. Die Befriedigung, zu deren Erlangung die cyrenaische Ethik führen will, ist also nicht die unmittelbare physische Lust, sondern eine Lust, die vernünftig erstrebt und vernünftig genossen wird.

Nichtsdestoweniger ist eine Ethik, die, wie die cyrenaische, auf dem Lustprinzip beruht, im Grunde individualistisch, da Werturteile auf Grund von Lust- und Unlust-Empfindungen vom variablen subjektiven Gefühlszustand abhängig, somit nicht objektiv gültig sind. Obwohl die Empfindungen von objektiven Ursachen hervorgerufen werden, kennen wir unmittelbar doch nur die Empfindungen, und nicht deren Ursachen. Der Anspruch, allgemeingültige ethische Forderungen aufzustellen, läßt sich unter den Bedingungen der cyrenaischen Ethik nicht aufrechterhalten. Wie für Protagoras ist der Mensch auch nach Ansicht Aristipps und seiner Anhänger das Maß aller Dinge. Wie Protagoras (und vermutlich unter seinem Einfluß) gelangte auch Aristipp zu einem theoretischen und praktischen Relativismus, dem zufolge Fürwahrhalten und Werten vom Zustand des Subjekts abhängen. Auf dem Boden einer solchen Auffassung lassen sich folgerichtig überhaupt keine moralischen Forderungen mehr erheben; man kann nur feststellen, daß die Menschen faktisch unter dem Eindruck von Lust und Unlust werten, nicht aber, daß sie so werten sollen. Die cyrenaische Auffassung läuft mit einem Wort darauf hinaus, daß Ausdrücke wie „gut" oder „wertvoll" letzten Endes mit Hilfe von „Lust" zu definieren sind. Wenn man von einer Verhaltensweise sagt, sie sei gut, dann ist das eine Abkürzung für die Feststellung, daß sie in der Regel Lust-Empfindungen nach sich zieht. Schon die Annahme, daß dies immer und bei allen Menschen so sei, läßt sich nicht mehr begründen.

Aristipps Schule hatte ihren Mittelpunkt in Cyrene. Hier, in seiner Vaterstadt, wirkte Aristipp, nachdem er zunächst in Athen, wo er zum Kreis um Sokrates gehörte, gelehrt hatte. Seine Tochter Arete gab seine Philosophie an ihren Sohn, Aristipp den Jüngeren, weiter, der daher den Beinamen „der von der Mutter Unterrichtete" trug. Im Verlauf der Schulentwicklung kam es zu bemerkenswerten Akzentverschiebungen: Theodor der Atheist ging insofern über den Schulgründer hinaus, als er den Glauben an Götter und somit an gottgegebene Gebote wie auch die Verbindlichkeit konventioneller Normen, die den Lustgewinn beeinträchtigen können, für hinfällig erklärte. Bei Hegesias zeigte sich die Kehrseite des Hedonismus: Wenn ausschließlich die Lust über Wert oder Unwert des Daseins entscheidet und wenn die Erfahrung zeigt, daß die Unlust im menschlichen Leben als ganzem die Lust überwiegt, dann kann das Leben nicht als Wert gelten. Hegesias soll in seinen Vorträgen diese pessimistische Konsequenz so überzeugend dargelegt haben, daß sich nach seinen Auftritten die Selbstmorde häuften. Deshalb erhielt er den Beinamen „der zum Tode Überredende". Man soll sich sogar gezwungen gesehen haben, ihn mit einem Redeverbot zu belegen. Anniceris griff schließlich wieder auf den positiven Hedonismus des Schulgründers zurück. Durch die Ausgestaltung, die die hedonistische Ethik durch Epikur erfuhr, wurde sie zu einer der großen Richtungen der Moralphilosophie in der hellenistischen Zeit (siehe Kap. V, Abschn. 2).

Die Moralphilosophie der Cyrenaiker war nicht nur metaphysisch, sondern empirisch-psychologisch ungenügend fundiert. In bezug auf die metaphysische Grundlegung erwies sich die cyrenaische Philosophie daher dem Platonismus, in bezug auf die Psychologie des Wertens und Handelns dem Aristotelismus als unterlegen; erst mit Epikur erlangten ihre Grundgedanken wieder größeren Einfluß.

c) Die megarische und die elische Schule

Euklid von Megara (nicht mit dem alexandrinischen Mathematiker Euklid, etwa hundert Jahre später, zu verwechseln) und die von ihm begründete megarische Schule lassen ein starkes Interesse an logischen Fragen erkennen, die insbesondere die Form von Beweisen betrafen. Im Zusammenhang damit beschäftigte man sich auch mit der Frage, wie Beweise zu widerlegen seien, was für die Eristik, d.h. die Technik des wissenschaftlichen Streitgesprächs, wichtig war. Im Umkreis der Megariker entstanden Argumente wie die berühmte Lügner-Paradoxie,[35] kurz „der Lügner": Wenn jemand sagt „Ich lüge eben jetzt", dann heißt das, daß seine Behauptung falsch und daher ihre Negation wahr ist, nämlich „Ich lüge jetzt nicht"; lügt er aber nicht, dann ist es wahr, daß er eben jetzt lügt. Es scheint also, als wäre die fragliche Äußerung sowohl wahr als auch falsch. Der „Lügner" tritt in verschiedenen Einkleidungen auf, etwa in der folgenden: Der Kreter Epimenides sagt, Kreter lügen immer. Da nun Epimenides ein Kreter ist und folglich immer lügt, ist seine Behauptung eine Lüge, infolgedessen deren Gegenteil wahr, d. h. Kreter lügen nicht. Also lügt auch der Kreter Epimenides nicht, wenn er sagt, Kreter lügen, usw. Bei der Lügner-Paradoxie handelt es sich nicht um eine bloße Spiegelfechterei, sondern um ein ernstes Problem. Könnte wirklich eine Aussage zugleich mit ihrer Negation wahr sein, dann läge eine Antinomie vor, und ließe diese sich nicht überwinden, dann wären die Grundprinzipien der Logik, somit die Logik selbst, in Frage gestellt. In unserem Jahrhundert wurde die Antinomie darauf zurückgeführt, daß sich die Aussage, in bezug auf die sie formuliert wird, auf sich selbst bezieht. Um die Möglichkeit selbstbezüglicher Äußerungen auszuschalten, wurde in unserem Jahrhundert zwischen Aussagen über Gegenstände (Objekt-Sprache) und Aussagen über Aussagen (Meta-Sprache) unterschieden. Ein anderer Weg zur Überwindung der Antinomie geht davon aus, daß zu einem Urteil stets der Anspruch gehört, etwas Wahres zu behaupten. Die Äußerung „Ich lüge jetzt" bzw. „Ich sage jetzt die Unwahrheit" hebt aber den Wahrheitsanspruch auf und kann daher nicht Ausdruck eines Urteils sein.

In der Ethik folgte Euklid der Sokratischen Auffassung, daß es nur eine Tugend – also streng genommen nicht Tugenden in der Mehrzahl – gebe. In diesem Sinne lehrte er, „das Gute sei eines, mit vielen Namen benannt: bald Einsicht, bald Gott, anderswo Vernunft".[36] Außerdem charakterisierte er das Gute als göttlich, als unentstanden und unvergänglich und wendete damit die Sokratische These von der Einen Tugend, deren Modifikationen die einzelnen Tugenden sind, ins Ontologische.

Die Lehre der elisch-eretrischen Schule, begründet von Phaedo von Elis und zunächst in dieser Stadt (in der gleichnamigen Landschaft), unter Phaedos Schülern später in Eretria (auf Euböa) beheimatet, läßt sich kaum mehr fassen; sie scheint, ähnlich wie die megarische Schule, dialektische mit ethischen Interessen verbunden zu haben. Daß von den kleineren sokratischen Schulen nur wenig überliefert ist, dürfte vor allem damit zusammenhängen, daß ihre wichtigsten Gedanken von Nachfolgeschulen aufgenommen und ausgearbeitet wurden, womit das Interesse an den älteren Auffassungen schwand.

III. Plato und das Problem der Erkenntnis aus reiner Vernunft

> Das Sein ist ewig; denn Gesetze
> Bewahren die lebend'gen Schätze,
> Aus welchen sich das All geschmückt.
> *(Goethe: Vermächtnis)*

Sowohl bei den Naturphilosophen, die fragten, wie sich die Entstehung der Welt und das Geschehen in der Welt begreifen lassen, als auch bei den Pythagoreern, die nach den idealen Prinzipien der Ordnung der Welt und des Denkens suchten, ging es in erster Linie um das Wesen der Wirklichkeit, nicht um die Natur der Wirklichkeitserkenntnis. Mit Plato zeichnet sich eine Wende ab: Das philosophische Denken richtet sich nicht mehr nur auf die Wirklichkeit, sondern wird zur Reflexion auf die Erkenntnis der Wirklichkeit. Plato reflektierte allerdings nicht so sehr auf die Wirklichkeitserkenntnis im allgemeinen, als vielmehr auf die Erkenntnis des Allgemeinen, der Inhalte des begrifflichen Denkens. Zur Frage nach der Erkenntnis des Allgemeinen wurde er insbesondere durch die Beschäftigung mit der Mathematik geführt. Er bemerkte, daß man nicht von diesem oder jenem rechtwinkligen Dreieck spricht, wenn man den pythagoreischen Lehrsatz aufstellt, sondern vom rechtwinkligen Dreieck überhaupt. Damit stellte sich ihm die Frage, was dasjenige sei, worüber man in allgemeinen Sätzen, wie dem Satz des Pythagoras, redet. Während in besonderen Urteilen – wie „Das rechtwinklige Dreieck vor mir besteht aus Holz" – der beurteilte Gegenstand ein wahrnehmbares Ding ist, kann der Gegenstand, auf den sich der pythagoreische Lehrsatz bezieht, kein Ding der wahrnehmbaren Wirklichkeit sein, da er nicht konkret, sondern allgemein ist. Da sich der allgemeine Satz jedoch auf einen Gegenstand bezieht, wie Plato meinte, muß dieser sich von wahrnehmbaren Gegenständen prinzipiell unterscheiden. Es kann sich mit einem Wort nicht um einen konkreten, sondern es muß sich um einen allgemeinen Gegenstand handeln, um eine „Idee", wie Plato sagte. Der pythagoreische Lehrsatz hat es mit einer allgemeinen Form – dem rechtwinkligen Dreieck und dem Verhältnis seiner Seiten – zu tun, abgesehen von inhaltlichen Bestimmungen, etwa in bezug auf das Material, auf bestimmte Längen, auf die Lokalisierung in Raum und Zeit. Die Idee des rechtwinkligen Dreiecks existiert nicht hier und jetzt; sie hat auch nicht irgendwann zu existieren begonnen, und sie kann nicht aufhören zu existieren. So wie sie nicht raum-zeitlichen Bedingungen unterworfen ist, so ist sie unabhängig von ihrer Verwirklichung in der materiellen Welt. In diesem Sinne unterscheidet sich die Idee des rechtwinkligen Dreiecks wesentlich von konkreten rechtwinkligen Dreiecken, wie dem Winkelmaß des Maurers. Was vom rechtwinkligen Dreieck gilt, gilt von allen Dreiecken, darüber hinaus von allen mathematischen Gebilden und schließlich von allen allgemeinen Gegenständen, auf die wir uns in streng allgemeingültigen Urteilen beziehen, d.h. von allen Ideen.

Indem Plato einen Bereich idealer Gegenstände – ein Reich der Ideen – annahm, bestritt er, daß der Bereich der wahrnehmbaren Gegenstände der einzige Wirklichkeitsbereich sei: Neben der Welt der sinnlich erfahrbaren Dinge gibt es seiner Ansicht nach eine andere Welt, die die Erfahrung übersteigt und nur dem vernünftigen Denken zugänglich ist. Plato hat sich nicht damit begnügt, der Sinnenwelt eine Vernunftwelt gegenüberzustellen, sondern er betrachtete die nur vernünftig erkennbare Welt, das Ideen-Reich, als die höhere, „wahrere" Wirklichkeit. Die Erfahrungswirklichkeit ist niederen Ranges, sie verdankt ihre Bestimmtheit den Ideen, die als ewige Muster der vergänglichen Erfahrungsgegenstände fungieren. Die Zwei-Welten-

Lehre, d.h. die Aufspaltung der Gesamtwirklichkeit in zwei Teilbereiche, findet sich überall, wo im Geiste Platos gedacht wird – bis hin zu jenen Theoretikern unserer Zeit, die der Welt der realen (physischen und psychischen) Seienden eine ideale Welt gegenüberstellen, in der abstrakte Gebilde, wie Probleme oder wissenschaftliche Theorien (als Bestandteile der „Welt 3" im Sinne Poppers), angesiedelt sein sollen.

Platos Auffassung hat eine wichtige Konsequenz für die Bestimmung des Verhältnisses von Denken und Wirklichkeit: Das Reich der Vernunftgegenstände (der Ideen) ist nicht nur für die konkreten Dinge, sondern auch für das Denken maßgeblich, d.h., es liefert den Maßstab für das richtige theoretische, praktische und ästhetische Denken. Plato nahm an, daß die Seele über ein ursprüngliches Wissen vom Wahren, Guten und Schönen verfügt und daß sie nur im Licht dieses Wissens überhaupt imstande ist, konkrete Verhältnisse als wahr, gut und schön zu beurteilen.

Die Seele – und zwar sowohl als Weltseele wie als Einzelseele – ist sozusagen die Klammer zwischen dem Reich der materiellen Dinge und dem Reich der Vernunftgegenstände: Sie entstammt jenem Bereich, dem die Ideen angehören, und sie tritt in Verbindung mit der materiellen Wirklichkeit, insbesondere als Einzelseele mit dem einzelnen Körper. Da sie aber vom Leib wesentlich verschieden ist, kann sie mit ihm keine dauernde Gemeinschaft eingehen, sondern sie strebt danach, sich von ihm zu lösen und schließlich in ihre geistige Heimat zurückzukehren.

Die von Plato aufgestellte Zwei-Welten-Lehre war nicht absolut neu: Sie war von den Eleaten (siehe Kap. I, Abschn. 6) vorbereitet. Mit Plato wurde sie aber zu einem der mächtigsten Gedanken der gesamten späteren Philosophie. Sie fand nicht nur in der Antike bedeutende Vertreter, sondern sie wurde durch die Verschmelzung mit der christlichen Jenseits-Vorstellung zu einem wesentlichen Element der mittelalterlichen und neuzeitlichen Kultur. Ihre Anziehungskraft verdankt sie einerseits dem Umstand, daß sie geeignet erscheinen konnte, den Anspruch absolut sicherer, prinzipiell erfahrungsunabhängiger Wirklichkeitserkenntnis zu rechtfertigen, andererseits der Tatsache, daß in ihrem Licht die empirische Wirklichkeit als bloßer Vordergrund erscheint, durch den hindurch der Glanz einer höheren Wirklichkeit sichtbar wird. Die Erhebung zur Welt der Ideen wird zur Enthebung von der Welt der Sinne und ihrer Mangelhaftigkeit.

Damit kommt der ethische Aspekt des Platonismus zum Vorschein: Um Zugang zum philosophischen Denken zu erhalten, ist es nötig, sich soweit wie möglich von der Sinnlichkeit – von den Sinneswahrnehmungen wie von den sinnlichen Trieben – unabhängig zu machen. Zwar beruhen auch die philosophischen Bemühungen auf einem Antrieb, der aber nicht sinnlicher Natur ist: Der philosophische Eros ist geistige Liebe zur Wahrheit als vollendetster Ausdruck der Verbindung des Sterblichen mit dem Unsterblichen. Zugleich verspricht die Philosophie, den Geist von materiellen Einflüssen zu reinigen; sie ist der wahre Weg zu jener Läuterung, die Bedingung dafür ist, daß die Seele in ihre geistige Heimat zurückkehren kann. Diese ethische Komponente des Platonismus muß berücksichtigt werden, wenn man verstehen will, warum der Platonismus so nachhaltig weitergewirkt hat.[1]

1. Persönlichkeit und Werk

a) Zur Biographie

Plato ist der erste griechische Philosoph, von dessen Leben und Denken wir zuverlässige Kenntnis haben. Während sich die Kenntnis der früheren Philosophie auf Fragmente stützt, sind Platos Werke erhalten. Die Frage der Echtheit mancher Dialoge ist jedoch bis heute umstritten, und die unter seinem Namen überlieferten Briefe gelten mit einer Ausnahme als unecht.

Plato wurde 427 oder 428 geboren. Er entstammte einer adeligen Familie Athens, die in der Politik der Stadt eine wichtige Rolle spielte, und offenbar sollte sich auch Plato, dessen ursprünglicher Name angeblich Aristocles lautete, der Politik widmen, wozu es jedoch wegen der politischen Entwicklung nach dem Peloponnesischen Krieg nicht kam. Die Herrschaft der dreißig Tyrannen, zu denen auch Verwandte und Freunde Platos gehörten, kompromittierte die adeligen Oligarchen, und unter den Demokraten, die nach weniger als einem Jahr der Oligarchie ein Ende machten, schwanden Platos Aussichten auf eine politische Laufbahn. Dazu kam, daß er nach dem Verfahren gegen Sokrates zusätzlich belastet erscheinen mußte. Während des Prozesses hatte er sich als Bürge angeboten, falls eine Geldstrafe verhängt werden sollte, und nach Sokrates' Hinrichtung – bei der er wegen Krankheit nicht anwesend war – hielt er es aus Sicherheitsgründen für angezeigt, sich einige Zeit nach Megara zurückzuziehen, wo ihn ein anderer Sokrates-Schüler, Euklid (siehe Kap. II, 3c), aufnahm.

Daß sich Plato ursprünglich der Politik widmen wollte, geht aus einer Stelle im Siebten Brief hervor, dem einzigen seiner Briefe, der echt sein könnte. Dort blickt der Philosoph auf seine frühen Pläne zurück und schreibt: „Ich war gesonnen, sobald ich zur Selbständigkeit gelangt sein würde, sogleich zur Teilnahme an den öffentlichen Angelegenheiten mich anzuschicken. Da traten für mich hinsichtlich der öffentlichen Angelegenheiten verschiedene unerwartete Umstände ein." Plato verweist auf die Herrschaft der dreißig Tyrannen und fährt dann fort: „Da ich nun aber sah, daß diese Männer in kurzer Frist die frühere Verfassung als eine goldene erscheinen ließen, unter anderem einen mir befreundeten älteren Mann, den Sokrates, den ich fast unbedenklich für den gerechtesten aller damals Lebenden erklären möchte, nebst anderen nach einem Bürger aussandten, um diesen mit Gewalt seiner Hinrichtung entgegenzuführen, damit jener, ob er nun wolle oder nicht, bei ihrem Tun sich beteilige ..., da erfüllte es mich mit Unwillen, und ich selbst zog mich von dem damaligen schlechten Regime zurück."[2] Im Hinblick auf die Zeit nach der demokratischen Wende heißt es dann: „Nun fühlte ich wieder ... die Begierde, bei den gemeinsamen und öffentlichen Angelegenheiten mich zu beteiligen; doch auch hier geschah, der eingetretenen Verwirrung zufolge, gar manches, was jemandes Unwillen erregen konnte ... Unglücklicherweise zogen einige Gewalthaber wieder unseren schon erwähnten Freund Sokrates vor Gericht."[3] Plato mußte sehen, daß in Athen die traditionelle Verfassung und die alten Sitten mißachtet wurden und daß das herkömmliche Recht alles Ansehen verlor. Infolgedessen entschloß er sich, erst dann politisch tätig zu werden, wenn günstigere Umstände eintreten sollten; gleichzeitig festigte sich seine Überzeugung, daß richtige politische und rechtliche Entscheidungen nur auf der Grundlage entsprechenden Wissens, letzten Endes auf der Grundlage der richtigen Philosophie, zustande kommen könnten.[4] Die politischen und sozialen Schwierigkeiten lassen sich nicht überwinden, „ehe nicht der Stand der richtig und wahr Philosophierenden zur Herrschaft im Staate gelange oder die staatlichen Machthaber durch göttliche Fügung sich wahrhaft der Philosophie befleißigten".[5] In gleichem Sinne sagte Plato an anderer Stelle, die Philosophen müßten Könige werden oder die Könige müßten philosophieren.[6] Das heißt: Nur wenn die Könige philosophisch denken bzw. wenn die Philosophen Einfluß auf die Regierung erlangen, ist mit einer Besserung der Situation zu rechnen.

Plato hatte früh begonnen, sich mit Philosophie zu beschäftigen, wobei die Lehre Heraklits und der Herakliteer vom ständigen Fluß der Dinge eine wichtige Rolle spielte.[7] Seit seinem zwanzigsten Lebensjahr war er Schüler des Sokrates, von dem es bei Aristoteles heißt: „Sokrates hingegen behandelte ethische Fragen – also nicht die Natur in ihrer Gesamtheit –; in ihnen suchte er das Allgemeine und lenkte als erster seine Gedanken auf Definitionen. Plato schloß sich seiner Lehre an und meinte, die Definition betreffe etwas anderes als die sinnlich wahrnehmbaren Dinge."[8] Desjenige, auf das sich Definitionen beziehen, sind nach Plato die Ideen, worüber unten ausführlich zu sprechen sein wird. Schließlich nahm Plato auch Gedanken der Pythagoreer und der Eleaten auf, die bereits den Schritt über die Erscheinungen in Richtung auf eine nur dem reinen Denken zugängliche Wirklichkeit getan hatten. Mit pythagoreischen Auffassungen kam er vielleicht schon durch Angehörige des Kreises um Sokrates in Berührung; auf jeden Fall lernte er sie während seines ersten Aufenthalts in Unteritalien kennen, wo der Pythagoreer Archytas von Tarent lehrte.

Die Reise nach Unteritalien bzw. Sizilien, die der vierzigjährige Plato antrat, ist seine erste sicher belegte größere Reise, da Berichte über einen früheren Besuch Ägyptens nicht über jeden Zweifel erhaben sind. Am Hof Dionysius' des Älteren in Syrakus trat er mit Dio, dem Schwager des Tyrannen, in Verbindung und gewann ihn für seine Auffassungen. Dionysius empfand den Gast aber bald als lästig. Nach einer nicht unbedingt zuverlässigen Überlieferung ließ er ihn festnehmen und auf dem Sklavenmarkt von Ägina verkaufen. Plato wurde zwar von Freunden losgekauft und in Freiheit gesetzt, aber seine Enttäuschung muß groß gewesen sein. Sein Entschluß, eine „Schule" zu gründen und sich nicht mehr direkt mit politischen Aufgaben zu befassen, mag eine Folge der Erfahrungen gewesen sein, die er in Sizilien gemacht hatte. Die „Akademie", wie die Schule wegen der Nachbarschaft zu einem dem Heros Akádemos geweihten Platz hieß, war nicht nur Lehr-, sondern auch Forschungsstätte; darüber hinaus vereinigte sie ihre Angehörigen zu einer hierarchisch organisierten Gemeinschaft mit praktischen Zielen, ähnlich den pythagoreischen Bünden. Nicht zuletzt diente sie der Ausbildung politischer

Verantwortungsträger. Unter den Disziplinen, die gepflegt wurden, spielte die Mathematik eine besondere Rolle. Der Bericht, daß über dem Eingang der Akademie der Satz stand „Kein geometrisch Ungebildeter trete hier ein" ist unsicher,[9] drückt aber etwas Wahres aus, auch wenn er im buchstäblichen Sinne falsch sein sollte: Die Geometrie bildete in der Tat einen der Ausgangspunkte der metaphysischen Theorie Platos. Die Akademie bestand fast ein Jahrtausend: Erst im Jahre 529 n. Chr. hob sie Kaiser Justinian auf, weil sie mit dem zur Staatsreligion gewordenen Christentum nicht mehr verträglich war, möglicherweise aber auch, weil er ihr Vermögen einziehen wollte. In diesem Augenblick hatte sich das Christentum schon auf der ganzen Linie durchgesetzt, freilich auch zentrale Gedanken der griechischen, namentlich der Platonischen Philosophie aufgenommen, so daß Nietzsches überpointierte Äußerung, das Christentum sei Platonismus für das Volk, etwas Wahres trifft. Mit der Aufhebung der Akademie verschwand nicht der Platonismus als solcher, sondern es wurde ein Schlußstrich unter die Geschichte des heidnischen Platonismus gezogen, dessen Erbe der christliche Platonismus angetreten hatte.

Später unterbrach Plato seine Tätigkeit an der Akademie, um, bereits über 60 Jahre alt, neuerlich nach Syrakus zu reisen. Dort war inzwischen Dionysius der Ältere gestorben, und sein Nachfolger, Dionysius der Jüngere, war lebhaft an der Philosophie interessiert. Dazu kam, daß sich der oben erwähnte Dio Hoffnungen machte, mit Platos Unterstützung politische Reformen in die Wege leiten zu können. Die Aussicht, seine Verfassungstheorie in die Praxis umsetzen zu können, muß verlockend gewesen sein, und so folgte der alternde Plato der Einladung des Tyrannen, um sich dem Entwurf einer neuen Verfassung für Syrakus zu widmen. Das Vorhaben scheiterte, weil Plato in den Verdacht geriet, einen Umsturz vorzubereiten. Auch eine dritte, vier Jahre später unternommene Reise endete mit einem Fehlschlag. Plato beschränkte seine Tätigkeit von nun an auf den Rahmen der Akademie. Er starb 347, achtzig Jahre alt.

b) Platos Werke

Über die Zuordnung von Platos Werken zu den großen Abschnitten seines Lebens herrscht heute weitgehend Einigkeit. Zu den Frühwerken gehören unter anderem die „Apologie des Sokrates" (die nicht Dialog-Charakter hat), der „Eutyphro", in dem nach dem Wesen der Frömmigkeit gefragt wird, der „Protagoras", in dem es um die Frage geht, ob die Tugend lehrbar sei, und vielleicht auch noch der „Crito", in dem es um den von Sokrates verworfenen Plan der Befreiung aus dem Gefängnis geht. Platos mittlerer Periode gehören neben anderen Dialogen der „Gorgias" an, in dem die Natur und die Funktion der Rhetorik – namentlich in moralischer Hinsicht – untersucht werden, und der „Meno", in dem gezeigt werden soll, daß Lernen nichts anderes als eine Art Wiedererinnerung an ein Wissen sei, das die Seele vor ihrem Eintritt in den Körper in ihrer geistigen Heimat erworben, durch die Berührung mit dem Körper aber vorübergehend verloren hat. In Platos Reifezeit fallen das „Gastmahl" mit seiner Verherrlichung des Schönen an sich, und der „Phädo", in dem Sokrates am Tage seines Todes die Lehre von den Ideen als idealen Gegenständen rein vernünftiger Einsicht als Ausgangspunkt für den Beweis der Unsterblichkeit der Seele vorträgt, sowie der „Phädrus". Das wichtigste Werk der Reifezeit ist der „Staat", in dem vor dem Hintergrund der theoretischen Philosophie die Grundzüge einer idealen Staatsverfassung skizziert werden.

Platos letztem Lebensabschnitt gehören die späten Werke zur Dialektik der Ideen an, nämlich der „Parmenides" und der „Sophist". Als Einleitung zu den in diesen Dialogen erörterten Problemen kann der „Theätet" gelten, in dem es darum geht, eine angemessene Definition des Wissens zu finden. Auch der „Timäus", dessen Einfluß auf die spätere

Philosophie der Antike und des Mittelalters, zum Teil auch noch der Neuzeit, gar nicht hoch genug veranschlagt werden kann, gehört zu den Spätwerken. Das hier entworfene Bild des Kosmos als Gebilde, das ein göttlicher Weltenordner (der Demiurg) nach idealen Mustern aus geometrischen Elementen erzeugt, weist so deutlich auf pythagoreische Einflüsse hin, daß die Behauptung aufkommen konnte, Plato habe ein pythagoreisches Manuskript gekauft und als eigenes Werk ausgegeben. Als Platos letztes, möglicherweise nicht endgültig redigiertes Werk gelten die „Gesetze", die einen realistischeren Verfassungsentwurf als der „Staat" enthalten und vermutlich auf Platos späten sizilianischen Erfahrungen beruhen.

Schließlich sind unter Platos Namen dreizehn Briefe überliefert, von denen zwölf allgemeiner Ansicht nach als Fälschungen gelten. Eine Ausnahme macht der bereits erwähnte Siebente Brief, der gewöhnlich für echt gehalten wird, obwohl auch er nicht unumstritten ist.

In diesem Brief ist davon die Rede, daß Dionysius Platos mündliche Lehre zu einer Schrift verarbeitet und diese als Ergebnis eigenen Nachdenkens ausgegeben habe. Plato erklärt in diesem Zusammenhang nachdrücklich: „Von mir gibt es keine Schrift über diese Thematik, noch wird es je eine geben, denn sie läßt sich nicht, wie andere Lehren, sprachlich mitteilen ..."[10] Dies legt die Annahme nahe, daß Plato in seinen Schriften nicht seine ganze Lehre vorgetragen habe, zumal Aristoteles gelegentlich von Platos „ungeschriebenen Lehren" spricht,[11] die sich mit dem Inhalt seiner Werke nicht decken. Tatsächlich hat der späte Plato nach Aristoteles die Ideen als Zahlen aufgefaßt[12] und damit eine Auffassung vertreten, die sich in den Platonischen Dialogen nicht findet. Dies sind allerdings nur Indizien, und obwohl auch andere Hinweise in die angedeutete Richtung weisen, ist die Frage, ob es eine über den Inhalt der Dialoge hinausgehende ungeschriebene Lehre Platos gegeben habe, heftig umstritten. Bejaht man sie, erhebt sich sogleich die weitere Frage, was der Inhalt dieser Lehre gewesen sei, und hierauf läßt sich allenfalls in Form von Vermutungen antworten. Nur soviel scheint klar zu sein, daß in der hinter den Dialogen stehenden Lehre – wie in der pythagoreischen Ontologie – die Mathematik eine wichtige Rolle spielte.

Daß Plato in Werken, die für eine breitere Öffentlichkeit bestimmt waren, nicht alles sagte, was im engeren Schüler- und Mitarbeiterkreis diskutiert wurde, ist jedoch von vornherein wahrscheinlich. Man braucht sich nur zu überlegen, wie sich uns die Aristotelische Philosophie darstellen würde, wenn wir nicht im Besitz jener nachträglich geordneten Vorlesungsentwürfe oder Nachschriften wären, die wir als seine Werke zu bezeichnen gewohnt sind, sondern lediglich seine Veröffentlichungen besäßen, von denen wir uns auf Grund gelegentlicher Zitate bei späteren Autoren eine Vorstellung bilden können. Wir könnten vermutlich nicht erraten, welche tief ins einzelne gehenden, oft mühsamen Analysen in der Aristotelischen Schule angestellt wurden. Jedenfalls wollte sie Aristoteles einem größeren Leserkreis wohl nicht zumuten. Es ist wenig wahrscheinlich, daß Aristoteles die Form der philosophischen Untersuchung, die sich in seinen Lehrschriften zeigt, gänzlich neu geschaffen habe; viel näher liegt die Annahme, daß er sie, mindestens in Ansätzen, während seiner Jahre an der Platonischen Akademie kennenlernte. Daß es eine ungeschriebene Lehre Platos gab, darf daher als wahrscheinlich gelten. Unten soll angedeutet werden, in welche Richtung Platos Überlegungen gegangen sein könnten. Platos Vorlesung „Über das Gute", deren Inhalt sich aus Zitaten Späterer teilweise rekonstruieren läßt, zeigt, womit es Platos systematische Überlegungen zu tun hatten.[13]

c) Äußere Anstöße des Platonischen Philosophierens

Plato erlebte einschneidende Veränderungen in den Bereichen der Kultur, der Gesellschaft, der Politik. Er betrachtete sie nicht als Fortschritt, sondern als Prozeß der Auflösung der staatlichen Ordnung und der Moral. Deshalb konnte er meinen, das Scheitern seiner eigenen politischen Pläne hänge mit diesem Prozeß zusammen, so daß die Frage nach den Ursachen des vermeintlichen Verfallsprozesses besondere Bedeutung gewann. Er machte für die Entwicklung, deren Zeuge und Opfer er war, den Subjektivismus und Relativismus bzw. deren einflußreichste Repräsentanten – die Sophisten – verantwortlich. Wenn der Mensch, wie Protagoras und andere lehrten, das Maß aller Dinge ist, dann läuft das auf die Leugnung allgemeingültiger Wahrheiten und allgemein verbindlicher Werte hinaus, und das heißt, daß es kein objektives Wissen und keine objektive normative Ordnung gibt. Infolgedessen verlieren nicht nur alle Bemühungen um zeitlos gültige Erkenntnis ihren Sinn, sondern es wird auch unmöglich, alle besonderen Wertungen auf ein überpersönliches Gutes zu beziehen und eine absolute Gerechtigkeit als Rahmen der staatlichen Gesetze anzuerkennen. Für den Einzelnen entfällt damit die Möglichkeit der sicheren Orientierung im wissenschaftlichen, moralischen und sozialen Bereich. Diesen Konsequenzen kann man nach Plato nur entgehen, wenn der Relativismus überwunden wird, das heißt, wenn allgemeingültige Kriterien des wahren Urteilens und des richtigen moralisch-rechtlichen Wertens aufgewiesen werden. Solche Kriterien anzugeben galt ihm als vornehmste Aufgabe des Philosophen. Die Philosophie muß zeigen, daß nicht der Mensch das Maß aller Dinge ist, sondern daß es für den Menschen ein Maß gibt, an dem er sich theoretisch und praktisch zu orientieren hat. Dieses Maß meinte Plato in den Ideen – namentlich in den Ideen des Wahren, Schönen und Guten – erblicken zu können. Wer vernünftig einsieht, was das Wahre selbst, das Schöne selbst, das Gute selbst ist, verfügt über objektive Kriterien des Erkennens, der ästhetischen und der moralisch-rechtlichen Bewertung; er ist berufen, das Verhalten der Uneinsichtigen zu bestimmen. Die Philosophen sollen Könige sein bzw. die Könige philosophieren: das ist Platos Formel für eine Verfassung, die den Einsichtigen die Aufgabe der Herrschaft über die uneinsichtige Menge zuweist.

Plato bekämpfte den sophistischen Relativismus, indem er einerseits zu zeigen suchte, daß Ideen wie das Gute an sich, das Gerechte an sich, das Schöne an sich in rein vernünftiger Weise, d.h. unabhängig von Beobachtungen, erkannt werden können, und er bemühte sich andererseits um den Nachweis, daß „gut" nicht in der Weise des Hedonismus als „lustbringend" oder nach Art des Utilitarismus als „nützlich" aufgefaßt werden kann. Erkenntnisse, die von Beobachtungen abhängen, haben subjektiven Charakter und sind tatsächlich, wie Protagoras von allen Erkenntnissen meinte, von der Verfassung des jeweiligen Beobachters abhängig. Wenn es objektive Erkenntnis geben soll, muß sie daher unabhängig von der Beobachtung, d.h. rein vernünftige Erkenntnis sein. Ähnlich sind Wertungen unter den Gesichtspunkten der Lust und des Nutzens durch subjektive Triebe und Begehrungen bedingt und daher abhängig vom jeweiligen Zustand des Begehrenden: Was dem einen angenehm ist, empfindet ein anderer als unangenehm, was der eine für nützlich hält, betrachtet ein anderer als schädlich, und über nichts gehen die Meinungen so sehr auseinander wie über das Wesen des Glücks. Soll es allgemeingültige Wertungen geben, dann dürfen sie also nicht von Gefühlen der Lust und der Unlust und nicht vom Glücksverlangen abhängig sein, sondern müssen auf vernünftiger Einsicht in objektive Wertmaßstäbe, letzten Endes in das Wesen des Guten als solchen, beruhen.

2. Grundlagen der Ideenlehre

Plato sah, daß in jeder Erkenntnis, d.h. in jedem mit einem Wahrheitsanspruch verbundenen Urteil ein allgemeiner Begriff vorkommen muß, und er bemerkte, daß allgemeine Begriffe nicht auf Wahrnehmungen zurückgeführt werden können. Wer urteilt „2 plus 3 ist gleich 5", verwendet den allgemeinen Begriff „gleich", und dieser Begriff kann nicht als Ergebnis einer Verallgemeinerung auf Grund der Wahrnehmung bestimmter gleicher Verhältnisse aufgefaßt werden. Plato ließ sich von dieser Einsicht aber zu einer extremen Deutung verleiten: Er faßte das Allgemeine als etwas Objektives, als ein unabhängig vom denkenden Ich bestehendes Seiendes (wenn auch nicht als Seiendes von der Art konkreter Dinge) auf, ja er betrachtete es als etwas, das von den konkreten Dingen in gewisser (ontologischer, nicht räumlicher) Weise getrennt ist. So gibt es seiner Ansicht nach nicht nur die Gleichheit von „2 + 3" und „5" und unzähliger anderer Größen, sondern die Gleichheit selbst hat eine Art Sein, das vom Sein bestimmter Gleichheitsbeziehungen verschieden und diesem als das wahrere Sein übergeordnet ist.

Die klarsten Beispiele von Erkenntnissen aus reiner Vernunft bietet die Mathematik, so daß die Untersuchung mathematischer Erkenntnisse am besten geeignet erscheint, den sophistischen Sensualismus als Grundlage des subjektivistischen Relativismus zu kritisieren. Wenn der Mathematiker zum Beispiel beweist, daß die Winkelsumme des Dreiecks 180° beträgt, bezieht er sich nicht auf dieses oder jenes Dreieck, das er eventuell zur Veranschaulichung zu Hilfe nimmt, auch nicht auf alle bisher untersuchten Dreiecke, um durch Verallgemeinerung den Satz über die Winkelsumme aller Dreiecke zu finden, sondern er erfaßt Beziehungen in bezug auf das Dreieck als solches – die Idee des Dreiecks –, so daß seine Einsicht, da sie nicht auf Erfahrung beruht, auch nicht durch die Erfahrung in Frage gestellt werden kann.

Wenn mathematische Sätze wie der Winkelsummensatz auf Beobachtungen beruhten und durch Verallgemeinerung zustande kämen, könnten wir für sie, wie für physikalische

Gesetzeshypothesen, nur eine mehr oder weniger große Wahrscheinlichkeit in Anspruch nehmen. Mit der Formulierung des Winkelsummensatzes will man aber nicht sagen, daß das behauptete Verhältnis wahrscheinlich bei allen Dreiecken anzutreffen ist, sondern man erhebt den Anspruch, daß er ausnahmslos für alle Dreiecke gilt. Wenn also Sätze, die das Ergebnis einer Verallgemeinerung auf Grund von Beobachtungen ausdrücken, hypothetisch sind und wenn mathematische Sätze streng allgemein gelten, dann können sie nicht das Ergebnis empirischer Verallgemeinerung sein.

Nun scheinen wir uns, wenn wir über das Dreieck als solches sprechen, doch auf einen Gegenstand zu beziehen, und wenn dies kein wahrnehmbarer Gegenstand sein kann, muß es sich, wie Plato folgerte, um einen nur vernünftig erkennbaren Gegenstand handeln, der im Unterschied zu wahrnehmbaren Dingen eine allgemeine Entität – eine Idee – ist. Wollte man einwenden, daß zum Beispiel der Beweis des Winkelsummensatzes doch anhand eines bestimmten Dreiecks – z.B. eines auf ein Blatt Papier gezeichneten – geführt werde, so wäre von Platos Standpunkt aus zu antworten, daß das gezeichnete Gebilde gar kein Dreieck im Sinne der Geometrie ist, sondern nur etwas, das in uns den Gedanken des Dreiecks als solchen, der Idee des Dreiecks, hervorruft oder uns als Anregung für die Bildung dieses Gedankens dient.

In dieselbe Richtung weist folgende Überlegung: Im Alltag nennen wir unter gewissen Umständen zwei oder mehr Dinge (z.B. Münzen gleichen Wertes) „gleich". Bei genauer Prüfung zeigt sich jedoch immer, daß sie einander zwar sehr ähnlich, aber niemals gleich sind. Wenn wir dagegen in der Mathematik von Gleichheit sprechen, meinen wir nicht einen hohen Grad von Ähnlichkeit, sondern absolute Gleichheit. Deshalb meinte Plato, daß der Begriff der Gleichheit, wie wir ihn in der Mathematik verwenden, kein Erfahrungsbegriff sein könne, so wie er sich auch nicht als Ergebnis einer Idealisierung auf Grund beobachteter Ähnlichkeiten auffassen läßt: Der Begriff „Gleichheit" kommt nicht auf Grund der Beobachtung zustande, daß ein Ding einem zweiten ähnlich, einem dritten aber ähnlicher ist als dem zweiten usw., so daß sich Grade der Ähnlichkeit ergeben, und schließlich als Grenzfall einer Reihe immer ähnlicherer Verhältnisse der Begriff der Gleichheit gebildet wird.

Um einzusehen, daß dieser Weg nicht gangbar ist, muß man sich vor Augen halten, daß sich von größerer und geringerer Ähnlichkeit nur sprechen läßt, wenn ein Vergleichsmaßstab zur Verfügung steht, und als dieser kommt nur der Begriff der Gleichheit in Betracht. Wer sagt „Hans ist Peter ähnlicher als Paul", drückt damit aus, daß die Ähnlichkeit zwischen Hans und Peter der Gleichheit näherkommt als die Ähnlichkeit zwischen Hans und Paul. Man muß also vor dem Vergleich von Ähnlichkeitsbeziehungen über den Begriff der Gleichheit verfügen, d.h., dieser Begriff ist unabhängig von der Erfahrung, er ist, modern gesprochen, ein Begriff a priori, und bezieht sich als solcher nach Plato auf eine Idee – eben die Idee der Gleichheit. Gäbe es diese Idee als abstrakten Gegenstand nicht, könnten wir im konkreten Fall nicht von Gleichheit, ja nicht einmal von Ähnlichkeit sprechen.

Analog verhält es sich mit Begriffen wie „gerecht", „gut" oder „schön". Wenn wir z.B. ein gerichtliches Urteil gerechter als ein anderes nennen, liegt ein Vergleich vor, der nur auf Grund eines Maßstabs möglich ist, nämlich der Idee der Gerechtigkeit, die der Abwägung über größere oder geringere Gerechtigkeit bestimmter Urteile zugrunde liegt und daher vor jeder derartigen Abwägung verfügbar sein muß. Ähnliches gilt für Urteile über größere oder geringere Schönheit, Frömmigkeit usw. So muß insbesondere auch angenommen werden, daß uns vor allen Bewertungen von Handlungen oder Absichten unter dem Gesichtspunkt der Güte die Idee des Guten selbst zur Verfügung steht. Wenn aber das Gute an sich nur eines sein kann, so kann auch die Tugend im strengen Wortsinn nur eine sein. Spricht man von Tugenden in der Mehrzahl, dann meint man lediglich Sonderfälle der Tugend als solcher in Abhängigkeit vom Guten an sich, das eine grundlegende Idee ist und daher nicht mit Hilfe anderer Begriffe, etwa der Lust oder des Nutzens, definiert werden kann; sondern die Lust ist im Gegenteil nur dadurch gut, daß sie am Guten selbst teilhat, da als nützlich nur gelten kann, was Mittel zur Erreichung des Guten ist. Der Einsichtige strebt daher stets nach dem einen Guten, nicht nach den Gütern, die nur mittelbar – durch den Bezug auf das Gute selbst, d.h. auf die Idee des Guten – gut sind.

Damit ist die sensualistische Ansicht, daß alle Begriffe Erfahrungsbegriffe und daher alle Urteile empirische Urteile sind, widerlegt; infolgedessen ist der auf den Sensualismus gestützte Relativismus der Sophisten hinfällig, und der Anerkennung objektiver Wahrheiten und objektiver Werte steht nichts mehr im Wege.

Platos Lehre, daß es nicht nur konkrete Gegenstände (wie den Berg Parnaß), sondern auch ideale Gegenstände (wie die Idee des Berges) gebe, wird oft auf die Annahme zurückgeführt, daß nicht nur Eigennamen (wie „Parnaß"), sondern auch allgemeine Begriffe (wie „Berg") Namen seien (Nomina im herkömmlichen Sinne), wie es der Auffassung der damaligen Grammatiker entsprach. Nimmt man an, daß durch Namen etwas benannt wird, dann muß nicht nur Eigennamen, sondern auch allgemeinen Namen etwas entsprechen, das durch sie benannt wird: So wie sich der Eigenname „Parnaß" auf einen Berg bei Delphi bezieht, so soll sich auch der allgemeine Name „Berg" auf etwas beziehen; und so wie der Eigenname etwas Konkretes in Raum und Zeit benennt, so soll dem allgemeinen Namen etwas Allgemeines entsprechen, das nicht mehr räumlich und zeitlich bestimmt ist. Ähnlich soll es sich bei allen allgemeinen Begriffen verhalten: Den Begriffen „Mensch", „Gerechtigkeit" usw. entsprechen nach Plato die Ideen des Menschen, der Gerechtigkeit usw.[14]

Obwohl diese Auffassung eine Rolle gespielt haben dürfte, kann die Ansicht, Plato habe sich zur Annahme von Ideen durch simple sprachliche Mißverständnisse verleiten lassen, nicht recht überzeugen. Eine Interpretation, nach der Plato bloß durch den Umstand, daß man von „Wissen" immer mit Bezug auf etwas spricht, das Gegenstand des Wissens ist – „ich weiß" lautet vollständig „ich weiß etwas" –, zu der Annahme veranlaßt worden wäre, die Inhalte des Wissens seien Gegenstände, zwar nicht handgreifliche Gegenstände, aber immerhin Gegenstände, wenn auch solche besonderer Art: nämlich Ideen, greift zu kurz; die Deutung des Allgemeinen als eines Gegenstands beruht auf fundamentaleren Annahmen erkenntnismetaphysischer Art.

Man kann sich der Platonischen Auffassung auch dadurch annähern, daß man von der neuzeitlichen Unterscheidung zwischen Sinn und Gegenstandsbezug von Begriffen ausgeht. Unter „Sinn" kann man die Bestimmungen verstehen, durch die ein Begriff definiert ist. So wird etwa der Sinn des Begriffs „Rhombus" durch die Bestimmungen „Parallelogramm" und „gleichseitig" gebildet. Auf der Gegenstandsseite entspricht dem Begriff „Rhombus" nicht dieses oder jenes gleichseitige Parallelogramm, auch nicht eine Ansammlung von solchen Parallelogrammen, sondern die Klasse (bzw. Menge) der Parallelogramme, also ein abstrakter Gegenstand. Ähnlich verhält es sich nach Plato mit Begriffen wie „Gleichseitigkeit": Auch sie bezeichnen eine Art Gegenstand, nämlich das, was allen Individuen einer bestimmten Art gemeinsam ist und es möglich macht, den entsprechenden Klassenbegriff zu bilden. So ist „Parallelität" die Eigenschaft, mit Bezug auf die der Begriff der Klasse der Parallelogramme erzeugt wird.[15]

Offensichtlich gibt es unter Platos Voraussetzungen verschiedene Klassen von Ideen, nämlich Ideen wie „Dreieck", Ideen wie „Gleichseitigkeit" und Ideen wie „Ähnlichkeit".

Plato ordnete also Begriffen von Mengen, Begriffen von Eigenschaften und Begriffen von Relationen abstrakte Gegenstände (Ideen) zu und faßte sie zu einem eigenen Wirklichkeitsbereich zusammen, den er Erfahrungswirklichkeit nicht nur gegenüberstellte, sondern ihr überordnete. Daß es so und so bestimmte Dinge gibt, die Arten und Gattungen angehören sowie zueinander in Beziehungen stehen, erklärt sich daraus, daß sie an Ideen teilhaben bzw. sie nachahmen und den Zusammenhang der Ideen abbilden.

Die Ideen haben jene Bestimmungen, die Parmenides der wahren Wirklichkeit beigelegt hatte: sie sind ewig und nicht dem Werden, der Zeit und dem Raum unterworfen; sie bilden aber, anders als das wahrhaft Seiende der Eleaten, eine Vielheit, die durch logische Beziehungen (der Identität und des Unterschieds, der Verträglichkeit und der Unverträglichkeit, der Über- und der Unterordnung) verbunden sind, so daß Plato sie mit einem Geflecht vergleichen bzw. von einer Gemeinschaft der Ideen sprechen konnte. Indem das Denken die Beziehungen zwischen den Ideen verfolgt und das Besondere auf sie bezieht, wird die Erkenntnis immer vollständiger. Das Durchdenken des Ideenzusammenhangs heißt „Dialektik", so daß dieser Ausdruck bei Plato nicht mehr nur die Kunst bedeutet, im Gespräch zwischen Dialogpartnern den Sinn von Begriffen zu klären, sondern den Weg zur Einsicht in Beziehungen zwischen den Ideen als Gattungen des Seins. „Dialektik" ist mit einem Wort die Wissenschaft von den Ideen bzw. die Wissenschaft vom wahrhaft Seienden.

Da Plato nicht nur der Erkenntnis der Ideen den Vorrang vor der Erkenntnis konkreter Dinge gab, sondern den Ideen auch eine höhere Seinsweise zuschrieb, konnte er sagen, sie seien „wirklicher" als die wahrnehmbaren Dinge. Während diese veränderlich sind, entstehen und vergehen, sind die Ideen unwandelbar, unentstanden und unvergänglich, unabhängig von den Bedingungen der räumlichen und zeitlichen Existenz. In diesem Sinne gehören sie einem Seinsbereich an, der vom Bereich der konkreten Dinge verschieden ist. Dieser Unterschied ist aber nur als ein logisch-ontologischer, nicht etwa als ein räumlicher Unterschied aufzufassen. Wenn man sagt, daß die Ideen „über" der Welt der Dinge angesiedelt seien – Plato verlegt sie an einen „überhimmlischen Ort" –, oder wenn von einem Ideenreich „jenseits" der Welt der sinnlich wahrnehmbaren Dinge die Rede ist, dann handelt es sich um eine metaphorische Redeweise.

Wenn die Welt der Ideen die wahre Wirklichkeit ist, dann kann die Erfahrungswelt nur in einem schwächeren Sinne als „wirklich" bezeichnet werden, ihr kommt nur eine Scheinwirklichkeit zu, sofern sie gleichsam der Widerschein der wahren Wirklichkeit ist. Plato veranschaulichte diesen Gedanken, indem er die konkreten Dinge als Schattenbilder der Ideen bezeichnete und davon sprach, daß sie „Nachahmungen" der Ideen seien. Als Abbilder haben sie an den Ideen als Urbildern (oder Vorbildern bzw. Mustern) teil, und zwar entspricht jedem Prädikat, das von einem Ding ausgesagt werden kann, eine Idee. Wenn z. B. gesagt wird „Sokrates ist ein weiser und gerechter Mensch", dann ist vorausgesetzt, daß Sokrates an den Ideen „Weisheit", „Gerechtigkeit" und „Mensch" teilhat. Ungeachtet der Teilhabe an der Idee sind aber die konkreten Dinge nach Plato vom Allgemeinen durch eine Kluft („chorismós") geschieden. Wie trotz dieser Kluft das Besondere am Allgemeinen teilhaben soll, ist schwer zu begreifen. Tatsächlich handelt es sich bei dieser Auffassung um einen der Punkte, an denen schon Aristoteles Kritik übte.

Plato hat das Verhältnis von sinnlich-wahrnehmbaren Dingen und ihren in höherem Grade wirklichen Mustern in einem berühmten Gleichnis veranschaulicht: Er verglich die Erfahrungsgegenstände mit Schattenbildern, die von unterschiedlichen Gegenständen auf die Wand einer Höhle geworfen werden. In der Höhle befinden sich Gefangene, die so gefesselt sind, daß sie nur auf die Höhlenwand blicken und daher die schattenwerfenden Gegenstände und das im Hintergrund brennende lichtspendende Feuer nicht sehen können. Wenn die Gefangenen nie etwas anderes zu sehen bekommen als die Schattenbilder, werden sie diese für die einzige Wirklichkeit halten; befreit man sie aber von ihren Fesseln, so daß sie sich umsehen können, dann wird ihnen klar, daß sie es nur mit Schatten zu tun hatten, die weniger wirklich sind als die schattenwerfenden Gebilde – vorausgesetzt, sie überwinden den Blendungsschmerz und lernen es, die ungewohnte Helligkeit zu ertragen und die Dinge in ihrem wahren Sein zu sehen.

Der Sinn des Gleichnisses liegt auf der Hand: Der Mensch des Alltags hält Gegenstände für vollkommen real, die lediglich Abbilder einer wahreren Wirklichkeit sind, von der er in der Regel nichts ahnt. So gesehen ist er ein Gefangener seiner Sinne und der empirischen Einstellung. Erst wenn er sich von der gewöhnlichen Einstellung losmacht und erkennt, daß nicht die Wahrnehmungsdinge, sondern die Ideen das wahrhaft Wirkliche sind, begreift er, daß es die schattenhafte Seinsweise der Erfahrungsgegenstände nur gibt und daß diese Gegenstände nur erkannt werden können, weil ihnen die wahrhafte Wirklichkeit der Ideen zugrunde liegt.[16]

Wenn die Insassen der Höhle von ihren Fesseln befreit werden, sind sie frei, sich in der Höhle zu bewegen; aber vollkommen frei werden sie erst, wenn sie imstande sind, die Höhle zu verlassen. Dann erst wird ihnen klar, daß die schattenwerfenden Objekte wie alle organischen Stoffe nicht vorhanden wären, wenn es die Sonne nicht gäbe. Die Sonne ist daher diesen Objekten ähnlich überlegen wie diese den von ihnen erzeugten Schattenbildern. Ohne Bild: jenseits der Ideen muß ein Prinzip angenommen werden, dem die Ideen ihre Existenz und ihre Erkennbarkeit verdanken. Plato nannte dieses höchste Prinzip das Eine, das Gute oder das Göttliche. – Auf Platos Lehre vom Göttlichen wird zurückzukommen sein.

3. Die Erkenntnislehre

a) *Erkenntnis als Vernunfterkenntnis*

Platos Ideenlehre hat die Funktion, eine bestimmte Art von Erkenntnis – nämlich die rein vernünftige – als möglich zu erweisen. Dieses Ziel wird mit Hilfe der Annahme erreicht, daß die Ideen nicht nur allgemeine Gegenstände vernünftiger Einsicht, sondern zugleich die Muster sind, nach denen konkrete Dinge gebildet sind. Die einzelnen Dinge sind so und so beschaffen, weil sie an den Ideen teilhaben und in diesem Sinne Abbilder von Ideen sind. Gleichzeitig gelten die Begriffe der Dinge ebenfalls als Entsprechungen der Ideen, woraus auf die Übereinstimmung zwischen ihnen und der Natur der Dinge geschlossen wird.

Auf diese Weise suchte Plato begreiflich zu machen, daß die Strukturen des vernünftigen Denkens mit den Wesensstrukturen der denkunabhängigen Realität übereinstimmen: Da seiner Ansicht nach sowohl die Denk- als auch die Wirklichkeitsstrukturen von denselben idealen Zusammenhängen abhängig sind, müssen sie miteinander im Einklang stehen. Die Ideen sind gleichsam der Pfeiler, der die von den Begriffen zum Wesen der Dinge führende Brücke trägt. Entsprechendes gilt für die Urteile: Wenn wir auf Grund der Einsicht in Ideen urteilen, beziehen wir uns auf das, was die konkreten Dinge ihrem Wesen nach bestimmt.

Wenn wir eine bestimmte Tatsache erkennen, z.B. daß Sokrates ein Weiser ist, dann kann diese Tatsache natürlich nicht Objekt der Ideenschau sein; ihre Erkenntnis setzt aber die Kenntnis von Ideen – hier der Idee der Weisheit – voraus, das heißt, die konkreten Dinge werden im Lichte von Ideen beurteilt. Erkennen, daß Sokrates ein Weiser ist, heißt wissen, was die Weisheit ist, und auf Grund dieses Wissens feststellen, daß Sokrates diese Eigenschaft zukommt bzw. daß er an der Idee der Weisheit teilhat. Somit gilt auch unter den Bedingungen von Platos Philosophie, daß „erkennen" soviel heißt wie „etwas als etwas erkennen" oder, in einer der Platonischen näherstehenden Ausdrucksweise: „etwas als an dieser oder jener Idee teilhabend erkennen". Im einfachsten Fall geht es darum, etwas Einzelnes („Sokrates") unter eine allgemeine Eigenschaft („Weisheit") zu subsumieren. Dieses Allgemeine ist nach Plato nicht bloß ein subjektiver Denkinhalt, sondern muß als objektive allgemeine Entität – als Idee – aufgefaßt werden, von der ein Wissen vor aller Erfahrung zur Verfügung steht. Die Erkenntnis des Besonderen ist somit durch die Idee vermittelt, die Idee selbst soll aber nach Plato unmittelbar erfaßt werden können.

b) Die Lehre von der Wiedererinnerung

Um die Frage, wie die menschliche Seele von den Ideen wissen könne, beantworten zu können, nahm Plato an, daß das Wissen vom Allgemeinen in der Seele angelegt ist und daß dieses dispositionelle Wissen unter bestimmten Bedingungen zu einem aktuellen Wissen wird. Auf die weitere Frage nach der Herkunft der Wissens-Dispositionen antwortete er mit einem Mythus: Die Seele entsteht nicht erst mit der individuellen Person, sondern sie existierte schon vor ihrem Eintritt in den Leib, und zwar im Ideenreich, so daß sie die Ideen in ihrer Reinheit unmittelbar schauen konnte. Mit dem Eintritt der Seele in den Körper wird das ursprüngliche Wissen gleichsam verschüttet; es geht aber nicht völlig verloren, sondern es läßt sich unter Umständen wieder zu Bewußtsein bringen und gleichsam in Erinnerung rufen. Deshalb konnte Plato die vernünftige Einsicht als Wiedererinnerung (anamnesis) an ein Wissen charakterisieren, das die Seele des Menschen ursprünglich in aktueller Weise besaß. Die Wiedererinnerung erfolgt manchmal durch den Anstoß einer Wahrnehmung; manchmal stellt sie sich erst als Ergebnis anhaltender Bemühungen ein. Der philosophische Dialog, wie ihn Sokrates gepflegt hat, ist das bevorzugte Mittel zur Freilegung des unter dem Schein der empirischen Vorstellungen, unter falschen Ansichten und Vorurteilen verborgenen Wissens. Dieses der Seele immer schon eigene, aber zunächst sozusagen schlummernde Wissen, das darauf wartet, geweckt zu werden, haben noch verschiedene Philosophen der Neuzeit als „eingeboren" bezeichnet. Man muß sich jedoch vor Augen halten, daß weder der Ausdruck „eingeborene Idee" noch die Deutung des in der Seele angelegten Wissens mit Hilfe der Präexistenz-Lehre für die Platonische Erkenntnislehre wesentlich sind; im Grunde genügt es, Begriffe anzuerkennen, die nicht der Erfahrung entspringen und daher auch nicht auf Erfahrungen zurückführbar sind, sondern die in prinzipieller Hinsicht der Erfahrung vorhergehen.

Offensichtlich spielt in Platos Auffassung der Körper bzw. die Materie im allgemeinen eine negative Rolle: Die Berührung der Seele mit dem Körper, sozusagen ihre Kontaminierung durch die Materie, führt zum Vergessen des ursprünglichen Wissens. Dies legt den Gedanken nahe, daß die Loslösung der Seele von der Bindung an den Körper eine Befreiung sei, ja eine Erlösung, sofern sie der Seele die Rückkehr in ihre überweltliche Heimat ermöglicht.

Um die These zu illustrieren, daß Erkenntnis stets Wiedererinnerung sei, führte Plato im Dialog „Meno" vor, wie ein Sklave, der keine Bildung genossen hat und daher auch nichts von Mathematik weiß, durch geeignete Fragen zur Lösung eines geometrischen Problems angeleitet wird, wobei aber der Eindruck entstehen soll, als finde er die Lösung prinzipiell von sich aus. Es geht darum, wie sich die Seiten zweier Quadrate, deren eines die doppelte Fläche des anderen hat, zueinander verhalten.[17] Der Sklave meint zunächst, die Flächenverdoppelung durch Verdoppelung der Quadratseite erreichen zu können. Er sieht rasch ein, daß sich so ein Quadrat mit der vierfachen Fläche ergibt. Daher muß dieses Quadrat halbiert werden, und zwar so, daß sich wieder ein Quadrat ergibt. Dabei erkennt der Sklave, daß die Seite des gesuchten Quadrats gleich der Diagonale des ursprünglichen ist. Ist jene Seite a, dann ist die Diagonale und somit die Seite des gesuchten Quadrats $a \cdot \sqrt{2}$. Da dieses Ergebnis von jemandem gefunden wird, der geometrisch nicht vorgebildet ist – deshalb wird der Versuch mit einem Sklaven angestellt –, ist nach Plato anzunehmen, daß die Voraussetzungen der Lösung in der Seele angelegt und nur zu Bewußtsein gebracht werden müssen, wenn man zur gewünschten Einsicht gelangen will. (Der Umstand, daß Plato als Beispiel eine Aufgabe wählte, die nur mit Hilfe irrationaler Zahlen – oder genauer: durch Berücksichtigung inkommensurabler Verhältnisse – gelöst werden kann, zeigt, welche Bedeutung er der Entdeckung irrationaler Größen beimaß. Das geht auch aus dem Dialog „Theätet" hervor, wo davon die Rede ist, daß der am Gespräch beteiligte Mathematiker Theodor die Irrationalität von $\sqrt{3}, \sqrt{5}, \ldots, \sqrt{17}$ nachgewiesen und darüber hinaus eine Verallgemeinerung vorgenommen habe. Das heißt: er fragte nach dem Wesen inkommensurabler Verhältnisse bzw. irrationaler Zahlen.[18])

c) *Erkenntnis und Ethos*

Obwohl die Wiedererinnerung ein theoretischer Vorgang ist, ist ihr Vollzug an eine praktische Bedingung geknüpft: Der Geist muß von körperlichen Einflüssen, namentlich den Einflüssen der Sinne, gereinigt werden, damit er seines ursprünglichen Besitzes wieder innewerden kann. Die Forderung, den Geist so weit wie möglich von den Sinnen unabhängig zu machen, ist für die gesamte von Plato ausgehende Tradition charakteristisch. So forderte Augustinus im Geist Platos, sich nicht nach außen, sondern nach innen zu wenden, weil nur im Innern des Menschen die Wahrheit wohne; im hohen Mittelalter forderte Anselm von Canterbury im gleichen Geist seine Leser auf, sich in den Raum des eigenen Geistes zurückzuziehen und alles außer Gott beiseite zu lassen; und noch im 17. Jahrhundert eröffnete Descartes die Meditation über das Dasein Gottes mit den Worten: „Ich will jetzt meine Augen schließen, meine Ohren verstopfen und alle meine Sinne ablenken, auch die Bilder der körperlichen Dinge sämtlich aus meinem Bewußtsein tilgen ...; ich will mich nur mit mir selbst unterreden, tiefer in mich hineinblicken und so versuchen, mich mir selbst nach und nach bekannter und vertrauter zu machen."

Nach Plato ist vor allem die Erkenntnis geeignet, den Geist vom Einfluß des Körpers und allgemein der materiellen Wirklichkeit zu lösen, weshalb am ehesten der Philosoph Aussicht hat, nach dem Tode nicht mehr in einem anderen Lebewesen wiederverkörpert zu werden, sondern in das geistige Reich, dem die Seele entstammt, zurückzukehren. Hier wird die Übereinstimmung mit pythagoreischen Gedanken, wie sie auch bei Empedokles anzutreffen sind, besonders deutlich.

Eine Besonderheit der Platonischen Erkenntnislehre besteht in der Hervorhebung des Eros als des entscheidenden Motivs der Erkenntnisbemühungen: „Eros" bedeutet – wie im „Gastmahl" ausgeführt wird – in seiner höchsten Form nicht Liebe des schönen Leibes, auch nicht Liebe der schönen Seele, sondern Liebe des Schönen als solchen, das in rein vernünftiger Einsicht erkannt wird. „Denn dies ist die rechte Art, sich der Liebe zu widmen oder von einem anderen zu ihr hingeführt zu werden: daß man, mit dem einzelnen Schönen beginnend, jenes einen Schönen wegen immer höher hinaufsteige, gleichsam stufenweise von einem zu zweien und von zweien zu allen schönen Gestalten und von den schönen Gestalten zu den schönen Sitten und Handlungsweisen und von den schönen Sitten zu schönen Erkenntnissen, bis man von den Erkenntnissen endlich zu jener Erkenntnis gelangt, welche von nichts anderem als eben von jenem Schönen selbst Erkenntnis ist, und man also zuletzt jenes selbst, was schön ist, erkennt. Und an der Stelle des Lebens, wo er das Schöne selbst schaut, ist das Leben dem Menschen erst lebenswert ..."[19]

Hier ist das Schöne selbst dasjenige, an dem alles, was schön heißt, teilhat; es besteht an und für sich, ist als Form einzig und dem Werden nicht unterworfen, während die Dinge und Verhältnisse, die seine Abbilder sind, entstehen und vergehen, der Steigerung und Verminderung fähig sind. Das Schöne ist mit einem Wort eine Idee, und das hier von ihm Gesagte läßt sich auf alle Ideen anwenden. Wie die Idee des Schönen lassen sich Ideen im allgemeinen nicht vermittels der Sinne, sondern nur in rein vernünftiger Einsicht erfassen. Der Aufstieg zur Idee des Schönen wie zu den Ideen im allgemeinen, die jenseits der erfahrbaren Wirklichkeit angesiedelt sind, bedarf eines besonderen Impulses, den Plato als geistiges Verlangen nach dem Schönen und zugleich Guten, als philosophischen Eros, charakterisiert.

d) *Wissen und Meinen*

Wahrnehmungserkenntnis liefert nach Plato nicht Wissen im eigentlichen Sinne, sondern führt nur zu einem prinzipiell hypothetischen Fürwahrhalten. Dies entspricht Platos Überzeugung, daß die Wahrnehmung im Erkenntnisprozeß eine untergeordnete Rolle spielt, da sie allenfalls Anlaß zur Wiedererinnerung bietet, niemals aber Grund des Wissens sein kann. Echtes Wissen, das auf Ideenschau beruht, ist unbedingt sicher, endgültig und unkorrigierbar; erfahrungsbedingtes Meinen oder Fürwahrhalten ist dagegen immer nur mehr oder weniger wahrscheinlich.

Der Unterschied zwischen Kenntnis auf Grund von Wahrnehmung und Wissen im vollen Wortsinn steht im Mittelpunkt des Dialogs „Theätet".

α) Gegen die (sophistische) These, daß Wissen nichts anderes sei als Kenntnis auf Grund von Wahrnehmung, wird eingewandt, daß die Wahrnehmung von der Natur und der momentanen Verfassung des wahrnehmenden Subjekts abhängt und sich mit dieser ändert, während das Wissen zeitlos gültig ist. Versucht man, das Wissen auf Wahrnehmungserkenntnis zu reduzieren, dann sind allgemeingültige Urteile unmöglich. Wer z.B. nur durch Messen feststellt, daß die Winkelsumme des Dreiecks 180° beträgt, kann bestenfalls annehmen, daß wahrscheinlich alle Dreiecke eine Winkelsumme von 180° haben, kann aber nicht einsehen, daß es sich notwendig so verhält (ganz zu schweigen davon, daß die Messung des Winkels ungenau ist). Zugleich kann ein Vertreter der fraglichen These nicht beanspruchen, jemanden etwas lehren zu können, da niemandes Meinung ein größeres Recht auf Zustimmung beanspruchen kann als die Meinung anderer.

β) Will man dieser Kritik dadurch entgehen, daß man „Wissen" als „zutreffende Meinung" bzw. als „zutreffendes Fürwahrhalten" definiert, dann ist auch das noch ungenügend, da Meinungen, die man aufs Geratewohl vertritt, auch dann nicht als „Wissen" bezeichnet werden, wenn sie sich zufällig als richtig erweisen. Wenn zum Beispiel jemand vor der Erkundung des Mondes durch Satelliten aufs Geratewohl eine Behauptung über die Hinterseite des Mondes aufgestellt hätte, die sich nachträglich als zutreffend herausstellte, dann würde man nicht sagen, er habe ein Wissen besessen, sondern man wird davon sprechen, daß er Glück beim Erraten gehabt habe.

γ) Unternimmt man es, die Definition dadurch zu verbessern, daß man „Wissen" als „zutreffendes Fürwahrhalten in Verbindung mit einer Erklärung" bestimmt, dann erhebt sich die Frage, was „Erklärung" heißt. Versteht man unter „Erklärung" die Zurückführung eines komplexen Sachverhalts auf einfache Elemente, dann hätten diese, da sie irreduzibel sind, als unerklärlich zu gelten. Man müßte daher annehmen, daß die Erklärung in der Zurückführung auf etwas Unerklärliches besteht, und dies ist paradox. Die Schwierigkeit läßt sich auch nicht dadurch beheben, daß man „Erklärung" als „Angabe der spezifischen Differenz" auffaßt. Wird nämlich „Erkenntnis" als „richtige Meinung in Verbindung mit der Erkenntnis der spezifischen Differenz" definiert, dann beruft man sich bereits auf Erkenntnis, während doch das Wesen der Erkenntnis erst bestimmt werden soll. Der Dialog endet mit dem Scheitern aller Definitionsversuche, so daß die Frage nach dem Wesen von „Erkenntnis" bzw. „Wissen" unbeantwortet bleibt.

Auf den ersten Blick ist es sicher befremdlich, daß Plato dem Leser die Antwort auf eine zentrale Frage der Philosophie vorenthält. Bei näherem Zusehen fällt jedoch auf, daß bei der angedeuteten Erörterung die Ideenlehre mit keinem Wort erwähnt wird. Das könnte den Schlüssel zur Lösung der Schwierigkeit liefern: Möglicherweise kam es Plato darauf an zu zeigen, daß ohne Berücksichtigung der Ideenlehre die Frage nach dem Wesen des Wissens nicht befriedigend beantwortet werden kann. Tatsächlich hat er keinen Zweifel daran gelassen, daß Wissen im vollen Wortsinn nur möglich ist, weil es Ideen und Ideenschau gibt. Später hat Plato selbst das vernünftige Wissen als wahre Begründung charakterisiert und der richtigen Meinung gegenübergestellt, die lediglich auf Überredung beruht, während das echte Wissen in der Einsicht in Ideen bestehen soll.[20]

Der Dialog „Theätet" läßt auch erkennen, daß Plato seine Ideenlehre unter anderem mit dem Blick auf Heraklit entwickelt hat. Nach Ansicht Heraklits oder mindestens gewisser Herakliteer kann es Wissen im strengen Wortsinn nicht geben, weil die Dinge, auf die sich unsere Urteile beziehen, in ständigem Fluß sind. Wenn ich jetzt von einem Ding urteile, es sei so und so, dann hat es sich im nächsten Augenblick schon geändert und weist vielleicht andere Eigenschaften auf, so daß das Urteil im vollen Wortsinn gegenstandslos wird. Ja selbst während ich das Urteil formuliere, kann die Änderung erfolgen, so daß ein konstantes Objekt, über das geurteilt wird, fehlt. Plato war offenbar von dieser These beeindruckt. Solange sie auf Urteile über Wahrnehmungsgegenstände bezogen wird, ist sie nicht zu bestreiten.

Wenn es dennoch Wissen im vollen Wortsinn geben soll –
und daß es ein solches Wissen gibt, stand für Plato fest –,
dann kann es sich nicht auf die wahrnehmbaren Dinge, sondern muß sich auf Gegenstände anderer Art beziehen, die
nicht dem Wandel unterworfen sind, nämlich auf die ewigen und unveränderlichen Ideen. Nur unter dieser Voraussetzung können Bemühungen um Erkenntnis, d.h. um Urteile, die unabhängig von Zeit und empirischer Veränderung
wahr sind, sinnvoll sein.

e) Erkenntnis- und Seinsweisen

Im sechsten Buch des „Staates"[21] gibt Plato eine Übersicht
über die verschiedenen Wirklichkeitsbereiche und die entsprechenden Erkenntnisweisen, die offensichtlich als vollständige Einteilung gemeint ist. Er unterscheidet zwischen
dem Seinsbereich des Wahrnehmbaren (namentlich des
Sichtbaren) – näherhin der Spiegel- bzw. Schattenbilder und
der belebten oder unbelebten Wesen, einschließlich der Artefakte – und dem Seinsbereich des im Denken Erfaßbaren,
nämlich einerseits der mathematischen Objekte, andererseits der Ideen.[22]

Diesen Bereichen entsprechen die Erkenntnisweisen des
Meinens (doxa), das entweder bloße Vermutung oder auf
Erfahrung gestützte Kenntnis ist, und der Vernunfter-
kenntnis (nóesis), die ihrerseits entweder (wie in der Mathematik) auf Folgerungen oder (wie in der Philosophie) auf
unmittelbarer Einsicht in ideale Verhältnisse beruht. Die
Zuordnung von Seinsbereichen und Erkenntnisweisen ergibt sich aus dem folgenden Schema:

Wirklichkeitsbereiche	Erkenntnisweisen
Bilder	Vermutung a. Gr. von Schein
Einzeldinge organischer und anorganischer Art	empirische Kenntnis
Mathematische Objekte	diskursive Erkenntnis
Ideen	unmittelbare Einsicht

In bezug auf konkrete Gegenstände (Bilder und Einzeldinge) gibt es kein eigentliches Wissen, sondern nur „Meinen", d. h. mehr oder weniger wahrscheinliche Überzeugungen. Auch Urteile, die auf empirischer Verallgemeinerung beruhen (z. B. „Alle Raben sind schwarz"), sind nur wahrscheinlich, man mag noch so fest von ihrer Richtigkeit überzeugt sein, da Ausnahmen nicht auszuschließen sind. Plato sprach in diesem Fall von „Glauben", womit die subjektive Gewißheit gemeint ist. Die mathematische Erkenntnis hat es nicht mit wahrnehmbaren Gegenständen zu tun, obwohl die Anschauung bei mathematischen Beweisen als Stütze dienen kann. Da die anschaulichen Gegenstände aber nur gleichsam Schatten jener idealen Objekte sind, auf die sich die Mathematik bezieht, tragen sie nicht wesentlich zur mathematischen Erkenntnis bei. Für die Mathematik gilt, daß sie immer von gewissen Voraussetzungen („Hypothesen") ausgeht, um aus ihnen Folgerungen abzuleiten. Der Mathematiker kümmert sich nur um die Ableitung der Folgesätze; die Voraussetzungen selbst braucht er nicht mehr zu begründen. In dieser Hinsicht unterscheidet sich die Mathematik von der Dialektik, die auf die letzten Voraussetzungen der Erkenntnis reflektiert.

Plato macht leider nicht klar, wie das Verhältnis von Mathematik und Dialektik bzw. von diskursivem und unmittelbarem Erkennen zu bestimmen ist, ja er deutet an, daß er in diesem Zusammenhang vieles übergehe.[23] Man kann daher seine Auffassung nur vermutungsweise rekonstruieren. Plausibel scheint folgende Deutung zu sein:

Wenn z. B. in der Geometrie die Kongruenzsätze bewiesen werden sollen, dann stützt man sich auf gewisse elementarere geometrische Sätze und schließlich auf Definitionen geometrischer Grundbegriffe und auf Axiome (wie „Das Ganze ist größer als der Teil", „Was einander deckt, ist gleich"). Die letzten Voraussetzungen werden in der Geometrie nicht mehr bewiesen und brauchen auch nicht bewiesen zu werden. Plato bezeichnete sie daher als

„Hypothesen". Sie beruhen letzten Endes auf einem Begriff des dreidimensionalen, homogenen und isotropen Raums, in dem kein Raumteil gegenüber einem anderen ausgezeichnet ist und in dem keine Richtung im Raume gegenüber einer anderen den Vorzug hat. Vom Wesen des so charakterisierten Raums nahm Plato an, daß es unmittelbar von der Vernunft eingesehen werde: Es ist eine Idee. Die auf diese Idee bezüglichen Urteile sind nicht mehr „Hypothesen", da sie nicht mehr bloß vorausgesetzt, sondern unmittelbar als wahr eingesehen werden. Die Idee des Raums ist etwas Nicht-Hypothetisches (ein Anypótheton). Ebenso verhält es sich mit anderen Ideen, mit deren Hilfe einzelwissenschaftliche Grundsätze formuliert werden.

Die Objekte der mathematischen Erkenntnis gelten nicht mehr als Ideen, sondern nehmen eine Zwischenstellung zwischen Ideen und konkreten Dingen ein. Wenn nach Platos späterer Auffassung den Begriffen „Punkt", „Gerade", „Fläche", „Körper", „Dreieck", „Viereck" usw. nicht mehr Ideen entsprechen, dann scheinen nach Platos Spätphilosophie nur noch allgemeine Kategorien wie Einheit und Vielheit, Gleichheit und Verschiedenheit, Ruhe und Bewegung, vermutlich auch Raum und Zeit, als Ideen gelten zu können.

Als Niederschlag der kritischen Auseinandersetzung mit der Ideenlehre in ihrer ursprünglichen Form können die Dialoge „Parmenides" und „Sophistes" angesehen werden. Im ersten dieser Dialoge erwägt Sokrates, der hier als junger Mann auftritt, ob die Begriffe nicht bloß subjektive Denkinhalte seien. Er wird darüber belehrt, daß Gedanken immer Gedanken von etwas seien, so daß auch allgemeinen Begriffen etwas Allgemeines – eben die Ideen – entsprechen müsse. Auch Bedenken gegen Ideen des Menschen, des Feuers, des Wassers oder gar des Haares und des Kots werden zurückgewiesen.[24] Dann aber werden Aporien aufgezeigt, die sich aus der Annahme von Ideen ergeben: Wenn ein Ding an einer Idee teilhat, partizipiert es dann an der

Idee als ganzer oder nur an einem ihrer Teile? Gegen die erste Möglichkeit spricht, daß dieselbe Idee nicht in Vielem sein zu können scheint, gegen die zweite, daß in diesem Fall die Idee ihre Einheit verlöre. Eine andere Schwierigkeit ergibt sich unter der Voraussetzung, daß die Idee und die vielen Dinge, die an ihr teilhaben, etwas gemeinsam haben müssen, wenn die Teilhabe begreiflich sein soll. Zum Beispiel muß die Idee der Größe mit den mannigfaltigen großen Dingen unter dem Gesichtspunkt der Größe aufeinander bezogen sein, und diesem Gesichtspunkt entspricht eine neue Idee der Größe, an der die erste Idee und die großen Dinge teilhaben. Diesen neuen Beziehungen der Teilhabe müssen aber wieder Ideen der Größe zugeordnet werden und so weiter ins unendliche.[25] Ähnlich verhält es sich mit der Idee des Menschen und den vielen konkreten Menschen: Auch hier muß eine weitere Idee des Menschen eingeführt werden. Diesem Beispiel verdankt die angedeutete Schwierigkeit ihren Namen: das Problem des dritten Menschen.

Die im Dialog „Parmenides" aufgeworfenen Fragen bleiben unbeantwortet, auch die ausführlich erörterte Frage, ob das Eine sei oder nicht sei. Klar ist nur, daß sich Plato eindringlich und selbstkritisch mit den Problemen der Ideenlehre auseinandergesetzt hat. Diese Auseinandersetzung wird im „Sophistes" mit dem Ergebnis fortgesetzt, daß die Beziehungen zwischen den Ideen schärfer hervortreten: Von den grundlegenden Begriffen des Seienden, der Ruhe und der Bewegung, der Gleichheit und der Verschiedenheit wird gezeigt, daß sie einen Zusammenhang bilden und daher nicht isoliert auf die Dinge bezogen werden können. Wenn wir von Ruhe und Bewegung sprechen, betrachten wir beide als etwas Seiendes; Seiendes, Ruhe und Bewegung sind einerseits sich selbst gleich, andererseits von den jeweils anderen Grundbegriffen verschieden. Faßt man die Verschiedenheit als Nichtsein auf, dann kann von einem Sein des Nichtseienden gesprochen und der von Parmenides versperrte Weg der Forschung beschritten werden. Parmenides hatte das Seiende als unbewegt bzw. als unveränderlich betrachtet und ihm Einheit im strengen Sinn zugeschrieben. Im Dialog „Parmenides" wird nicht nur die Auffassung aufgegeben, daß das Sein alle Vielheit ausschließe, sondern Plato stellte auch die These in Frage, daß nur dem Unveränderlichen und Unbewegten ein Sein zugeschrieben werden könne, so daß alles Veränderliche als nichtseiend zu gelten hätte. Demgegenüber erkannte er an, daß auch das Werden in gewisser Weise sei, so wie er der Verschiedenheit, und damit der Vielheit voneinander verschiedener Dinge, ein Sein zubilligte. Es scheint, als hätten im Mittelpunkt von Platos Spätphilosophie (neben den Ideen allgemeinster Qualitäten wie „Güte", „Gerechtigkeit" und „Schönheit") formale Kategorien wie „Seiendes" und „Nichtseiendes", „Gleichheit" und „Verschiedenheit", „Ruhe" und „Bewegung" gestanden. Wenn Plato, wie Aristoteles berichtete, schließlich die Ideen als Zahlen bestimmte, dann hat er auch noch einen Schritt über die im „Sophistes" vertretene Auffassung hinaus getan. Zwar läßt sich nicht mehr sicher feststellen, was der Sinn der Lehre von den Ideen-Zahlen ist; aber man darf annehmen, daß Plato alles Wirkliche auf ideale Strukturen, die sich mathematisch beschreiben lassen, zurückzuführen versuchte, so daß er nicht mehr ideale Muster konkreter Dinge – z.B. eine Idee des Betts – anzunehmen brauchte. Wenn sich konkrete Dinge als Aggregate aus Elementen auffassen lassen und wenn die Teilchen der Elemente geometrische Form haben, brauchen nur noch diesen Formen Ideen zugeordnet zu werden, nicht mehr den konkreten Dingen selbst. Wenn dies Platos reife Auffassung gewesen ist, dann darf sie als wichtiger Fortschritt über die frühe Ideenlehre hinaus angesehen werden. (Vgl. auch Abschnitt 5: Struktur und Entstehung der Welt.)

4. Die Seelenlehre

So wie Platos Philosophie im allgemeinen von der Auffassung geprägt ist, daß Geist und Materie wesentlich verschieden sind, so ist seine Anthropologie im besonderen vom Gedanken der Wesensverschiedenheit von Leib und Seele beherrscht. Die geistigen Funktionen, namentlich das vernünftige Erkennen, lassen sich nicht als Begleiterscheinungen irgendwelcher körperlichen Vorgänge verstehen, sondern müssen diesen gegenüber als unabhängig gelten. In diesem Sinne bemühte sich Plato zu zeigen, daß die Vernunft (das logistikon bzw. der noûs) von der Wahrnehmung einerseits, von den Trieben und Affekten andererseits getrennt sind: Wahrnehmungen und Triebe sind seiner Ansicht nach an den Körper gebunden, während die Vernunft prinzipiell unabhängig von ihm ist; sie geht in allgemeingültigen Urteilen prinzipiell über den Bereich der sinnlichen Erfahrung hinaus, und sie vermag die Triebe zu kontrollieren, ja sie ist dazu verpflichtet, da sie wesensmäßig höhersteht als alle Funktionen des Organismus.

Plato hat seine Auffassung in einem berühmten Gleichnis ausgedrückt[26]: Die Seele „gleiche der vereinten Kraft eines Gespanns geflügelter Rosse und seines Lenkers ... Von den Rossen ist eines gut und edel und von edler Herkunft, das andere aber ist entgegengesetzter Herkunft und Art. Schwierig und mühsam ist daher ... das Lenken." Der Rosselenker steht für die Vernunft, die Rosse stehen für die Triebe, und zwar eines für die positiven bzw. höheren (wie den Mut), das andere für die negativen bzw. niederen Triebe (wie die sexuelle Begierde). Das edle Roß gehorcht leicht dem Zügel, das unedle ist dagegen kaum zu bändigen. Der Rosselenker muß es durch wiederholte Züchtigung seiner Leitung unterwerfen. So soll auch die Vernunft die vernunftwidrigen Triebe ihrer Kontrolle unterwerfen, damit nicht mehr sie, sondern nur vernünftige Einsichten das Verhalten bestimmen.

Der Platonische Leib-Seele-Dualismus dürfte einem Zeitalter wie dem unseren, das bis ins alltägliche Weltverständnis hinein stark von naturalistischen, um nicht zu sagen: materialistischen, Tendenzen bestimmt ist, fremdartig erscheinen, ja man könnte vielleicht meinen, es mit einer längst überholten Auffassung zu tun zu haben. Man darf sich aber nicht zu vorschnellen Verallgemeinerungen verleiten lassen, da auch in der Gegenwart von namhaften Philosophen und Naturwissenschaftlern angenommen wird, daß sich das Bewußtsein nicht als bloße Begleiterscheinung von Vorgängen im Zentralnervensystem begreifen lasse. Eine Ansicht, wie sie Plato vertreten hat, ist somit im wesentlichen – wenn auch nicht in allen Einzelheiten – auch heute noch möglich.

Da Plato überzeugt war, daß zwischen der Vernunft und den physisch bedingten Wahrnehmungen, Trieben und Affekten ein prinzipieller Unterschied besteht, sah er sich zu der Annahme berechtigt, daß die vernünftige Seele unabhängig vom Leib sei, d.h. daß das rationale Erkennen und Werten nicht auf körperliche Funktionen zurückgeführt werden könne. Er hat es jedoch nicht mit der bloßen Behauptung dieses Unterschieds bewenden lassen, sondern die Immaterialität und im weiteren Verlauf die Unsterblichkeit des Geistes zu beweisen gesucht. Wenn sich zeigen läßt, daß der Geist immateriell, und daher nicht, wie körperliche Dinge, aus Teilen zusammengesetzt ist, dann kann er sich auch nicht in Teile auflösen, so wie etwa ein Organismus nach dem Tode im Prozeß der Verwesung zerfällt. Kann der Geist aber nicht zugrunde gehen, dann überdauert er den physischen Tod, er ist unsterblich. Plato hat als erster zugunsten der Unsterblichkeit argumentiert, und zwar mit Hilfe einer Reihe von Argumenten, deren Grundgedanken kurz dargestellt werden sollen.[27]

Die allgemeine Voraussetzung der Unsterblichkeitsbeweise, nämlich die These der Wesensverschiedenheit von Geist und Körper – ist nicht selbstverständlich und muß daher ihrerseits begründet werden. Die Begründung ergibt sich bei Plato daraus, daß wir nicht nur Kenntnis von konkreten Dingen auf Grund von Wahrnehmungen haben, sondern auch streng allgemeingültige Erkenntnis gewinnen können, die nach Plato ein Erkenntnisvermögen voraussetzt, das von den Sinnen und damit vom Körper bzw. von körperlichen Organen prinzipiell verschieden ist.

Man kann noch einen Schritt weitergehen und argumentieren, daß nicht nur der Geist von Sinneswahrnehmungen unabhängig ist, sondern daß umgekehrt jede Sinneserfahrung bereits den Geist als absolut einfaches, somit immaterielles, Prinzip voraussetzt. Um das einzusehen, muß man sich klarmachen, daß wir eigentlich nicht mit den Augen sehen, mit den Ohren hören usw., sondern immer nur vermittels der Augen, der Ohren usw.; im Grunde sehen, hören, tasten wir mit der Seele. Wenn wir ein Ding zugleich vermittels mehrerer Sinne wahrnehmen – z. B. eine Glocke sehen, den von ihr erzeugten Ton hören und ihre Vibration fühlen –, dann nehmen wir nicht drei Gegenstände – einen gesehenen, einen gehörten und einen getasteten –, sondern einen einzigen Gegenstand wahr, der optische, akustische und haptische Eigenschaften hat. Wegen der Verschiedenheit der Sinnesorgane (und, wie wir hinzufügen dürfen, wegen der Verschiedenheit der Gehirnzentren, zu denen die von der Netzhaut, dem Trommelfell, der Haut ausgehenden Nerven führen) läßt sich die Einheit des Gegenstands solange nicht erklären, als wir nur die Sinnesorgane und das Nervensystem berücksichtigen; sie muß auf etwas zurückgeführt werden, das im strengen Sinne eine Einheit ist, d. h. keine Teile hat und somit einfach ist. In diesem Sinne heißt es im Dialog „Theätet", in dem sich die angedeuteten Überlegungen finden: „Arg wäre es ..., wenn diese mancherlei Wahrnehmungen wie im hölzernen Pferde in uns nebeneinander lägen und nicht alle in irgendeinem – du magst es nun Seele oder wie sonst immer nennen – zusammenliefen".[28] Die Organe, mit deren Hilfe wir wahrnehmen, sind zwar körperlich; die Seele, mit der wir wahrnehmen, muß dagegen unkörperlich und somit einfach und unteilbar sein. Wenn die Seele aber keine Teile hat, kann sie sich auch nicht in Teile auflösen, d.h. sie kann nicht wie der Organismus sterben.

Bei dieser Überlegung wird die Seele als einheitliches geistiges Prinzip betrachtet. In anderem Zusammenhang hat Plato jedoch von „Teilen" der Seele gesprochen und zwischen einem vernünftigen, einem affektiven und einem triebhaften Seelenteil unterschieden.[29] Diese Seelenteile lokalisierte er in Teilen des Körpers: Die Vernunft soll ihren Sitz im Kopf, die Affekte in der Brust zwischen Hals und Zwerchfell und die Triebe im Leib unterhalb des Zwerchfells haben. Diesen Zuordnungen dürften landläufige Erfahrungen entsprechen: Hunger wird im Magen empfunden, das Gefühl des Mutes wird mit dem Herzschlag in Verbindung gebracht usw. Wo Plato mit einer Mehrheit von Seelen„teilen" rechnet, gilt ihm nur der höchste Seelenteil – die Vernunft bzw. der Geist – als unsterblich, während er von den Affekten und Trieben annahm, daß sie Funktionen des Körpers sind und mit diesem zugrunde gehen. Wie die geistigen zusammen mit den völlig andersartigen niederen Funktionen in der einen Seele verbunden sein sollen, bleibt unerklärt.

Die Unsterblichkeit der (vernünftigen) Seele läßt sich nach Plato auch mit Hilfe der Voraussetzung beweisen, daß jedes Ding (wie schon Anaximander gelehrt hatte) aus dem ihm Entgegengesetzten entsteht, zum Beispiel Warmes aus Kaltem und umgekehrt, Trockenes aus Feuchtem und umgekehrt. Jedem Übergang von einem Extrem ins andere entspricht ein Übergang in entgegengesetzter Richtung. So entspricht dem Einschlafen als Übergang vom Wachen zum Schlafen das Aufwachen als Übergang vom Schlafen zum

Wachen. Da das Sterben der Übergang vom Leben zum Tode ist, meinte Plato auch den entgegengesetzten Übergang annehmen zu können, nämlich das Wiederaufleben der Seele, d.h. ihre Wiedergeburt als Eintritt in einen neuen (nicht in jedem Falle menschlichen) Leib. Wenn „Sterben" soviel heißt wie „Trennung der Seele vom Körper", dann muß die Wiedergeburt als Verbindung der Seele mit einem Körper aufgefaßt werden. Plato verband die Vorstellung einer Seelenwanderung mit moralischen Gesichtspunkten von Lohn und Strafe: Das Schicksal der Seele nach der Trennung vom Leib im physischen Tod hängt von ihrem Verhalten in der vorangegangenen Daseinsform ab. Wer gegen die sittlichen Pflichten verstoßen hat, steigt bei der Wiedergeburt in der Ordnung der Lebewesen ab; wer ein sittlich einwandfreies Leben geführt hat, wird als höherstehendes Wesen wiedergeboren und kehrt im Idealfall in die Heimat der Seele, ins Reich der reinen Geister, zurück: Für seine Seele ist die Wanderung zu Ende.

Derartige Gedanken, insbesondere die Seelenwanderungslehre, erinnern an indische Seelenauffassungen. Hieraus kann aber nicht auf eine Abhängigkeit geschlossen werden, obwohl immer wieder behauptet wurde, Plato sei von Gedanken östlicher Religionen beeinflußt gewesen. Was die Seelenwanderung anbelangt, so ist zu bedenken, daß sie schon von den Pythagoreern gelehrt wurde, und die Annahme liegt nahe, daß sie Plato von diesen übernommen hat.

Das Schicksal der Seele nach dem leiblichen Tod beschrieb er in einem Mythus, bei dem die Vorstellung eine zentrale Rolle spielt, daß die Seelen nach dem Tode in der Unterwelt nach ihrem Verdienst beurteilt werden. Im „Phädo", wo dieser Mythus vorgetragen wird, heißt es: „Sobald die Verstorbenen an dem Orte angelangt sind, wohin der Dämon jeden bringt, werden zuerst diejenigen gerichtet, welche schön und heilig gelebt haben und welche nicht. Die nun dafür erkannt werden, einen mittelmäßigen

Wandel geführt zu haben, begeben sich zum [Unterweltfluß] Acheron, besteigen die Fahrzeuge, die es da für sie gibt und gelangen auf diesen zu dem See. Hier wohnen sie und reinigen sich, büßen ihre Verfehlungen ab, wenn einer sich irgendwie vergangen hat, und werden losgesprochen, wie sie auch ebenso für ihre guten Taten den Lohn erlangen, jeglicher nach Verdienst. Deren Zustand aber für unheilbar erkannt wird wegen der Größe ihrer Verfehlungen ..., diese wirft ihr gebührendes Geschick in den Tartarus, aus dem sie nie wieder heraussteigen ... Die aber besondere Fortschritte in heiligem Leben gemacht zu haben befunden werden, sind endlich diejenigen, welche, von allen diesen Orten im Innern der Erde befreit und losgesprochen von aller Gefangenschaft, hinauf in die reine Behausung gelangen und auf der Erde wohnhaft werden. Diejenigen von ihnen, die sich durch Weisheitsliebe gehörig gereinigt haben, leben für alle künftigen Zeiten gänzlich ohne Leib und kommen in noch schönere Wohnungen ...".[30] Offensichtlich lebt ein Teil dieser Vorstellungen in der christlichen Lehre von Hölle, Fegefeuer und ewiger Seligkeit weiter.

Der Gedanke jenseitiger Strafen für Verfehlungen im irdischen Leben findet auch in einem anderen Mythus Ausdruck: Ein Mann namens Er, der in der Schlacht gefallen war, erwachte, als sein Leib auf dem Scheiterhaufen verbrannt werden sollte, wieder zum Leben und berichtete vom Aufenthalt seiner Seele im Jenseits: „Er sagte aber, nachdem seine Seele ausgefahren, sei sie mit vielen andern gewandelt, und sie wären an einen wunderbaren Ort gekommen, wo in der Erde zwei aneinander grenzende Spalten gewesen und am Himmel gleichfalls zwei andere ihnen gegenüber. Zwischen diesen seien Richter gesessen, welche, nachdem sie die Seelen durch ihren Richterspruch geschieden, den Gerechten befohlen hätten, den Weg rechts nach oben durch den Himmel einzuschlagen, nachdem sie ihnen Zeichen dessen, weswegen sie gerichtet worden, vorne angehängt, den Ungerechten aber den Weg links nach unten, und auch diese hätten hinten Zeichen gehabt von allem was sie getan. Als nun auch er hinzugekommen, hätten sie ihm gesagt, er solle den Menschen ein Verkünder des Dortigen sein, und hätten ihm geboten, alles an diesem Orte zu hören und zu schauen."[31] Unter anderem schilderte er die Strafen, die über den Tyrannen Ardiäus verhängt worden seien: Wilde Männer (also eine Art Teufel) hätten ihn gefesselt, geschlagen und mit Dornen geschunden, wobei sie alle Vorübergehenden über den Grund der Marter unterrichteten.

Zwar betonte Plato, daß das Gute um seiner selbst willen getan werden müsse, also unabhängig von der Aussicht auf Lohn oder Strafe. Nachdem dies klargestellt war, hielt er es für unbedenklich, auch auf die Rolle moralischer Sanktionen hinzuweisen. Dabei mag er eine erzieherische Absicht verfolgt haben: Der Mythus von Er hat wohl die Funktion, jene von unmoralischen Handlungen abzuschrecken, die durch die Einsicht in das Gute nicht hinreichend motiviert sind.

Eine Stütze erhält die Argumentation zugunsten der Unsterblichkeit durch die Lehre von der Wiedererinnerung: Die Seele muß vor der Geburt existiert haben, weil sonst unbegreiflich wäre, daß sie über erfahrungsunabhängige unanschauliche Begriffe und streng allgemeine Grundsätze verfügt; wegen der Komplementarität der Übergänge verlangt die Annahme einer vor der Geburt existierenden Seele die Anerkennung der Fortdauer der Seele nach dem Tode.[32] Daneben klingt bei Plato noch ein anderer Gedanke an: Die Seele, die vor der Verkörperung die ewigen Wesenheiten geschaut hat, muß mit diesen verwandt, also selbst unvergänglich sein, zumal sie den Körper zu beherrschen vermag. Da sie aus jenem Bereich stammt, dem die Ideen angehören, ist ihre Trennung von der materiellen Welt als Heimkehr zu verstehen. Der sterbende Sokrates hat diesen Gedanken in ergreifender Form ausgedrückt:

„Daß es mit unseren Seelen und ihren Wohnungen sich so oder ähnlich verhalte [wie im Mythus gesagt], wenn doch die Seele offenbar etwas Unsterbliches ist, dies, dünkt mich, zieme sich gar wohl und lohne auch, es darauf zu wagen, daß man glaube, es verhalte sich so ... Deshalb muß also ein Mann guten Mutes sein in bezug auf seine eigene Seele, der im Leben die anderen Lüste, die es mit dem Leibe zu tun haben, und dessen Schmuck und Pflege hat fahrenlassen als etwas ihn selbst nicht Angehendes und wodurch er nur Übel ärger zu machen befürchtete, dagegen der Lust an der Forschung nachgestrebt und seine Seele nicht mit fremdem, sondern mit dem ihr eigentümlichen Schmuck geschmückt hat – mit Besonnenheit, Gerechtigkeit, Tapferkeit, Edelmut und Wahrheit –, so seine Fahrt nach der Unterwelt erwartend, um sie anzutreten, sobald das Schicksal ruft."[33]

Der wichtigste und für Platos Denken charakteristischste Unsterblichkeitsbeweis geht von der Tatsache aus, daß die Seele wesentlich durch Lebendigkeit bestimmt ist, d.h. an der Idee des Lebens teilhat. Sie kann nicht an Ideen teilhaben, die mit der Idee des Lebens unverträglich sind. Da sich die Ideen des Todes und des Lebens ausschließen, kann die Seele nicht an der Idee des Todes teilhaben, d.h. auf Grund ihres Wesens ist es ausgeschlossen, daß sie sterblich sein könne. In etwas anderer Formulierung heißt das: Die Seele hat das Prinzip ihrer Tätigkeit in sich, sie wirkt spontan und wird somit nicht von etwas anderem bewegt. Daher ist ihre Tätigkeit unentstanden und unvergänglich, denn was nicht entstanden ist, kann auch nicht vergehen. Wenn hier der moderne Ausdruck „Spontaneität" gebraucht wird, dann steht er für Platos Gedanken, daß der Geist nicht nur Einwirkungen aufnimmt, sondern ein eigenständiges Prinzip der Wirksamkeit ist. Platos Überlegung läßt sich auf den Gedanken reduzieren, daß die Kenntnis der physiologischen Vorgänge in den Sinnesorganen und im Nervensystem nicht ausreicht, um begreiflich zu machen, wie Sehen, Hören usw. zustande kommen. Was in den Sinnesorganen und in den Nerven vorgeht, wird mit Hilfe von Begriffen beschrieben, die rein quantitative Verhältnisse betreffen.

Für bewußte Vorgänge ist im Rahmen einer solchen Beschreibung kein Platz. Daher muß, wie Plato meinte, etwas in Betracht gezogen werden, das sich der physikalisch-physiologischen Betrachtungsweise entzieht: ein spontan wirkendes geistiges Vermögen, das er Seele nannte.

Die angedeutete Überlegung gilt nicht nur von der menschlichen Seele, sondern auch, ja insbesondere, von der Weltseele als dem Prinzip der Bewegung im All: Hörte ihre Bewegung auf, gäbe es kein Werden mehr, der Himmel stünde still.[34] Wenn Plato die Bewegung des Himmels, ja die Bewegung überhaupt auf ein seelisches Prinzip – die Weltseele – bezieht und diese für göttlich erklärt, dann will er nicht eine bloße Behauptung aufstellen oder eine mythische Erzählung vortragen, sondern er sucht diesen Gedanken zu begründen. Ausgangspunkt seiner Argumentation ist die Tatsache, daß es in der Welt Bewegung gibt, und zwar teils Bewegung auf Grund äußerer Ursachen, teils spontane Bewegung. Ursache aller anderen Bewegungen muß eine spontane Bewegung sein, die höher steht als die Bewegung auf Grund äußerer Ursachen. Da eine solche Bewegung nur von einem vernünftigen Wesen vollzogen werden kann, hat dieses Wesen als göttlich zu gelten: Es sorgt für das All und lenkt es auf seinem Weg.

Da die Kreisbewegung die vollkommenste Bewegung ist, wie Plato mit dem gesamten Altertum überzeugt war, folgerte er, daß die Weltseele dem All im ganzen und den ebenfalls beseelten Gestirnen kreisförmige Bewegung verleiht. Im Hinblick auf die Rolle der Weltseele konnte er mit Thales sagen, alles sei voll von Göttern.[35]

Wenn Plato den Unterschied zwischen Körper und Seele betont und den Leib als vorübergehende Behausung der Seele darstellt, ja die Berührung mit dem Leib als Ursache der Verdunkelung des ursprünglichen der Seele eigenen Wissens deutet, dann scheint seine Auffassung darauf hinauszulaufen, daß die Seele so im Körper ist wie der Gefangene im Kerker oder allenfalls wie der Steuermann im

Schiff. Eine solche Ansicht wird heute auf berechtigte Bedenken stoßen. Man darf aber über der bildhaften Einkleidung dieser Ansicht nicht deren wesentlichen Kern übersehen, nämlich den Gedanken, daß keine physikalische Theorie begreiflich machen kann, wie Bewußtsein möglich ist. Daß wir nicht nur Bewußtsein von Gegenständen, sondern auch Selbstbewußtsein haben, bleibt vom Standpunkt der Physiologie aus unverständlich. Die Einsicht in die Unableitbarkeit des Bewußtseins aus Sätzen über den Körper oder die Körperwelt im allgemeinen steht im Mittelpunkt von Platos Seelenlehre; daß er das Bewußtsein auf eine Seele bezog, die vor der Geburt des Individuums existierte und gleichsam in den Leib verbannt ist, ist gegenüber jenem zentralen Gedanken zweitrangig.

5. Struktur und Entstehung der Welt

Plato hat seine Kosmologie erst im Alter dargelegt, und zwar im Dialog „Timäus", der wirkungsgeschichtlich zu den wichtigsten Werken des Philosophen gehört, obwohl es sich um ein teilweise recht dunkles Werk handelt, insbesondere wo es um die mathematischen Voraussetzungen der kosmologischen Theorien geht. Es fällt auf, daß Plato die Lehre von der Entstehung der Welt den Pythagoreer Timäus aus dem unteritalienischen Locris vortragen läßt, und nicht Sokrates, der vielmehr bloßer Zuhörer ist. Damit wollte Plato vielleicht zum Ausdruck bringen, daß es sich um Gedanken handelt, die er nicht der Sokratischen Tradition verdankte. Tatsächlich hat sich ja Sokrates frühzeitig von der Naturphilosophie, die er vor allem in ihrer Anaxagoreischen Gestalt kennengelernt hatte, abgewandt, und Plato ist ihm darin zunächst gefolgt. Wenn er sich später naturphilosophischen Problemen zuwandte, dann ist das auf den Einfluß einer anderen philosophischen Tradition zurückzuführen, weshalb es nicht angemessen gewesen wäre, die Erörterung dieser Probleme Sokrates in den Mund zu legen. Daß er die Kosmologie durch einen Pythagoreer vortragen läßt, ist ein Hinweis darauf, daß sich der alternde Plato von pythagoreischen Auffassungen stark angezogen fühlte.

Die Weltentstehung beschrieben die Griechen niemals als Schöpfung aus dem Nichts, sondern sie lehrten entweder die Anfangslosigkeit der Welt, oder sie faßten die Entstehung des Kosmos, der geordneten Welt, als Formung eines vorhandenen Stoffes auf. Plato nahm im Sinne der zweiten dieser Auffassungen an, daß ein Weltenbaumeister – der Demiurg – die vorhandene Materie geordnet habe, und zwar nach dem Muster der Ideen, die seinem Wirken vorgegeben waren.

Die Elemente, aus denen nach Plato die Dinge bestehen, sind die von den früheren Naturphilosophen angenommenen – nämlich Feuer, Wasser, Erde und Luft – sowie ein fünftes Element, aus dem der Himmel gebildet ist. Entscheidend ist, daß Plato die Teilchen dieser Elemente wesentlich durch geometrische Beziehungen bestimmt dachte, und zwar sollen die Elementarteilchen im Falle der Erde die Form von Würfeln, beim Wasser die Form von Ikosaedern, bei der Luft die Form von Oktaedern und im Falle des Feuers die von Tetraedern haben. (Das Dodekaeder bleibt für das Weltganze reserviert.[36]) Plato suchte diese Zuordnungen zu rechtfertigen, indem er z.B. meinte, dem Feuer müßte jene Form entsprechen, die die schärfsten Kanten hat und zugleich am beweglichsten ist, nämlich das Tetraeder. Dabei handelt es sich aber um vage Analogien, die sachlich nicht überzeugend sind.

Die regelmäßigen Polyeder – die sogenannten Platonischen Körper – sind aber noch nicht die letzten Strukturelemente; da sie von Flächen begrenzt sind, die ihrerseits wieder in Dreiecke zerlegt werden können, haben diese Dreiecke als elementare Formen zu gelten. Es handelt sich um zwei Arten von Dreiecken, die Plato die „schönsten" nennt, nämlich das rechtwinklig-gleichschenklige Dreieck (mit dem Seitenverhältnis 1 : 1 : $\sqrt{2}$), das entsteht, wenn man die Begrenzungsfläche des Würfels durch die Diagonale teilt, und das Dreieck mit den Winkeln 30°, 60° und 90° (bzw. dem Seitenverhältnis 1 : 2 : $\sqrt{3}$), das sich ergibt, wenn die Begrenzungsflächen von Tetraeder, Oktaeder und Ikosaeder durch die Höhe geteilt werden. (Beim Pentagondodekaeder sind die Verhältnisse komplizierter, und vielleicht hat ihm Plato deshalb kein Element zugeordnet.) Die beiden Arten von Dreiecken haben das Besondere, daß ihre Teilung durch die Höhe immer ähnliche Dreiecke ergibt, so daß sie als ursprüngliche Formen gelten können.[37] Dabei kann nicht von einer elementaren Größe die Rede sein, wie bei den Atomen Leukipps und Demokrits, sondern nur von einer elementaren Form oder Gestalt: So oft auch die Teilung der Dreiecke durch die Höhe wiederholt wird, es entstehen immer Dreiecke mit denselben Seiten- bzw. Winkelverhältnissen. Grundlegend sind mit einem Wort nicht als unteilbar geltende Größen, sondern irreduzible Strukturen. Im Hinblick darauf, daß sich als elementar nicht Atome, sondern Grundgestalten ergeben, erweist sich der Ausdruck „idea" (oder „eidos"), der ursprünglich „Gestalt" heißt, als besonders angemessen. Daneben verdient Beachtung, daß sich die fraglichen Seitenverhältnisse mit Hilfe der kleinsten ganzen Zahlen und der kleinsten irrationalen Wurzeln ausdrücken lassen.

Im Rahmen dieser Konzeption meinte Plato begreiflich machen zu können, warum Feuer, Luft und Wasser ineinander, aber nicht in Erde, übergehen können: Die den ersteren entsprechenden Polyeder (also Tetraeder, Oktaeder und Ikosaeder) lassen sich auf dieselbe Art von Dreieck zurückführen, sie haben also gemeinsame Strukturelemente, so daß der Übergang von einem jener Elemente in ein anderes als Änderung der Anordnung dieser Elemente begriffen werden kann. Der Würfel ist aus Dreiecken anderer Art aufgebaut, so daß das entsprechende Element – die Erde – gegenüber den anderen Elementen eine Sonderstellung einnimmt.[38] Die Gesamtheit der Körper bildet die Kugel des Kosmos, der um seine Achse rotiert. Damit findet auch die Kugelform, die man unter den Formen der Elementen-Teilchen vermißt, einen Platz in der kosmologischen Konstruktion.

Die „schönsten Dreiecke", die als elementare Strukturen gelten, setzen als räumliche Gebilde den Raum als solchen voraus. Deshalb erklärte Plato, daß der Demiurg zunächst den Raum geschaffen habe, um in ihm Gestalten, die als ideale Formen vorgegeben sind, bilden zu können. Die konkreten, dem Wandel unterworfenen Dinge entstehen dadurch, daß der Raum die idealen Formen als das wahrhaft Wirkliche aufnimmt. Die Dinge lassen sich dann bildhaft als Abkömmlinge eines formenden Vaters und einer die Form aufnehmenden Mutter – der Materie im philosophischen Sinn, d. h. des Raumes – bezeichnen.[39]

Sofern die Welt dem Weltenordner ähnlich ist, muß ihr eine Seele zugeschrieben werden, die (als geschaffene) der Zeit – dem beweglichen Abbild des Ewigen – unterworfen ist. Bestimmt wird die Zeit durch die Bewegung der Gestirne, mit Bezug auf die sie sich messen läßt. Die Geschöpfe sind teils unbelebt, teils lebendig, wobei die Lebewesen in vier Gattungen gegliedert sind: das Geschlecht der Götter, die fliegenden, die wasser- und die landbewohnenden Tiere. Die Götter können, da sie geschaffen sind, prinzipiell zugrunde gehen, aber nach dem Willen des Demiurgen sind sie faktisch unsterblich. Sie haben die übrigen Arten lebendiger Wesen gebildet und damit den Weltbau vollendet. Die von den Göttern, somit nicht unmittelbar vom Demiurgen, erzeugten Lebewesen sind durchweg sterblich. Die Einbeziehung der Götter in die Welt der Geschöpfe eröffnete den späteren Platonikern die Möglichkeit, den Göttern der herkömmlichen Religionen, aber auch Dämonen, Heroen, Engeln und Teufeln, einen Platz in der Ordnung der Wirklichkeit einzuräumen.

Die Annahme, daß die geschaffene Wirklichkeit im ganzen wie im einzelnen beseelt sei und daß sich die Weltseele zu Gestirnseelen und den Seelen der Lebewesen differenziere, hat in der Folge eine besonders nachhaltige Wirkung ausgeübt: Sie findet sich nicht nur im späteren Platonismus der Antike, sondern sie beeinflußte auch die Naturphilosophie der Renaissance, ja sie lebte in der Zeit der Romantik noch einmal auf. Folgen hatte auch der bei Plato gelegentlich anklingende Gedanke, daß es neben der vernünftigen eine unvernünftige, böse Weltseele gebe; an ihn konnte ein ethisch gefärbter kosmischer Dualismus anknüpfen, wie er dem frühen Christentum nicht fremd war.

Welt- und Individual-Seelen gelten als wesensverwandt: Sie sind denkende Wesen, die von den Gesetzen des Alls wissen. Achtet die individuelle Seele diese Gesetze, so kann sie in die Gestirnregion, die ihre Heimat ist, zurückkehren und dort das selige Leben führen, das sie schon vor ihrer Verkörperung in einem irdischen Leib geführt hat; andernfalls wird sie in niedrigeren Formen von Lebewesen wiedergeboren und bleibt ihnen so lange verhaftet, bis sie sich vom Einfluß der materiellen Triebe gereinigt hat. Mit dieser Auffassung erneuerte Plato die Seelenwanderungslehre der Pythagoreer und übernahm deren Forderung, die Seele durch Askese von den Einflüssen des Leibes bzw. der Materie im allgemeinen zu läutern. Plato hat die Wirkung dieser Konzeption beträchtlich verstärkt, indem er sie in ein umfassendes metaphysisch-kosmologisch-ethisches System einbettete. In diesem Rahmen stellt sich der Mensch als Wesen dar, dessen teils physische, teils psychische Komponenten nicht ohne weiteres harmonieren, aber von der Vernunft in ein harmonisches Verhältnis gebracht werden sollen. Metaphysik, Psychologie, Physiologie und Ethik stehen somit bei Plato in engstem Zusammenhang.

Obwohl Plato damit rechnete, daß die Ordnung der Wirklichkeit da und dort gestört werden kann, war er grundsätzlich von der Güte der Welt überzeugt. Da der

Demiurg die Welt sich selbst ähnlich gemacht hat, muß er sie gut gemacht haben, denn: „Er war gut; im Guten aber erwächst niemals und in keiner Beziehung Mißgunst. Weit entfernt von jeglicher Mißgunst wollte er, daß alles ihm selbst möglichst ähnlich werde".[40] Daher wollte er nicht Unordnung, sondern größtmögliche Ordnung, nicht Häßlichkeit, sondern Schönheit, nicht Unvernunft, sondern Vernünftigkeit. Deshalb verlieh er dem Menschen wie dem Weltganzen eine vernünftige Seele und machte den Kopf des Menschen mit seiner runden Form dem kugelförmigen Kosmos ähnlich.

Dieser Optimismus in bezug auf die Vernünftigkeit der Realität äußert sich auch in Platos Überzeugung, daß Denken und Sein im Einklang stehen: Die Formen des vernünftigen Erkennens stimmen mit den Formen der Wirklichkeit überein; im menschlichen Urteilen und Werten ist stets das göttliche Gute wirksam. Deshalb ist der Mensch verpflichtet, in seinem Handeln die Harmonie und Schönheit des Weltganzen zur Geltung zu bringen.

Der metaphysische Gedanke, daß die Welt gut – und das heißt letzten Endes: vernünftig – sei, ist von speziellen naturphilosophischen Thesen über die Realität unabhängig, zumal die letzteren auch in Platos Augen nur Annahmen zu sein scheinen, wie deutlich wird, wenn es im „Timäus" heißt, es solle über das All gesprochen werden, „wie es entstanden oder vielleicht auch nicht entstanden sei".[41] Die Aussagen über die unveränderlichen Gegenstände vernünftiger Einsicht – die Ideen – sind zwar „unwiderleglich und unerschütterlich", die Aussagen über die veränderliche Wirklichkeit sind jedoch nur wahrscheinlich, d.h., sie beruhen auf Glauben. In diesem Sinne läßt Plato Timäus zu Sokrates sagen: „Wundere dich also nicht ..., wenn wir in vielen Dingen über vieles, wie die Götter und die Entstehung des Weltalls, nicht imstande sind, durchaus und durchgängig mit sich selbst übereinstimmende und genau bestimmte Aussagen aufzustellen: Ihr müßt vielmehr zufrieden sein, wenn wir sie so wahrscheinlich wie irgendein anderer geben ..."[42]

Hier orientiert sich Plato offensichtlich an der Parmenideischen Unterscheidung zwischen der Erkenntnis des wahrhaft Seienden und den bloßen „Meinungen" in bezug auf empirische Tatsachen. Diese Unterscheidung läuft auf die Überordnung der Metaphysik über die einzelnen Realwissenschaften hinaus, die noch in der Neuzeit da und dort eine Rolle spielte. So wollte etwa Hegel nur dem vermeintlich definitiven metaphysischen Wissen den Titel der „Wissenschaft" zubilligen, während er ihn den Natur„wissenschaften" nur im uneigentlichen Sinne zuerkannte. Die von den Eleaten stammende Tendenz zur Überordnung der metaphysischen Einsicht über einzelwissenschaftliche Theorien entspringt dem Glauben an die Möglichkeit perfekter – d. h. prinzipiell unkorrigierbarer – Erkenntnis von Zügen der Wirklichkeit. Gemessen an diesem Ideal vollkommener Erkenntnis müssen hypothetische Theorien als bloße „Meinungen" erscheinen: „Die Aussagen von dem Beharrlichen, Gewissen, der Vernunft Offenbaren müssen beharrlich und unveränderlich sein ...; die aber von dem jenem Nachgebildeten, welches ein Abbild ist, die müssen wahrscheinlich sein ...; denn wie das Sein zum Werden, so verhält sich die Wahrheit zum Glauben."[43] Obwohl Plato seine Lehre von der Entstehung und der Form des Kosmos mit dem Vorbehalt eines „Vielleicht" versah und damit dem Bereich der „Meinung" zuwies, beanspruchte er für seine metaphysische Grundüberzeugung von der Abhängigkeit der Erfahrungswelt von ewigen Prinzipien unbedingte Geltung: Er bezog sie auf rein vernünftige Einsicht und hielt sie daher für absolut wahr. Der Gedanke, daß die Welt an sich vernünftig eingerichtet und daher schön und gut sei, galt ihm als unbezweifelbar. Die Konkretisierung durch diese oder jene spezielle naturphilosophische Konzeption konnte demgegenüber als sekundär erscheinen.

Mit dem zentralen Gedanken, daß die Wirklichkeit insgesamt vernünftig sei, hängt Platos Anspruch zusammen, die wesentlichen Strukturen der Wirklichkeit aus reiner Vernunft – d.h. prinzipiell unabhängig von der Erfahrung – erkennen zu können. Dieser Gedanke bildet auch die Grundlage von Platos praktischer Philosophie mit ihrer Forderung, sich im Handeln an der Vernunft zu orientieren. Diese Forderung läßt sich in der Tat nur sinnvoll erheben, wenn die Wirklichkeit als solche vernünftig geordnet, und das heißt nach Plato: mathematischen Formen und allgemeingültigen Gesetzmäßigkeiten unterworfen ist. Wäre die Wirklichkeit vollkommen chaotisch, so daß das Geschehen in der Welt unberechenbar würde, dann hätten Bemühungen, sich im Bereich der Praxis an vernünftigen Einsichten zu orientieren, als sinnlos zu gelten.

Obwohl Platos Spekulationen über den Aufbau der materiellen Dinge im Hinblick auf ihren Inhalt heute nicht mehr ernst genommen werden können, verdient der Gedanke immer noch Beachtung, daß sich die Eigenschaften der erfahrbaren Dinge letzten Endes nur im Licht formaler Strukturen erklären lassen. Da diese Strukturen nur durch Vernunft, und nicht durch Wahrnehmungen, erfaßt werden können, wird die Unterscheidung zwischen einer Welt der Erfahrung und einer nur vernünftig erkennbaren Welt unausweichlich. Plato hielt, ähnlich wie die Pythagoreer, die mathematischen Formen für das Wesentliche; die durch sie geformten Dinge galten ihm nur als vorübergehende Erscheinungen jener Formen – der Ideen –, die, selbst unwandelbar, unentstanden und unvergänglich, die Eigenschaften der wandelbaren Dinge bestimmen.

Mit dieser ontologischen Unterscheidung geht eine erkenntnistheoretische Hand in Hand: Da die reinen Formen als das Wesen der Dinge nicht durch Wahrnehmung, sondern nur im reinen Denken erfaßt werden, folgerte Plato, daß die Wahrheit nicht in der Erfahrung, sondern nur in rein vernünftiger Einsicht zugänglich wird. Zu den idealen

Formen gelangt man seiner Ansicht nach nicht durch Abstraktion von den besonderen Umständen beobachteter Einzelfälle bzw. durch Idealisierung, sondern diese Formen sind das Erste und Ursprüngliche, während die empirischen Dinge nur als unvollkommene Erscheinungen der zugrunde liegenden idealen Strukturen gelten. Kugelförmige Dinge wie Bälle, Murmeln, Perlen usw. ahmen, wie Plato sich ausdrückt, die reine Kugelgestalt nach, die unabhängig von ihnen ist und auch existieren würde, wenn es keine kugelförmigen (genauer: kugelähnlichen) Dinge gäbe.

Es ist bemerkenswert, daß bereits Aristoteles den Formen ein selbständiges Sein absprach und nur konkrete Dinge als im vollen Sinne wirklich anerkannte. Erst durch Abstraktion von den Besonderheiten der Dinge und durch Idealisierung gelangt man seiner Ansicht nach zu Begriffen allgemeiner Formen, wie sie z.B. in der Mathematik behandelt werden. Weil wir durch Erfahrung von kugeligen Gebilden, wie Bällen, Kenntnis haben, können wir davon absehen, daß es sich um Bälle handelt, die diese Gestalt haben, und nur die Gestalt als solche betrachten. Abstrahiert man außerdem von den Unregelmäßigkeiten der Gestalt von Bällen, dann erhält man den geometrischen Begriff der Kugel.

Der Gegensatz der von Plato und Aristoteles vertretenen Auffassungen sollte die philosophische Diskussion über die Jahrhunderte hinweg beherrschen und noch in der Neuzeit Philosophen und Wissenschaftler beschäftigen. So spielte bei der Entstehung des modernen naturwissenschaftlichen Denkens in der frühen Neuzeit der platonistische Gedanke vom Vorrang der idealen, vernünftig (näherhin mathematisch) einsehbaren Strukturen vor den beobachtbaren Eigenschaften der Dinge eine wichtige Rolle, während die empiristische Erkenntnistheorie die Beobachtung als fundamental betrachtete.

6. Das Wesen des Guten

a) Der Zwiespalt in Platos Lehre vom Guten

In Platos Theorie des Guten konkurrieren zwei gegenläufige Tendenzen: Einerseits soll das Gute in einen Bereich jenseits der Erfahrungswirklichkeit, ja auch jenseits der Ideen verlegt werden, so daß es zu einer Idee besonderer Art wird, die sich zu den übrigen Ideen ähnlich verhält wie diese zu den besonderen Dingen; die Idee des Guten wird damit über den Bereich der diskursiven Erkenntnis hinaus entrückt, was spätere Vertreter des Platonismus veranlaßte, sie zum Inhalt einer ekstatischen Schau zu erklären. Andererseits muß das Gute inhaltlich bestimmt werden, um der Praxis als Richtschnur dienen zu können. In dem Maße, in dem Plato der ersten Tendenz folgte, wurde die Idee des Guten immer inhaltsärmer; gleichzeitig war es aber nötig, Kriterien anzugeben, unter denen etwas als gut gelten soll.

Die Idee des Guten erhält die Rolle eines Prinzips, das den anderen Ideen ihr Sein und ihre Erkennbarkeit verleiht, so daß sie Plato mit der Sonne vergleichen konnte, der die Organismen ihr Vorhandensein und ihre Sichtbarkeit verdanken. Dieser Vergleich spielt im Höhlengleichnis eine Rolle, von dem oben (siehe Abschn. 2) die Rede war, doch ohne Berücksichtigung seines abschließenden Gedankens, der die Situation der früheren Gefangenen nach dem Verlassen der Höhle betrifft. Sobald sie das Sonnenlicht erblicken, wird ihnen, wie Plato ausführt, klar, daß es organische Dinge nicht geben könnte, wenn es die Sonne nicht gäbe, so wie man die Dinge auch nicht ohne das Sonnenlicht erblicken könnte. „Die Sonne ... verleiht dem Sichtbaren nicht nur das Vermögen, gesehen zu werden, sondern auch das Werden und Wachstum und Nahrung, obwohl sie selbst nicht Werden ist." Ebenso ist zu sagen, „daß dem Erkennbaren nicht nur das Erkanntwerden von dem Guten komme, sondern auch das Sein und die Wesenheit habe es von ihm, obwohl das Gute selbst nicht die Wesenheit ist, sondern noch über die Wesenheit an Würde und Kraft hinausragt".[44]

Was jenseits des Bereichs der Wesenheiten (d.h. der übrigen Ideen) liegt, läßt sich nicht mehr definieren. Wenn aber das Wesen des Guten zu etwas Unsagbarem wird, dann kann es nicht mehr als inhaltlicher Maßstab von Wertungen dienen. Wenn die Idee des Guten konkretisiert werden soll, kann das jedoch nicht in der Weise geschehen, wie es die Sophisten versuchten, weil sich dann die von Plato kritisierten relativistischen Konsequenzen ergeben würden. Bevor auf Platos Versuch, das Gute inhaltlich zu bestimmen, eingegangen wird, soll daher ein Blick auf seine Kritik an der sophistischen Auffassung geworfen werden.

b) Die Kritik an der empiristischen Lehre vom Guten

So wie Plato den sophistischen Empirismus bekämpfte, weil dieser seiner Ansicht nach zum Relativismus führt, so kritisierte er auch die sophistische Gleichsetzung von „gut" und „lustbringend" oder „nützlich". Der Sophist kann nicht beanspruchen, etwas zu lehren, und er muß konsequenterweise auch darauf verzichten, allgemeingültige Regeln des Handelns und Verhaltens aufzustellen. Der moralische Relativismus ist in Platos Augen mindestens ebenso bedenklich wie der erkenntnistheoretische. Die Überwindung des Relativismus erfolgt in beiden Fällen in derselben Weise, nämlich unter dem Gesichtspunkt der Allgemeingültigkeit. Plato ging davon aus, daß es nicht nur im theoretischen, sondern auch im praktischen Bereich Urteile gibt, die ausnahmslos gültig sind und die daher nicht von der Erfahrung abhängen können, weil empirische Urteile bestenfalls induktiv verallgemeinert werden können, aber nie streng allgemeingültig sind. Daher können die Werturteile, auf denen Moral und Recht beruhen, nicht von empirischen Faktoren abhängen und auf Konventionen bzw. auf Gewohnheit beruhen, sondern sie müssen unabhängig von Lust und Unlust, von Nutzen und Nachteil, von Übereinkunft und Herkommen sein, weil sie andernfalls nicht streng allgemeingültig sein könnten. Plato sah, daß der Utilitarismus letzten Endes in eine subjektivistische Auffassung mündet: Wenn der Nutzen zum Kriterium der Bewertung von Handlungen gemacht wird, muß angegeben werden, was „nützlich" heißen soll; dabei kann man nicht umhin, auf subjektive Interessen Bezug zu nehmen: „Nützlich" heißt, was unseren Interessen entgegenkommt. Die Interessen der Individuen wie der Gesellschaft sind aber von Fall zu Fall verschieden und sie ändern sich im Verlauf der Zeit, so daß nicht ein für allemal gesagt werden kann, was als nützlich gelten soll. Der Utilitarismus hat also die von Plato bekämpften relativistischen Konsequenzen. Daher muß es seiner Ansicht nach objektive Werte und letzten Endes einen letzten absoluten Wertmaßstab geben, nämlich die Idee des Guten. Plato suchte mit einem Wort zu zeigen, daß allgemeingültige normative Sätze auf Einsicht in ideale Werte beruhen.

Gegen Platos Annahme, daß vernünftig erkannt werden könne, was gut ist, könnte sich allerdings das Bedenken erheben, daß dann alle Menschen dasselbe für gut und dasselbe für schlecht erklären müßten, während doch die Erfahrung zeigt, daß die Wertungen von Fall zu Fall, von Epoche zu Epoche, von Volk zu Volk oft beträchtlich voneinander abweichen. Plato übersah diesen Umstand nicht, er meinte ihn aber befriedigend mit Hilfe der Annahme erklären zu können, daß die vernünftige Einsicht in das Wesen des Guten zwar an sich unabhängig von konkreten Verhältnissen der Zeit und des Ortes sei, aber durch Triebe und Gefühle ähnlich beeinträchtigt werde wie die theoretische Einsicht durch die Bilder der Einbildungskraft. In beiden Fällen kommt es darauf an, die Vernunft von störenden Einflüssen unabhängig zu machen, um zur Wahrheit vorzudringen.

Plato machte aber zugunsten seiner Auffassung auch geltend, daß die Gegenposition gar nicht aufrechterhalten werden kann. Behauptet man, daß Wertungen immer von Trieben abhängen bzw. daß „gut" als „lustbringend" bestimmt werden muß, dann übersieht man, daß von „gut" nicht nur mit Bezug auf die momentane Lust und Unlust gesprochen wird, sondern auch im Hinblick auf Mittel zur Erlangung künftiger Lust und Unlust. Man muß also über die aktualen Lust- und Unlustgefühle hinausgehen und zwischen gegenwärtiger und erwarteter künftiger Lust bzw. Unlust abwägen. Bei diesem Lust-Unlust-Kalkül handelt es sich um eine Art Messen, somit um eine Erkenntnis bzw. um eine Verstandesleistung, die nicht dem Bereich der Gefühle, also auch nicht dem Bereich der bloßen Lust und Unlust, angehört. Dies gilt für Wertungen im allgemeinen, besonders aber für moralische Wertungen, wie Plato am Beispiel der Tapferkeit zeigte. Wenn „Tapferkeit" als „berechtigte Furchtlosigkeit in Verbindung mit berechtigter Furcht" definiert wird, dann können Furcht und Furchtlosigkeit nur „berechtigt" heißen, sofern sie auf angemessener Beurteilung der Situation beruhen. Die Tapferkeit ist daher eine Art Wissen, und dasselbe gilt für die Tugend im allgemeinen. Damit ist der Hedonismus, der die Moral auf die Ebene der Triebe und Gefühle beschränken möchte, widerlegt. Allerdings zeigt dies zunächst nur, daß moralische Bewertungen ein Wissen enthalten, und nicht, daß sie wesentlich Wissen sind. Tatsächlich hat Plato schließlich eingeräumt, daß moralische Wertungen nicht rein vernünftig, sondern auch mit dem Streben nach Befriedigung und Glück verbunden sind.

c) Inhaltliche Bestimmung des Guten

Der Weg zur Konkretisierung der Idee des Guten führte Plato zu der Auffassung, daß das Gute das Geordnete sei. (Dieser Ansicht kam entgegen, daß „Ordnung" im Griechischen *kosmos,* „ordentlich" oder „gesittet" *kosmios* heißt.) Die nächste Frage muß dann lauten, um welche Art Ordnung es sich handelt. Die Antwort fällt verschieden aus, je nachdem ob an die Güte der leib-seelischen Person, der menschlichen Seele oder an die Güte der Staatsverfassung gedacht wird. Die Staatsverfassung ist gut, wenn sich die Gemeinschaft im Gleichgewicht befindet, und das heißt bei Plato: wenn die Stände, in die sich die Gesellschaft gliedert, in einem angemessenen Verhältnis zueinander stehen. Der einzelne Mensch ist gut, wenn der Körper der Seele untergeordnet ist, d.h., wenn sich der Mensch nicht von den körperlichen Bedürfnissen und Trieben, sondern von geistigen Motiven leiten läßt. Die Seele selbst ist gut, wenn ihre „Teile" – also Vernunft, Affekt und Begehren – richtig geordnet sind, d.h. wenn die Vernunft über die niederen Vermögen herrscht. Letzten Endes ist der Mensch gut, wenn er sich dem Ideal der Reinheit – im Sinne der Unabhängigkeit des Geistes von der materiellen Wirklichkeit – so weit wie möglich annähert.

Auf die Frage nach der rechten Ordnung der Seele antwortete Plato zunächst mit dem Hinweis auf das Maß, das es zu achten gilt. Im weiteren Verlauf charakterisierte er „maßvoll" als „besonnen", als „gerecht" und schließlich als „fromm", da ihm Frömmigkeit als angemessenes Verhalten gegenüber den Göttern galt: „Tut er [der Besonnene], was sich gebührt gegenüber Menschen, so tut er das Gerechte; tut er es gegenüber den Göttern, so tut er das Fromme."[45]

Sofern das Gute in einer bestimmten Ordnung, d.h. in gewissen Beziehungen, besteht, scheint es als Gegenstand vernünftiger Einsicht bestimmt werden zu müssen. Obwohl Plato dazu neigte, die Tugend als eine Art Wissen aufzufassen, konnte er auf die Dauer den Aspekt der Befriedigung, der zum Guten gehört, nicht außer acht lassen. In seiner Spätzeit versuchte er deshalb, das Verhältnis zwischen dem Guten und der Lust bzw. der Glückseligkeit in neuer Weise zu bestimmen, um die ursprüngliche schroffe Gegenüberstellung von Streben nach dem Guten und Glücksverlangen zu überwinden. Das Gute erschien ihm nun als etwas, das sich weder auf Lust noch auf Vernunfteinsicht allein zurückführen läßt, sondern mit beidem zu tun hat, allerdings bald der Lust, bald der Einsicht näher steht.[46] Bestünde es ausschließlich in der Lust, dann wäre es auf nichts anderes, also auch nicht auf Einsicht, angewiesen; beruhte es ausschließlich auf vernünftiger Einsicht, dann könnte es nicht mit Befriedigung oder Freude verbunden sein. Weder bloße Lust noch bloße Vernunfteinsicht sind jedoch im vollen Sinne gut. Eine Lust ohne erkenntnismäßige Komponente wäre ein völlig unreflektiertes Gefühl, ohne Erinnerung an Vergangenes und ohne Erwartung von Künftigem. Eine sozusagen punktuelle Lustempfindung ohne Beziehung auf vergangene Erlebnisse und auf künftige Folgen kann nicht als wünschenswert gelten;[47] ein Wesen, das auf sie beschränkt wäre, würde „nicht ein menschliches Leben leben, sondern das Leben eines Polypen oder eines Schalentieres, wie man sie im Meere findet". Umgekehrt wäre auch vernünftige Einsicht ohne alle Befriedigung nichts Wünschenswertes. In diesem Sinne stellt Plato die rhetorische Frage: „Ob wohl einer von uns so leben möchte, daß er zwar alle Einsicht und Vernunft und Wissenschaft und Erinnerung von allem hätte, Lust aber weder viel noch wenig genösse und ebensowenig Unlust, sondern für dieses alles ganz unempfänglich wäre?"[48]

Es genügt jedoch nicht, das Gute in einer Verbindung von vernünftiger Einsicht und Lust zu erblicken; da nicht jede beliebige Lust in Betracht kommt, muß gesagt werden, um welche Art Lust es sich handeln soll. Plato berücksichtigte vor allem die höhere Lust, die dem Geist eigentümlich ist und die sich mit der vernünftigen Erkenntnis verbindet, ohne jedoch so weit gehen zu wollen, organisch bedingte Lust-Empfindungen schlechthin auszuschließen: Auch sie können eine Rolle spielen, wenn sie die Gesundheit nicht gefährden und die Besonnenheit nicht beeinträchtigen; darüber hinaus ist es wünschenswert, daß sie dem Streben nach Tugend entgegenkommen.[49]

Das Gute stellt sich dem alten Plato demnach als Synthese von vernünftiger Einsicht und Lust dar, bei der sich diese Komponenten im richtigen Maß verbinden. Sofern das Gute auf der Harmonie mehrerer Komponenten beruht, steht es dem Schönen nahe, ohne jedoch in ihm aufzugehen. Das Gute weist somit (a) einen normativen Aspekt auf, ausgedrückt durch die Auffassung der Idee als Maß; (b) es ist nicht möglich ohne Einsicht in das Wesen des Guten selbst und ohne die Erkenntnis des Zusammenhangs von Zwecken und Mitteln, einschließlich empirischer Umstände; (c) es enthält eine ästhetische Komponente, sofern es durch die Symmetrie der beteiligten Faktoren bestimmt ist; und ihm eignet (d) eine emotionale Komponente, die dafür verantwortlich ist, daß es beglückt. Da die ersten drei Komponenten auf die Seite der Vernunft gehören, steht das Gute der Vernunft näher als der Empfindung. Dennoch zeigt sich in Platos Bestreben, eine Ethik zu konzipieren, die auch dem Glücksverlangen des Menschen Rechnung trägt, eine Tendenz zur Vermittlung zwischen einer asketischen Einstellung pythagoreischer Herkunft und einer Glückseligkeitsmoral, die jedoch weit von einer Ethik auf der Grundlage des Lust-Prinzips entfernt ist. Das Gute wird vernünftig erkannt und äußert sich als sittliche Schönheit; zugleich bietet eine an der Idee des Guten orientierte Praxis die Gewähr größtmöglicher Befriedigung.

7. Rechts- und Staatslehre

Solange das Gute nur formal – als einsichtige Idee, als Harmonie, als „Mischung" aus Wahrheit, Schönheit und Glückseligkeit – charakterisiert wird, besteht keine Möglichkeit, von der Idee des Guten aus zu bestimmten praktischen Anweisungen zu gelangen. Plato wollte aber Normen für den sittlichen und den rechtlichen Bereich aufstellen, und deshalb sah er sich gezwungen, der Idee des Guten einen konkreteren Inhalt zu geben. Dabei hat er das Gute nicht nur, wie angedeutet, im Sinne der Rationalisierung der Lebensführung, in der er einen Weg zur Läuterung erblickte, sondern auch dadurch charakterisiert, daß er es mit einem bestimmten Gerechtigkeitsideal verband. Die entsprechenden Überlegungen sind für seine praktische Philosophie wesentlich, da unabhängig von ihnen die Grundlegung der Tugendlehre nicht möglich wäre.

Die Frage nach dem Wesen der Gerechtigkeit als beherrschendes Thema der Rechts- und Staatsphilosophie wird bereits im ersten Buch des „Staates" („Politeia") aufgenommen, und zwar im Zusammenhang der Auseinandersetzung mit der vom Sophisten Thrasymachus vertretenen (oder ihm von Plato aus polemischen Gründen zugeschriebenen) These, daß gerecht sei, was dem Stärkeren nütze. Hier wird nicht an beliebige Personen zu denken sein, sondern an die Mächtigen im Staate, also an die Inhaber der Regierungsgewalt, und obwohl Plato den Eindruck erwecken möchte, als habe Thrasymachus deren persönlichen Vorteil im Auge, könnte es sich in Wirklichkeit um die Auffassung gehandelt haben, daß die Gesetzgebung nicht dem Regenten, sondern der Regierung – genauer: der jeweiligen Regierungsform – nütze. Seine These würde demgemäß besagen, daß in der Demokratie Gesetze gegeben werden, die die demokratische Verfassung stützen, in der Tyrannis Gesetze, die das tyrannische Regime festigen usw.

Die vorgeschlagene Bestimmung des Guten als desjenigen, was im Interesse des Mächtigen liegt, erweist sich, wie Plato zu zeigen bemüht ist, als ergänzungsbedürftig: Wenn jemand auf Grund eines bestimmten Interesses Gesetze erläßt, muß das Interesse erkannt sein, so daß man die Gerechtigkeit nicht unabhängig von jeglicher Erkenntnis als Zuträglichkeit bestimmen kann. Außerdem gab Plato zu bedenken, daß von „Regierungskunst" nur gesprochen werden könne, wenn damit eine Art des Handelns gemeint sei, die auf den Vorteil der Regierten, nicht den der Regierenden, gerichtet ist. Dies ergibt sich daraus, daß, wie Plato überzeugt war, jede wahrhafte Kunst (im Sinne des entsprechenden griechischen Wortes „téchne") in erster Linie im Interesse anderer, nicht aus Eigeninteresse, ausgeübt wird. So dient zum Beispiel die Heilkunst dem Kranken, nicht dem Arzt. Auf Grund dieser Auffassung von „Kunst" hat auch die Regierungskunst als Tätigkeit zu gelten, die um der Regierten willen ausgeübt wird. Wer Gesetze in seinem eigenen Interesse und ohne Rücksicht auf die Interessen der Regierten, oder gar gegen deren Interessen, erläßt, kann daher kein „wahrer" Regent sein. Ob allerdings auf diese Weise die Auffassung des Sophisten widerlegt werden kann, ist zweifelhaft, da es diesem nicht um die Frage geht, was aus der Bedeutung des Ausdrucks „Kunst" folgt, sondern darum, welche Motive die Regierenden veranlassen, bestimmte Gesetze zu geben. Als das entscheidende Motiv betrachtete Thrasymachus den Nutzen des auf einer bestimmten Verfassung beruhenden Staates. Die Gesetze sind seiner Ansicht nach unter dem Gesichtspunkt ihres Verhältnisses zu den Verfassungsprinzipien zu beurteilen.[50] Sollte dies seine Auffassung gewesen sein, dann hätte sie nicht die herbe Kritik verdient, die Plato übte.

In der Sprache unserer Zeit besagt die von Plato erörterte Auffassung, daß es keine vom positiven Recht unabhängige Norm der Gerechtigkeit gibt. Thrasymachus wäre demgemäß als Rechtspositivist zu bezeichnen. Gleichzeitig war er überzeugt, daß in der Rechtspolitik stets egoistische Motive den Ausschlag geben. Unterstellt man, daß es sich nicht so sehr um Individual-, als vielmehr um Kollektiv-Interessen handelt, dann ergibt sich eine Position, die gewissen rechtspositivistischen Auffassungen der Neuzeit durchaus nahesteht.

Plato kritisierte die sophistische Position (oder das, was er für die Position der Sophisten ausgab), um durch die

Kritik den Boden freizumachen, auf dem er die Fundamente seiner eigenen Lehre vom Wesen der Gerechtigkeit legen konnte. Dabei ist zu beachten, daß der Ausdruck „gerecht" je nach dem Zusammenhang, dem er angehört, verschiedene Bedeutungen annimmt.

(a) So ist die Gesellschaftsordnung gerecht, wenn die Stände – nämlich der Stand der Regierenden, der Stand der Krieger und Sicherheitsorgane (die „Wächter"), der Stand der Arbeiter – im richtigen Verhältnis zueinander stehen, und das ist nach Plato der Fall, wenn die Angehörigen der jeweils niedrigeren Stände sich den höheren unterordnen und nicht versuchen, die Standesgrenzen aufzuheben;

(b) von einem Individuum wird gesagt, es handle gerecht, wenn es sich der sozialen Ordnung fügt, die Aufgaben seines Standes erfüllt und die gesellschaftliche Hierarchie anerkennt;

(c) das Individuum selbst heißt gerecht, wenn die Teile seiner Seele – nämlich der vernünftige, der affektive und der triebhafte Seelenteil – sich so zueinander verhalten, daß die niedrigeren den höheren untergeordnet sind. Das Verhältnis der Seelenteile entspricht dem Verhältnis der Stände im Staate. Berücksichtigt man, daß den Seelenteilen die Kardinaltugenden der Weisheit, der Tapferkeit und der Mäßigkeit zugeordnet sind, dann stellen sich die Zusammenhänge folgendermaßen dar:

Stände	Tugenden	Seelenteile
Regierende (archontes, Philosophenkönige)	Weisheit	Vernunft
Wächter (phylakes)	Tapferkeit	Schicht der Affekte
Arbeiter (demiourgoí)	Besonnenheit bzw. Mäßigkeit im Verhältnis der Stände	Triebschicht

Die Gerechtigkeit als persönliche wie als politische Tugend ist keine Tugend neben den anderen, sondern sie besteht im richtigen Verhältnis sei es der Seelenteile, sei es der Stände. Was hier „richtig" heißt, wird von Plato nicht mehr gerechtfertigt, sondern als unmittelbar einsichtig vorausgesetzt.

Wenn Plato vom Staat spricht, dachte er natürlich an den Stadtstaat seiner Zeit, die Polis, an deren ständische Gliederung er anknüpfte. Daß es Sklaven gibt, die keinen Stand bilden, sondern Eigentum ihrer Herren sind, betrachtete er als selbstverständlich. Obwohl er die Einordnung ins Gefüge der staatlichen Gemeinschaft forderte, war er nicht der Meinung, daß die Einzelnen nur um des Staates willen da seien; der Staat hat in seinen Augen die Aufgabe, den Bürgern ein erfülltes Leben zu ermöglichen, wenn auch nicht allen in demselben Maße, da die Angehörigen der niedrigeren Stände geringere Ansprüche haben als die der höheren.

Der Staat, von dessen Ordnung hier gesprochen wird, ist offensichtlich nicht ein vorhandenes Gebilde, sondern ein Ideal, von dem Plato meinte, daß es von einem geeigneten Machthaber (wie er ihn in der Person Dionysius' des Jüngeren von Syrakus zeitweise gefunden zu haben glaubte) verwirklicht werden sollte. Historischer Hintergrund der Konstruktion des idealen Staates ist eine Situation, die Plato als tiefgreifende Krise nicht nur der Gesellschaft, sondern der gesamten Kultur betrachtete. Wenn, wie er meinte, sich die traditionellen Bindungen auflösen, dann muß versucht werden, an die Stelle der alten, zerfallenden Ordnung eine neue zu setzen. Da die herkömmliche, geschichtlich gewachsene Ordnung ihre prägende Kraft verloren hat, kann die neue Ordnung nur das Ergebnis vernünftiger Planung sein. Offenbar erfordert die Etablierung einer neuen politisch-moralischen Staatsordnung Menschen mit hinreichender Kompetenz und hinreichender Macht, die sie entwerfen und realisieren. Sie sollen, wie Plato erklärte, einerseits Philosophen (im weiten, einzelwissenschaftliche Erkenntnis einschließenden Sinn), andererseits Könige sein. Ihnen wird diktatorische Gewalt zugebilligt, deren Ausübung jedoch an das als richtig Erkannte gebunden sein soll. Die Überlegenheit der Philosophen-Könige beruht darauf, daß sie die Gesetze erkennen, denen die Wirklichkeit – insbesondere die soziale Wirklichkeit – unterworfen ist. Nur von solchen durch überlegene Erkenntnis qualifizierten Herrschern ist eine Besserung der Verhältnisse zu erwarten: „Wenn nicht ... entweder die Philosophen Könige werden in den Staaten oder die jetzt so genannten Könige und Gewalthaber wahrhaft und gründlich philosophieren und also dieses beides zusammenfällt, die Staatsgewalt und die Philosophie ..., dann gibt es keine Erholung vom Übel für die Staaten ..."[51]

Demgemäß soll die Ausbildung des Nachwuchses der Herrschaftsschicht vor allem auf die Vermittlung des erforderlichen Wissens gerichtet sein, wobei Mathematik und Philosophie, insbesondere die Ideenlehre, das Fundament bilden. Die angehenden Regenten werden zunächst zusammen mit dem Nachwuchs des Wächterstandes in Musik und Gymnastik ausgebildet, später werden sie gesondert in das wesentliche Herrschaftswissen eingeweiht. So soll eine Geistesaristokratie entstehen, die ein teils dem Studium, teils den Regierungsgeschäften gewidmetes Leben führt.

Die Erziehung der Krieger oder Wächter, denen die Aufrechterhaltung der Staatsordnung nach außen und innen obliegt, ist in erster Linie auf militärische Disziplin und kriegerische Tüchtigkeit gerichtet. Damit die Wächter sich ganz ihren Aufgaben widmen können, sollen sie keinen Privatbesitz haben, unverheiratet sein, aber nicht zölibatär leben. Platos Forderung der Frauengemeinschaft ist jenes Element seiner Staatslehre, das am häufigsten Anstoß erregte. Folgerichtig forderte Plato die gemeinschaftliche Erziehung der Kinder, wie er auch davon ausging, daß den Frauen dieselbe Erziehung zuteil werden solle wie den Männern, da sie zum Schutz des Staates ebenso befähigt sind wie die Männer.

Die Philosophen-Könige sollen in ihren Entscheidungen frei sein, d.h. unabhängig von den bestehenden Gesetzen ihrer Einsicht folgen. Den Regierten, denen das höchste Wissen vorenthalten wird, vermitteln sie den Glauben, daß die Zugehörigkeit zum jeweiligen Stand gottgewollt sei.

Was mit dem Staatszweck nicht vereinbar ist, verfällt der Ablehnung. Besonders auffallend ist, daß unter diesem Gesichtspunkt die Dichtung aus dem vollkommenen Staatswesen verbannt wird. Dies wird durch den Gedanken gerechtfertigt, daß die Dichtung Verhältnisse der Erfahrungswelt, die nur Abbilder der Ideen sind, nachahmt und somit Abbild eines Abbildes ist. Als solches entbehrt sie der Wahrheit. Außerdem gibt Plato zu bedenken, daß die Dichtung die niederen Seelenteile, und nicht die Vernunft, anspricht. Man empfindet zum Beispiel Mitleid mit einem tragischen Helden, der sein Los beklagt, während man selbst sich schämen würde, in ähnlicher Lage in laute Klagen auszubrechen. Ähnlich verhält es sich mit den Affekten, die die Komödie weckt: Man lacht über Dinge, die zu tun man unter seiner Würde finden würde. Daher forderte Plato, „daß im Staat nur der Teil der Dichtkunst zuzulassen sei, der Hymnen an die Götter und Preislieder auf hervorragende Männer hervorbringt". Alle anderen Gattungen der Dichtung führen dazu, daß „Lust und Unlust im Staate das Regiment führen statt des Gesetzes".[52]

In den „Gesetzen", vermutlich Platos letztem Werk, werden manche früher aufgestellte Thesen abgeschwächt – namentlich was die Frauengemeinschaft und die Aufhebung des Privateigentums anbelangt. Die Forderung strikter Trennung der Stände wird aufgegeben, gleichzeitig aber werden schärfere Maßnahmen obrigkeitlicher Kontrolle empfohlen. Das Privatleben wird strengen Kontrollen unterworfen, und die Kultur soll einer durchgängigen Zensur unterliegen. Neben den anderen Staatsorganen soll ein höchstes, völlig unabhängiges Kontrollorgan eingerichtet werden – die „nächtliche Versammlung" –, die alle gesellschaftlichen Bereiche im Hinblick auf die wesentlichen Staatsziele überwacht, selbst aber keiner Kontrolle mehr unterliegt. Obwohl Plato betonte, daß die Mitglieder dieses Rates über höchste sittliche Einsicht verfügen müßten – sie sollen nicht nur die Kardinaltugenden kennen und befolgen, sondern stets das Wesen der Tugend als solcher vor Augen haben –, wird hier doch unverhohlen die Errichtung eines diktatorischen Überwachungsstaates gefordert – wenn auch mit moralischer Motivation.

Auch der weltanschauliche Bereich soll streng reglementiert werden. Die Religionsgesetzgebung, die an Strenge kaum zu überbieten ist, geht von der Voraussetzung aus, daß der Atheismus und die Meinung, die Götter kümmerten sich nicht um die Menschen, staatsgefährdend sind. Nur die vom Staat anerkannte Religion sollte erlaubt, jeder andere Kultus sollte unterbunden werden. Für die Übertretung dieser Vorschriften sind drakonische Strafen bis hin zur Todesstrafe und zur Verweigerung der Bestattung vorgesehen. Bei Verstößen gegen die Religionsgesetze sollte uneingeschränkte, auch für Angehörige geltende Anzeigepflicht bestehen. Die Einzelheiten des Kultus scheint Plato ins Belieben des Gesetzgebers gestellt zu haben; daß die Religion überhaupt notwendig sei, glaubte er jedoch mit philosophischen Mitteln zeigen zu können. Auch gewisse philosophische Auffassungen, wie die der Sophisten, die Plato für gefährlich hielt, wollte er unterdrückt sehen. Platos Staatslehre bietet somit das erste Beispiel eines Versuchs, unter Berufung auf bestimmte Ziele ein alle wichtigen Lebensbereiche regelndes und kontrollierendes absolutistisches Regime zu rechtfertigen, das die Freiheit der Staatsangehörigen gewissen als sittlich deklarierten Zielen opfert.

Ausführlich erörterte Plato die Frage, ob nicht ein Herrscher, der im Besitz vollkommener Einsicht ist, unabhängig von Gesetzen und unter Umständen gegen die herkömmlichen Gesetze das durchsetzen solle, was er als das Beste erkennt – auch gegen den Widerstand der uneinsichtigen Masse und der Rechtstraditionen.⁵³ Er war überzeugt, daß die Einsicht ins Wesen der Gerechtigkeit Vorrang vor dem positiven Recht haben müßte. Wenn jemand imstande ist, in jedem Fall die Gerechtigkeit vollkommen zur Geltung zu bringen, dann wäre es verfehlt, ihn an Gesetze zu binden. Im Idealfall würden die der vernünftigen Einsicht des Herrschers entsprungenen Gesetze von den Bürgern auch aus Einsicht befolgt, so daß es keiner Strafandrohungen bedürfte. Dies ist jedoch, wie Plato sah, allenfalls in kleinen Gemeinschaften zu erreichen; in einem größeren Staatswesen sind gesetzliche Regelungen unvermeidlich, da es hier immer Menschen geben wird, die unfähig sind, die Richtigkeit von Gesetzen einzusehen und sie aus vernünftigen Gründen zu achten. Deshalb sind mit Bezug auf die große Menge Gesetze mit Strafandrohung für den Übertretungsfall unumgänglich, obwohl dies nicht der Idealfall, sondern nur die zweitbeste Lösung ist.

Ein wichtiges Kapitel der Platonischen Staatsphilosophie ist die Verfassungslehre, die durch die Unterscheidung von guten und schlechten Verfassungen charakterisiert ist. Gut sind Verfassungen, die die Achtung der Gesetze zum Prinzip haben, wobei die Regierungsgewalt bei einem einzigen (Königtum), bei einer kleinen Zahl (Aristokratie) oder bei der Volksmenge liegen kann (Demokratie). Negativ sind alle Verfassungen, die nicht auf dem Prinzip der Allgemeinverbindlichkeit der Gesetze beruhen. Je nachdem, ob ein einziger, einige oder alle vom Gesetzesgehorsam ausgenommen sind, ergeben sich die Staatsformen der Tyrannis, der Oligarchie und der Demokratie im negativen Sinn (als Herrschaft der Massen).

Obwohl Plato im idealen Staat ein prinzipiell erreichbares Ziel erblickte, vertrat er keinen Fortschrittsoptimismus, sondern war im Gegenteil überzeugt, daß jede positive Verfassung im Verlauf der Zeit entarten müsse, „weil allem Entstandenen doch der Untergang beschieden ist".⁵⁴ So geht seiner Ansicht nach die Aristokratie infolge des Besitzstrebens in eine Verfassung über, bei der das Streben nach Ansehen und Besitz den Ausschlag gibt (Timokratie). Wenn die Bewertung der Staatsbürger nach dem Vermögen zum Verfassungsprinzip erhoben wird und die Reichen herrschen, die Armen aber von der Herrschaft ausgeschlossen sind, entsteht die Oligarchie, die durch schrankenloses Streben nach Gewinn und durch Vernachlässigung der Tugend charakterisiert ist. Daher wird unter den Bedingungen einer solchen Verfassung die Erziehung vernachlässigt, die Jugend wird untüchtig, und wegen der Duldung von Verschwendung und Untätigkeit geraten immer mehr Menschen in Armut. Die Folge sind gesellschaftliche Spannungen und Revolutionen, bei denen sich die große Masse der Staatsgewalt bemächtigt: Die Demokratie gibt zunächst allen Freiheit, auch die Freiheit, sich von der Politik zu distanzieren, nach Belieben den Wehrdienst zu verweigern und sich den Konsequenzen von Gerichtsurteilen zu entziehen; die für sie typische Haltung stellt somit das Gegenteil jener Einstellung dar, die Plato für den idealen Staat forderte. Die uneingeschränkte Permissivität führt schließlich zum Umschlag ins andere Extrem, nämlich in die Tyrannei. Bei dieser Entwicklung spielt der Umstand eine wichtige Rolle, daß es unter demokratischen Bedingungen Demagogen leichtfällt, die Massen gegen die Vermögenden aufzubringen, Enteignungen zu veranlassen und das Vermögen aufzuteilen, um auf diese Weise den Pöbel an sich zu binden. Gelingt es einem solchen Demagogen, sich zum Parteiführer aufzuschwingen, dann ist die Tyrannis etabliert.[55]

Platos politische Philosophie beruht auf dem Gedanken, daß im All das Ganze Vorrang gegenüber dem Teil habe. Da Plato in der staatlichen Rechtsordnung ein Abbild der Ordnung des Alls erblickte, nahm er auch für sie den Vorrang des Ganzen in Anspruch: die Gemeinschaft und ihre wesentlichen Anliegen haben Vorrang vor dem Einzelnen und seinen Interessen. So betonte Plato, „daß von dem Wesen, das für das All Sorge trägt, alles in bezug auf die Erhaltung und Vervollkommnung des Ganzen so angeordnet wurde, daß jeder Teil nach seinem Vermögen erleidet oder bewirkt, was ihm gebührt"[56]. Da jeder Einzelne Teil des Ganzen ist, ist er in allem, was er tut, stets auf das Ganze bezogen, auch wenn ihm das verborgen bleibt. Erkennt man das Verhältnis von Einzelnem und Ganzem, dann sieht man auch ein, daß der Einzelne um des Ganzen willen da ist und handeln soll. Was für das Ganze das Beste ist, muß auch das Beste für jeden Teil des Ganzen sein, eben weil er als Teil dem Ganzen zugehörig ist.

Die Anwendung auf die Gemeinschaft liegt auf der Hand: Wenn der Einzelne einsieht, worin das Wohl des Ganzen besteht, und wenn er sich dem Ganzen zugehörig fühlt, dann wird er sein Interesse dem Gemeinschaftsinteresse unterordnen. Andernfalls befindet er sich auf einem Irrweg, und es ist nötig, ihn durch geeignete Maßnahmen zu einem gemeinschaftskonformen Verhalten zu veranlassen. Der Zwangs- und Überwachungsstaat scheint damit legitimiert zu sein.

Die Überzeugung, daß es ein Recht gibt, das unabhängig von der positiven Gesetzgebung besteht und von einigen hervorragenden Individuen eingesehen werden kann, teilt Plato mit allen Vertretern der Lehre vom Vernunftrecht, beginnend mit Heraklit bis zu gewissen Rechts- und Staatsphilosophen unseres Jahrhunderts. Diese Lehre beeindruckt durch ihren Gegensatz zu allen subjektivistischen und relativistischen Rechtsauffassungen, denen zufolge das Recht stets konventionellen Charakter hat und auf historisch bedingten Nützlichkeitsüberlegungen beruht. Mit dem Glauben an eine überpositive, von den jeweiligen geschichtlichen Umständen unabhängige Gerechtigkeit wird die staatliche Gesetzgebung Bedingungen unterworfen, die ihren Mißbrauch einzuschränken geeignet sind. Den positiven Auswirkungen des Glaubens an ein natürliches, vernünftig erkennbares Recht stehen jedoch negative Aspekte dieser Auffassung gegenüber, die die Vorteile aufwiegen. Vor allem ist zu bedenken, daß mit ihren Mitteln der Anspruch der vorgeblich Einsichtigen, ihre theoretischen und praktischen Überzeugungen allen anderen Menschen aufzwingen zu können, eine scheinbare Rechtfertigung erfahren kann. Ist eine auf vermeintlicher Vernunfteinsicht in das Wahre und Richtige beruhende Herrschaft erst einmal errichtet, wird eine immanente Kritik unmöglich. Auf die Frage, wer darüber entscheidet, was vernünftige Einsicht ist und was nicht, wird geantwortet: der Einsichtige selbst – das heißt der, welcher sich für einsichtig hält oder von anderen für einsichtig gehalten wird. Die Überzeugung der vermeintlich Einsichtigen von der unbedingten Richtigkeit ihrer Urteile ist der letzte Maßstab, gegen den nicht mehr an eine andere Instanz appelliert werden kann. Daß die Lehre vom Vernunftrecht dazu dienen kann, den Totalitarismus zu rechtfertigen, zeigt im übrigen nicht nur das Beispiel Platos. Anstatt auf Ideenschau hat man sich mit dem gleichen Effekt bald auf göttliche Offenbarung, bald auf die „wissenschaftliche" Erkenntnis eherner Gesetze der gesellschaftlichen Entwicklung berufen, um den absoluten Anspruch eines einzigen oder einer Gruppe von Menschen – etwa einer Partei-Elite – zu begründen, uneingeschränkt über Menschen zu herrschen, denen das wesentliche Wissen abgesprochen wird.[57]

Letzten Endes beruht die Idee eines vernünftig einzusehenden natürlichen Rechts auf der Annahme, daß gewisse allgemeine Gerechtigkeitsprinzipien ihren Grund in der Natur selbst haben. In diesem Sinne nahm auch Plato an, daß die Rechtsordnung die Ordnung der Natur abzubilden habe. Die Ordnung der Natur und die gesellschaftliche Ordnung sind einander nach Plato insofern ähnlich, als auch die Natur eine Art Gemeinschaft darstellt: „Die Weisen behaupten ..., daß auch Himmel und Erde, Götter und Menschen nur durch Gemeinschaft bestehen und durch Freundschaft und Schicklichkeit und Besonnenheit und Gerechtigkeit, und betrachten deshalb ... die Welt als ein Ganzes und Geordnetes."[58] Diese metaphorische Redeweise gibt einen Hinweis auf die Art, in der die Annahme einer vernünftigen Wirklichkeitsordnung zustande kommt, nämlich durch Projektion von Zügen der gesellschaftlichen Ordnung auf die Natur. Indem diese Züge anschließend wieder auf die menschliche Gemeinschaft zurückprojiziert werden, läßt sich die kosmische Ordnung zum Maßstab der menschlichen erklären. Dieses Verhältnis von Projektion und Rückprojektion ist typisch für alle Versuche, sittliche und rechtliche Normen aus dem „Wesen" der Wirklichkeit abzuleiten.

8. Die Lehre von den ersten Prinzipien

Wie bereits gezeigt, zeichnet sich im „Timäus" deutlich die Tendenz ab, das Weltbild zu mathematisieren. Die Mathematisierung scheint aber in dem genannten Werk nicht konsequent durchgeführt zu sein. Wenn nämlich angenommen wird, daß alle körperlichen Formen aus Flächen und letzten Endes aus den „schönsten Dreiecken" bestehen, dann kann gefragt werden, warum Plato nicht weiterging und die Flächen aus Geraden und schließlich die Geraden aus Punkten zusammengesetzt dachte. Der „Timäus" bietet keine Anhaltspunkte für die Beantwortung dieser Frage, die jedoch so naheliegend ist, daß man vermuten kann, daß sich der Versuch der Mathematisierung nicht in dem erschöpft, was im Dialog gesagt wird. Ähnlich verhält es sich mit anderen Problemen, auf die in Platos Werken hingewiesen wird: Man fühlt sich versucht anzunehmen, daß Plato über Theorien verfügte, die in seinen Schriften nicht entwickelt werden. Daneben gibt es teils in den Platonischen Dialogen, teils in der Überlieferung inhaltliche Hinweise auf das Vorhandensein einer ungeschriebenen Lehre, deren Umrisse in den letzten Jahrzehnten immer deutlicher zutage getreten sind, ohne daß in allen Einzelheiten Klarheit gewonnen werden konnte.[59]

Im Falle geometrischer Gebilde, wo sich Körper aus Flächen, Flächen aus Strecken und Strecken aus Punkten aufgebaut denken lassen, stellen die Punkte die letzten Einheiten dar. Die geometrischen Punkte sind zwar nichts Räumliches mehr, aber sie sind durch ihre Lage im Raume bestimmt. Begreift man eine Strecke als Mannigfaltigkeit von Punkten, dann müssen Punkte in ihrem Nebeneinander angenommen und zugleich zur Einheit der Strecke verbunden sein. Einheit und Vielheit sind somit die formalen Aspekte, unter denen Strecken, Flächen und Körper zu betrachten sind.

Geometrische Gebilde lassen sich beliebig vergrößern oder verkleinern, ohne daß die Einheit ihrer Form verloren ginge. So bleibt z.B. die Form des Kreises dieselbe, wenn man den Radius größer oder kleiner macht. Eine Strecke kann ins unendliche verlängert bzw. vervielfacht werden, und sie kann ins unendliche geteilt werden. Auf diesen Aspekt bezog sich Plato mit dem Ausdruck „Groß-und-Kleines", der sich zum Aspekt der Einheit komplementär verhält: Während die Struktur das Moment der Einheit darstellt, hat es die Größe mit dem Moment der Vielheit zu tun.

Den Punkten als Elementen geometrischer Vielheiten lassen sich Zahlen zuordnen, die als Vielfache der Eins aufgefaßt werden können. Die arithmetische Eins unterscheidet sich jedoch insofern vom Punkt, als sie keine Lage im Raume hat. Da der Punkt eine Einheit innerhalb räumlicher Beziehungen ist, die Eins dagegen nicht in räumlichen Beziehungen steht, ist sie in allgemeinerem Sinne Einheit als der Punkt. Die Zahlenreihe entsteht durch Vervielfältigung der Eins. Die Zahlen als Vielfache der Eins sind, analog den Linien in der Geometrie, Einheiten in der Vielheit. In diesem Sinne stellte Plato der Einheit die „unbestimmte Zweiheit" gegenüber, wobei die Zwei als die erste Vielheit die Vielheit überhaupt vertritt. Ähnlich wie in der Geometrie stehen somit in der Arithmetik die Einheit und die vermehrungs- und verminderungsfähige Vielheit einander als Prinzipien, die sich gegenseitig erfordern, gegenüber.

Der Zusammenhang von Geometrie und Arithmetik tritt deutlich in der Proportionen-Lehre zutage: Auf Grund der natürlichen Zahlen lassen sich Verhältnisse formulieren, die entweder kommensurabel oder inkommensurabel sind, d.h. kein gemeinsames Maß haben. Die ersteren sind im einfachsten Fall linear kommensurabel (z.B. 2 : 4), und hier lassen sich die Zahlenverhältnisse durch Verhältnisse von Linien ausdrücken, die ein gemeinsames Maß haben. Manche Zahlenverhältnisse sind quadriert kommensurabel, d.h. nicht sie selbst, sondern ihre Quadrate haben ein gemeinsames Maß. (So sind die Seite eines Quadrats mit gegebener Fläche und die Seite eines Quadrats mit der doppelten Fläche des ersteren linear inkommensurabel, während die über diesen Seiten errichteten Quadrate kommensurabel sind. Numerisch ausgedrückt, handelt es sich um das Verhältnis $a : a\sqrt{2}$.) Schließlich gibt es kubiert kommensurable Verhältnisse, z.B. das Verhältnis zwischen der Seite eines Würfels mit gegebenem Rauminhalt und der Seite eines Würfels von doppeltem Rauminhalt. Demgemäß lassen sich den Punkten natürliche Zahlen, linear kommensurablen Flächen Linien, quadriert kommensurablen Verhältnissen Flächen und kubiert kommensurablen Verhältnissen Körper als „Maß" zuordnen. Den Verhältnissen, die in keiner Weise kommensurabel sind, entspricht die unbestimmte Vielheit, das reine Mehr-Weniger.[60] Während im „Timäus" bei den „schönsten Dreiecken" stehengeblieben wird, zeichnet sich somit in der ungeschriebenen Lehre eine radikalere Mathematisierung ab. Zugleich kommt die Bedeutung der fundamentalen Kategorien zum Vorschein, die Plato im „Parmenides" und im „Sophistes" erörterte, insbesondere der Kategorien des Einen und des Vielen, der Identität und der Differenz, der Bestimmtheit und des Unbestimmten.

Mit der Zurückführung auf wenige oberste Prinzipien eröffnet sich auch die Möglichkeit der Axiomatisierung, wie sie im Bereich der Geometrie bereits vor Plato in Angriff genommen worden war und wie sie – teilweise unter dem Einfluß der Akademie – bei Euklid entwickelt ist. Namentlich die Lehre von den regelmäßigen Polyedern und die Theorie der Proportionen scheinen auf Anstöße von seiten der Akademie zurückzugehen.

Das Verhältnis von Einheit und Vielheit liegt aber nicht nur den mathematischen Gegenständen, sondern allen bestimmten Gegenständen, die als solche vernünftig erkennbar sind, zugrunde: Da alles, was Gegenstand der Erkenntnis sein kann, eine Einheit in der Vielheit ist, lassen sich die in der Mathematik aufgewiesenen Aspekte grundsätzlich in allen Erkenntnisbereichen feststellen. (So besitzt jedes konkrete Ding, etwa ein Stück Schreibpapier, eine Mehrheit von Eigenschaften – es ist weiß, rechteckig, glatt usw. –, und ist doch als Ding eines; ebenso ist auch jeder Begriff durch mindestens zwei Bestimmungen, mit deren Hilfe er definiert wird, festgelegt, z.B. der Begriff „Raute" durch „Parallelogramm" und „Gleichseitigkeit".)

Das Moment der Einheit wird von Plato nicht nur dem der Vielheit ontologisch übergeordnet, sondern auch werthaft gedeutet: Das Eine ist das Gute. Folgerichtig stellt sich die bloße Vielheit, das Unbestimmte und Ungeordnete, als Prinzip des Schlechten dar. Im Licht des Verhältnisses des Einen zum Vielen ergibt sich eine Stufenordnung der Wirklichkeit: Unterhalb des Einen sind die Ideen angesiedelt, die definierbar sind, weil sie eine Mehrheit von Bestimmungen enthalten, und die untereinander in Beziehungen stehen; niedriger als die Ideen stehen jene Gebilde, die Gegenstand der Mathematik sind, und die niedrigste Stufe nehmen die konkreten Dinge in Raum und Zeit ein, in denen mathematische Beziehungen verkörpert sind und die an Ideen teilhaben. Je nach der Nähe oder Ferne zum Einen/Guten kommt den Wirklichkeitsbereichen höherer oder niedrigerer ontologischer Rang zu: Die Ideen, nur noch übertroffen vom Guten, sind das wahrhaft Seiende, die wahrnehmbaren Dinge sind relativ unwirklich, und die mathematischen Gebilde nehmen eine Zwischenstellung zwischen Dingen und Ideen ein. Faßt man schließlich das Eine als Realgrund der unter ihm liegenden Wirklichkeitsstufen auf – der mathematischen Entitäten, der Weltseele, der konkreten Dinge, der ungeordneten Mannigfaltigkeit –, und nimmt man an, daß die letzteren aus dem Einen hervorgehen, dann zeichnet sich bereits jene Auffassung ab, die von den Vertretern des Mittel- und Neuplatonismus in der ausgehenden Antike gelehrt wurde. Zugleich erweist sich die ontologische Hierarchie als Wertstufung: Je näher ein Wesen dem Einen steht, desto größer ist sein Wert; je näher es der ungeordneten Vielheit steht, desto geringeren Wert hat es. Die Werttheorie erhält auf diese Weise einen ontologischen Sinn.

Es scheint möglich, auch die Unterscheidung verschiedener Erkenntnisarten, wie sie im „Staat" vorgenommen wird, in einer über das von Plato Geschriebene hinausgehenden Weise zu deuten. Die sogenannte „Meinung" (doxa) kann als empirische Erkenntnis aufgefaßt werden. Das gilt auch für allgemeine Urteile, die durch Induktion gebildet werden. So wäre z.B. ein Urteil wie „Alle Dinge bestehen aus einem oder mehreren der vier Elemente" als „Meinung" zu charakterisieren. Dagegen ist ein mathematisches Urteil wie „Es gibt genau fünf platonische Körper" Wissen im vollen Wortsinn, allerdings abgeleitetes Wissen, sofern es aus den geometrischen Axiomen folgt. Diese Axiome selbst werden mit Hilfe grundlegender Begriffe formuliert, z.B. des Begriffs des dreidimensionalen Raums. Das Urteil „Der Raum ist dreidimensional" läßt sich daher nicht mehr im Rahmen der Geometrie ableiten, da er der Formulierung der geometrischen Axiome zugrunde liegt. Infolgedessen muß er in unmittelbarer Weise erfaßt werden: Er wird nicht mehr, wie die geometrischen Theoreme, durch Folgerung (diánoia), sondern unmittelbar erkannt.

Die Berücksichtigung der ungeschriebenen Lehre eröffnet den Blick auf eine strengere systematische Einheit, als sie die Dialoge erkennen lassen: Wenn man nicht nur den Schritt von den konkreten Dingen zu den Ideen, sondern außerdem auch den Schritt von den Ideen zu den ersten Prinzipien tut, dann eröffnet sich die Möglichkeit, formale Gemeinsamkeiten der verschiedenen Bereiche der Wirklichkeit zu erkennen: So wie in der Mathematik die Eins und die Zahlen (beginnend mit der Zwei),[61] in der Geometrie der Punkt und die geometrischen Gebilde (beginnend mit der Linie) als Konkretisierungen des Verhältnisses von Einheit und unbestimmter Vielheit gelten, so auch in der Physik das Verhältnis von Ruhe und Bewegung, in der Musik das Verhältnis von Viertelton und Intervallen, in der Lehre von der Zeit das Verhältnis von gegenwärtigem Augenblick und Zeitabschnitten. Schließlich findet auch die Seele ihren Platz im philosophischen System, indem sie als dasjenige dargestellt wird, in dem die ontologischen Strukturen zum Bewußtsein kommen.

Der Glaube an die Vernünftigkeit der Wirklichkeit als solcher kann kaum nachdrücklicher zur Geltung gebracht werden als in Platos später Konzeption, deren Umrisse sich freilich nur erahnen lassen. Die Wirklichkeit gilt dabei insofern als vernünftig, als sie eine Struktur hat, die, wenn nicht direkt mathematisch ausdrückbar, so doch mit Hilfe der Mathematik als nächstliegendem Modell beschreibbar ist. Die Erkenntnis erweist sich im Rahmen dieser Auffassung insofern als möglich, als der erkennende Geist dem Ganzen der Wirklichkeit angehört und somit in deren vernünftige Formen eingebettet ist. Um zum Wissen zu gelangen, braucht man nur diese Formen, an denen die Seele teilhat, zu Bewußtsein zu bringen; gelingt das, so kann man sicher sein, etwas vom Wesen der Wirklichkeit als solcher erfaßt zu haben. Erkenntnis aus reiner Vernunft ist somit im Rahmen dieser Konzeption nicht nur möglich, sondern sie ist die Erkenntnis schlechthin, während alles Fürwahrhalten auf Grund von Wahrnehmungen verurteilt ist, für immer hypothetisch zu bleiben. Platos Überzeugung von der Vernünftigkeit der Realität liefert somit die Rechtfertigung des Anspruchs perfekter, d.h. prinzipiell nicht mehr korrigierbarer Erkenntnis, wie er bereits von den Eleaten erhoben wurde und später bei den Vertretern der rationalistischen Metaphysik wieder auftreten sollte. Die Frage, wie sich Erkenntnis als möglich begreifen läßt, erweist sich somit als eine der wesentlichen Fragen der Platonischen Philosophie, wenn nicht als ihre zentrale Frage. Diese Frage kündigte sich schon in den Anfängen der griechischen Philosophie an, ohne sogleich explizit gestellt zu werden; in der Philosophie Platos ist ihre beherrschende Rolle bereits unübersehbar geworden.

IV. Aristoteles

> Denn infolge des Staunens begannen die Menschen
> jetzt wie vormals zu philosophieren ... Wenn sie
> philosophierten, um der Unwissenheit zu entgehen,
> suchten sie um des Wissens willen zu begreifen,
> und nicht wegen irgendeines Nutzens.
> *(Aristoteles: Metaphysik I, 2)*

1. Die Persönlichkeit und das Werk des Philosophen[1]

Aristoteles, der bedeutendste und zugleich selbständigste Schüler Platos, stand seinem Lehrer an Wirksamkeit nicht nach. Mit Plato glaubte er an die Vernünftigkeit der Welt, und wie sein Lehrer war er überzeugt, daß vollkommenes Wissen von der Wirklichkeit möglich sei. Wie Plato beschäftigte ihn die zentrale Frage, wie sich begreifen lasse, daß wir zu einem solchen Wissen gelangen können.[2]

Die Antwort ergab sich ihm auf Grund der metaphysischen Überzeugung, daß das vernünftige Denken und die Wirklichkeit dieselbe Struktur haben, so daß unsere Urteile mit den beurteilten Gegenständen übereinstimmen können. Die Metaphysik ist somit auch bei Aristoteles eine Theorie, mit deren Hilfe begreiflich gemacht werden soll, wie perfektes Wissen möglich ist. Anders als nach Plato hat jedoch die Wirklichkeit nach Aristoteles nicht mathematische Struktur; mathematische Beziehungen konstituieren nicht das Wesen der Dinge, sondern sie werden, ausgehend von der Wahrnehmung konkreter Dinge, erst durch Abstraktion und Idealisierung erzeugt. In der Wirklichkeit gibt es keine Linien, Flächen und Körper im Sinne der Geometrie, so daß nicht angenommen werden kann, daß die Dinge aus geometrischen Gebilden wie den platonischen Körpern oder den

„schönsten Dreiecken" aufgebaut sind. Dieser Gegensatz der Auffassungen hat in der Vergangenheit gelegentlich dazu verleitet, Aristoteles als Empiristen dem Idealisten Plato gegenüberzustellen und seine Erkenntnislehre auf die Formel zu bringen „Nichts ist im Verstande, was nicht vorher in den Sinnen gewesen wäre". („Nihil est in intellectu quod non prius fuerit in sensu.") Tatsächlich aber war Aristoteles, ungeachtet aller Hochschätzung der Beobachtung, ebensowenig Empirist wie Plato: Inhalt des wahren Wissens ist auch seiner Ansicht nach das Allgemeine, das das Wesen der Wirklichkeit ausmacht und das sich als solches nicht wahrnehmen, sondern nur vernünftig erfassen läßt. Die Wahrnehmung ist lediglich Vehikel der Wesenserkenntnis, weil das Wesen nach Aristoteles Form der wahrnehmbaren Dinge ist, nicht ein von den konkreten Dingen getrenntes ideales Muster wie bei Plato. Im Unterschied zu Plato und den Pythagoreern sah Aristoteles das Wesen der Wirklichkeit nicht mehr durch mathematische Verhältnisse konstituiert, sondern durch Kategorien wie Substanz, Eigenschaft, Relation, Ursache. Eine besondere Rolle spielt der Grundsatz der Widerspruchsfreiheit: Die Wirklichkeit ist so strukturiert, daß Dinge in einem bestimmten Zeitpunkt nicht einander ausschließende Bestimmungen haben können und daß es daher unmöglich ist, einander widersprechende Aussagen über sie als wahr zu behaupten.

Aristoteles fragte nicht nur, wie vollkommenes Wissen überhaupt möglich ist, sondern er setzte sich auch mit der spezielleren Frage auseinander, wie wir vom Werden der Dinge – ihrem Entstehen, ihren Veränderungen, ihrem Vergehen – wissen können. Auch diese Frage, die die Philosophie seit ihren Anfängen beschäftigte, beantwortete er mit Hilfe metaphysischer Begriffe und Grundsätze: Werden ist seiner Ansicht nach immer die Verwirklichung von etwas, das der Möglichkeit nach bereits besteht, so wie z.B. das Wachstum von Organismen in der Entfaltung der Anlagen besteht, die bereits im Samen vorhanden sind. Die Wesenheit, die sich im Werden entfaltet, und nicht das konkrete werdende Ding, ist Gegenstand des Wissens. Plato war unter dem Eindruck von Heraklit und Cratylus zu der Überzeugung gekommen, daß alle wahrnehmbaren Dinge der Veränderung unterworfen seien, so daß es von ihnen kein echtes Wissen geben könne, da ein solches zeitlos gültig sein müsse. Deshalb nahm er an, daß sich das Wissen auf Gegenstände bezieht, die etwas anderes als die konkreten Dinge sind, nämlich auf die Ideen (als allgemeine Entitäten), an denen die konkreten Dinge teilhaben sollen. Was unter „Teilhabe" zu verstehen sei, blieb dabei jedoch unbestimmt.[3] Diesen Mangel suchte Aristoteles dadurch zu vermeiden, daß er das Allgemeine, in dem er wie Plato den Gegenstand des wahren Wissens erblickte, nicht mehr als etwas jenseits der Dinge Liegendes, sondern als Wesen der Dinge selbst interpretierte und als dasjenige betrachtete, das sich in der Entwicklung einer Pflanze, eines Tiers oder eines Menschen allmählich verwirklicht.

Daß Aristoteles oft geradezu als Antipode Platos gesehen werden konnte, hängt zweifellos auch mit dem Umstand zusammen, daß sich seine Denkweise deutlich von der Platonischen unterscheidet, obwohl seine Philosophie aus Platonischen Wurzeln hervorgegangen ist. Während Plato das Ziel der spekulativen Bemühungen – die vernünftige Einsicht – in einer rein vernünftigen Schau erblickte, war Aristoteles überzeugt, daß sich dieses Ziel nicht unabhängig von der sinnlichen Wahrnehmung erreichen lasse. Die Erkenntnis erschöpft sich zwar nicht in der Wahrnehmung, sondern sie ist, wie schon Plato gelehrt hatte, vernünftiger Natur; aber sie braucht die Wahrnehmung als Vehikel. Deshalb kommt der Beschreibung, Klassifikation und Erklärung von Tatsachen größte Bedeutung zu. Der Unterschied der philosophischen Einstellung kommt auch im Stil der Darstellung zum Ausdruck: Im Unterschied zu Plato, dessen Dialoge literarische Kunstwerke sind, haben die Aristotelischen Schriften den Charakter nüchterner Analysen.

Platos Werke wenden sich nicht nur an den Fachmann, sondern sprechen einen weiteren Leserkreis an, während die Aristotelischen Schriften, die die Schönheit des Ausdrucks der Klarheit unterordnen, Leser erfordern, die die formalen Mittel des Argumentierens beherrschen. Dieser Unterschied könnte allerdings (mindestens teilweise) darin begründet sein, daß die Aristotelischen Lehrschriften nicht für die Verbreitung in der Öffentlichkeit gedacht waren, sondern Vorlesungen zugrunde lagen oder aus ihnen hervorgegangen sind.

Der Unterschied der beiden Denker-Persönlichkeiten zeigt sich auch in ihrem Verhältnis zur politischen Realität: Während für Plato die Politik sozusagen seine unglückliche, stets unerfüllte Liebe blieb, ließ sich Aristoteles mit der politischen Macht ein, die er theoretisch zu legitimieren und praktisch zum Vorteil seiner Forschungen zu nutzen suchte. Dazu kommt der Unterschied der Herkunft: Während Plato der Aristokratie Athens entstammte und den Traditionen der Stadt aufs engste verbunden blieb, war Aristoteles ein Zugewanderter, der sich in Athen wohl nur als Gast fühlte. Seine Heimat war das nordgriechische Stagira (Stágeiros, Stágiros), wo er 384 geboren wurde; erst als Achtzehnjähriger kam er nach Athen. Von den Bildungsquellen, aus denen der junge Aristoteles schöpfte, wissen wir nichts; aber sein Vater Nicomachus war Arzt, was vermuten läßt, daß Aristoteles die wissenschaftlich-medizinische Denkweise von Jugend an vertraut war. In Athen trat er in die Akademie ein und gehörte ihr zwanzig Jahre lang, bis zu Platos Tod, an. Danach lehrte er kurze Zeit im kleinasiatischen Assus (in der Troas), wo ihn mit Fürst Hermias eine persönliche Freundschaft, nach der Heirat mit einer Verwandten des Fürsten auch eine verwandtschaftliche Beziehung verband. In dieser Zeit betrachtete sich Aristoteles als Platoniker, was sich darin zeigt, daß er sich durch den Gebrauch von „wir" dem Kreis der Schüler Platos zurechnete.[4] Seine Verbundenheit mit der platonischen

Akademie zeigte sich auch darin, daß ihn der konservative Platoniker Xenocrates nach Assus begleitete, wo bereits andere Schüler Platos Fuß gefaßt hatten, so daß die dortige Schule geradezu als Filiale der Akademie gelten kann.[5] Nach drei Jahren verließ er Assus, wohl wegen des Angriffs der Perser auf Hermias, der gefangengenommen und gekreuzigt wurde. 343/342 wurde Aristoteles den alten Biographen zufolge von Philipp II. von Mazedonien eingeladen, die Erziehung seines damals fünfzehnjährigen Sohnes Alexander zu übernehmen. Aristoteles, dessen Vater schon Leibarzt des mazedonischen Königs Amyntas gewesen war, folgte der Einladung und unterrichtete Alexander den Großen bis zu dessen Thronbesteigung im Jahre 336.

Mazedonien war unter König Philipp II. in kurzer Zeit zu einer bedeutenden regionalen Macht aufgestiegen, das seinen Einfluß auf Griechenland auszudehnen begann. Athen suchte sich zunächst (was auch manche Intellektuelle, z.B. die Rhetoren Isocrates und Aeschines, empfahlen, wovor aber Demosthenes entschieden warnte) mit den Mazedoniern zu arrangieren. Bald wurde jedoch klar, daß ein Konflikt nicht zu vermeiden war. Nach der Niederlage der Thebaner und Athener in der Schlacht von Chaeronea (338) wurde ganz Griechenland politisch von Mazedonien abhängig, doch behielten die einzelnen Stadtstaaten eine relative lokale Selbständigkeit. Nach der Ermordung Philipps konnte Griechenland vorübergehend hoffen, sich dem mazedonischen Einfluß zu entziehen, doch machte Alexander solchen Hoffnungen ein rasches Ende. Während der junge König das Perserreich, einschließlich des von Persien abhängigen Ägyptens, unterwarf, lag Griechenland im Windschatten der weltgeschichtlichen Ereignisse, die jedoch auch für die griechische Kultur entscheidend waren. Die Einheit des von Alexander geschaffenen Reiches ließ sich zwar nicht aufrechterhalten, aber auf kulturellem Gebiet setzte ein Prozeß der Verschmelzung von West und Ost ein, der die folgende Epoche – die des Hellenismus – prägte.

Nach Alexanders Regierungsantritt kehrte Aristoteles wieder nach Athen zurück, wo er an einem Gymnasium namens Lykeion lehrte. Für die Schule wurde später die Bezeichnung „Perípatos" üblich (weshalb ihre Anhänger „Peripatetiker" hießen), entweder weil es da Wandelgänge (perípatoi) gab oder weil Aristoteles beim Unterricht auf und ab zu gehen liebte. Nach dem Tode Alexanders d. Gr. im Jahre 323 kam es in Athen zu einer anti-mazedonischen Reaktion, was Aristosteles zur Auswanderung veranlaßte. Er ging nach Euböa, wo er 322 starb.

Aristoteles widmete sich nicht nur der Lehre, sondern betrieb auch ausgedehnte Forschungen, sowohl im Bereich der Philosophie – also der Metaphysik, Logik, Naturphilosophie, Ethik –, als auch in den Bereichen der Verfassungsgeschichte, Rhetorik, Poetik, Botanik, Zoologie, Meteorologie, während die Mathematik in den Hintergrund trat. Für diese Forschungen, die zum Teil sicher nicht von ihm allein, sondern von Forschergruppen geleistet wurden, waren zweifellos beträchtliche Geldmittel nötig. Alexander der Große soll dafür gesorgt haben, daß in den von ihm eroberten Gebieten naturkundliches Material für Aristoteles gesammelt wurde, dessen Arbeiten er auch finanziell gefördert haben dürfte.

Bei den erhaltenen Werken des Aristoteles handelt es sich um Schriften, die im Zusammenhang mit der Lehre entstanden, nämlich um Vorlesungs-Manuskripte oder Vorlesungs-Nachschriften, deren heutige Anordnung auf spätere Redaktoren zurückgeht. Dabei ist nicht auszuschließen, daß Zusätze oder Arbeiten anderer Schulangehöriger aufgenommen wurden. Offenbar sind in einzelne Schriften Entwürfe eingegangen, die zu verschiedenen Zeiten entstanden, so daß gelegentlich Wiederholungen, ja Unstimmigkeiten auftreten. Im Unterschied zu diesen „esoterischen" Schriften sind die – zum Teil noch vor Platos Tod – für einen größeren Leserkreis geschriebenen („exoterischen") Bücher verloren gegangen. Vermutlich würden wir uns von Aristoteles ein anderes Bild machen, wenn die Lehrschriften verloren und nur die exoterischen Werke erhalten geblieben wären. Die spärlichen Fragmente der letzteren lassen kaum etwas von der Art ahnen, in der Aristoteles als Lehrer philosophische Probleme analysierte. Die Aristotelischen Lehrschriften haben der Überlieferung zufolge ein seltsames Schicksal gehabt. Sie sollen, nachdem sie Neleus aus Skepsis (in der Troas) geerbt hatte, jahrhundertelang in einem Keller deponiert gewesen sein, bevor sie endlich gefunden und nach Athen gebracht wurden. Dabei sollen sie in Unordnung geraten sein. Sulla ließ sie nach der Eroberung Athens nach Rom bringen und ordnen.[6] Andronicus von Rhodos hat sie (im ersten vorchristlichen Jahrhundert) in neuer Anordnung herausgegeben, die exoterischen Schriften aber nicht in die Sammlung aufgenommen. Ob die Lehrschriften bis dahin wirklich völlig unzugänglich waren, muß dahingestellt bleiben, da die Annahme, daß sie nur in einer einzigen Abschrift existierten, recht unwahrscheinlich ist.

Zum Corpus der Aristotelischen Schriften gehören nicht nur im engeren Sinne philosophische Texte, sondern auch einzelwissenschaftliche Untersuchungen zu Naturkunde, Meteorologie, Astronomie, Staatsrecht, Ökonomie, Poetik, Rhetorik. Zu den naturkundlichen Abhandlungen gehören die Werke „Über die Teile der Tiere", „Über die Zeugung der Tiere", „Über die Geschichte der Tiere", „Über die Pflanzen", zu den geisteswissenschaftlichen Schriften die „Poetik" und die „Rhetorik", ferner die Sammlung von Verfassungen (Politien), die mit Ausnahme der Darstellung der Verfassung Athens verloren gegangen ist.

Die erhaltenen philosophischen Schriften behandeln die Logik, die Metaphysik, die Physik (d.h. die Naturphilosophie, zu der auch die Psychologie gerechnet wird) und die praktische Philosophie, nämlich Ethik und Staatslehre. Im einzelnen handelt es sich um folgende Werke:[7]

a) Schriften zur theoretischen Philosophie:

Der Logik sind folgende Schriften gewidmet: „Kategorien", „Über die Interpretation", „Erste Analytiken", „Zweite Analytiken", „Sophistische Widerlegungen" und „Topik". Sie werden unter dem Sammel-Titel „Organon" – d.h. Werkzeug, nämlich des folgerichtigen Denkens – zusammengefaßt.

Die Abhandlungen zur Ontologie und Theologie werden unter dem Titel „Metaphysik" tradiert. Dieser Titel dürfte nicht von Aristoteles stammen, sondern erst bei der späteren Ordnung der Schriften eingeführt worden sein. Gewöhnlich wird angenommen, daß er von Andronicus von Rhodos als bibliothekarischer Ordnungsbegriff zur Bezeichnung der „nach der Physik" stehenden Schriften verwendet worden sei. Da Aristoteles das, was „Metaphysik" heißt, „Erste Philosophie" genannt hatte, hätte aber ein Titel zur Verfügung gestanden, weshalb es seltsam ist, daß man auf einen Verlegenheitsausdruck zurückgegriffen haben soll. Deshalb wurde erwogen, ob die Metaphysik nicht vielleicht in dem Sinne „nach der Physik" kommt, daß zuerst die physikalischen Grundsätze erfaßt sein müssen, bevor wir zur Erkenntnis der metaphysischen Prinzipien vordringen, obwohl diese etwas betreffen, das dem Sein nach „früher" ist als die Gegenstände der Physik.[8]

Die „Physik-Vorlesung" behandelt Themen, die heute ebenfalls eher als metaphysisch denn als physikalisch zu bezeichnen wären, nämlich philosophische Fragen in bezug auf die Natur und das Werden bzw. die Bewegung im allgemeinen. An diese Themen schließen sich eng die Schriften „Über Entstehen und Vergehen" und „Über den Himmel" an. Da die Seele nach zeitgenössischer Ansicht als Naturwesen galt, gehört auch die Abhandlung „Über die Seele" dem Bereich der Naturphilosophie an.

b) Schriften zur praktischen Philosophie:
Ethische Probleme behandeln die „Nikomachische Ethik", die „Eudemische Ethik" und die sogenannte „Große Ethik" (die aber das kleinste Werk zur Ethik und in ihrer Echtheit umstritten ist). Die beiden ersten Werke haben einen gemeinsamen Mittelteil (Kap. V–VII der Nikomachischen Ethik decken sich mit Kap. IV – VI der Eudemischen Ethik). In der Nikomachischen Ethik liegt die Aristotelische Moralphilosophie in ihrer reifsten Gestalt vor. In enger Verbindung mit der Ethik steht Aristoteles' Rechts- und Staatsphilosophie, die in der „Politik" dargestellt ist.

c) Die exoterischen Schriften:
Zu den für einen weiteren Leserkreis geschriebenen Werken gehören z.B. die Dialoge „Eudemus", „Über die Philosophie" und „Über die Gerechtigkeit", sowie die nichtdialogischen Werke „Über das Gute", „Über die Ideen" und die „Mahnrede" (Protreptikós, Protrepticus[9]). Diese Schriften sind, wie erwähnt, nur bruchstückhaft in Form von Zitaten bei späteren Autoren erhalten. Von der Mahn- oder Werbeschrift ist so viel erhalten,[10] daß sich die Umrisse der Aristotelischen Philosophie um 352/351 – also in einer frühen Phase ihrer Entwicklung – erkennen lassen; auf die Gedanken dieses Werkes soll daher zuerst eingegangen werden.[11]

2. Das Wesen der Philosophie

Im „Protreptikós" erörterte Aristoteles die Funktion, die die Philosophie hat oder mindestens haben soll. Dabei ging er davon aus, daß der Geist der vorzüglichste Teil der menschlichen Persönlichkeit und daß die spezifische Tätigkeit des Geistes das Denken ist. Da er dem rein theoretischen Denken einen höheren Rang zuschrieb als dem praktischen, ist der Geist seiner Ansicht um so vollkommener, je mehr er sich auf rein theoretische Aufgaben konzentriert. Das theoretische Denken galt ihm als Selbstzweck, während ein Denken im Interesse der Praxis nur Mittel zu einem außerhalb des Denkens liegenden Zweck und daher von geringerer Dignität ist. Die in der nacharistotelischen griechischen Philosophie öfter anzutreffende und vor allem in der Neuzeit immer wieder vertretene Auffassung, daß die Erkenntnis letzten Endes der Praxis diene und daher unter dem Gesichtspunkt der Brauchbarkeit zu bewerten sei, war ihm fremd.

Das darf nicht so verstanden werden, als hätte Aristoteles leugnen wollen, daß die philosophische Einsicht auch für die Praxis, einschließlich der sozialen Praxis, wichtig sei. Die Erkenntnis des Guten und Zuträglichen ist von hohem Wert, so wie sie auch als Fürsorge für die Seele, deren Vollkommenheit sie verfolgt, von größter praktischer Bedeutung ist. Sie spielt für die Seele eine ähnliche Rolle wie die Medizin für den Körper. Die philosophische Einsicht soll darüber hinaus auch in Fragen des Rechts und der Politik entscheidend sein. Man fühlt sich an Plato erinnert, wenn Aristoteles meint, daß der Beste und seiner Natur nach Hervorragendste regieren solle bzw. daß das Gesetz allein Regent und Herr ist. Das Gesetz muß aber eingesehen werden. Obwohl Aristoteles der Philosophie also auch eine praktische Rolle zuwies, war er überzeugt, daß sie diese Rolle nur spielen kann, sofern sie Theorie ist: Um richtig handeln zu können, müssen wir erkennen, was richtig ist. Aristoteles lehnte es jedoch ab, die Vernunft auf die Bestimmung der Mittel zur Bewältigung praktischer Aufgaben einzuschränken. Höher als die auf praktische Ziele gerichtete Erkenntnis steht die rein theoretische Einsicht. Deshalb schätzte er die theoretische Einstellung (den bíos theoretikós) höher als die soziale oder politische Einstellung, und am tiefsten steht in seinen Augen die am Genuß als höchstem Ziel orientierte Lebensweise.

Dieser Auffassung liegt die Voraussetzung zugrunde, daß das Gute, nach dem alle Wesen streben, in der Vollendung der einem Wesen eigentümlichen Tätigkeit besteht. Wenn der Geist der vorzüglichste Teil der menschlichen Persönlichkeit ist, dann muß die ihm eigentümliche Tätigkeit, das Erkennen, als seine wesentliche Tugend gelten, und er wird sie um so vollkommener ausüben, je mehr er erkennt. Höchste Erkenntnis ist aber die Philosophie, weil sie es mit den allgemeinsten Prinzipien der Wirklichkeit zu tun hat. In der Erkenntnis der letzten Prinzipien, hinter die nicht mehr zurückgegangen werden kann, erweist sich die Tätigkeit des Geistes als vollendet. Daher verbindet sie sich, wie jede in sich vollendete Tätigkeit, mit der Glückseligkeit (eudaimonia). Die Glückseligkeit, die das reine Erkennen begleitet, zeigt an, daß der Mensch im Philosophieren seinem ihm von der Natur gesetzten Zweck folgt. Wer philosophierend mit der von Gott stammenden Wirklichkeitsordnung im Einklang steht, nähert sich, so weit das Menschen möglich ist, dem Göttlichen an. „So ist denn nichts Göttliches oder Seliges in den Menschen außer jenem Einen, das allein der Mühe wert ist, nämlich dem Anteil, den wir an Geist und Denken besitzen. Denn dies ist von dem, was uns gehört, das Einzige, das unsterblich und göttlich ist. Und sofern wir an einer solchen Fähigkeit teilhaben können, ist unser Leben, auch wenn es von Natur unselig und mühsam ist, dennoch so freundlich eingerichtet, daß der Mensch, verglichen mit den anderen Wesen, ein Gott zu sein scheint."[12]

Hinter diesem Gedankengang steht unübersehbar die Überzeugung, daß alles, was die Natur hervorbringt, gut ist und daß es daher geboten ist, der Natur zu folgen.[13] Die natürliche Ordnung ist eine Rangordnung, wobei das Höhere jeweils Zweck des Niedrigeren ist. Nach der Rangordnung der Natur stehen die Lebewesen höher als anorganische Dinge, unter den Lebewesen stehen Tiere höher als Pflanzen und Menschen höher als Tiere. Im Menschen kommt der Seele ein höherer Rang zu als dem Leib, und innerhalb der Seele ist die Vernunft den irrationalen Seelenteilen überlegen. Das vernünftige Denken kann wieder entweder auf die zu einem Zweck führenden Mittel bezogen oder rein theoretisch sein, und letzteres ist das höhere. Eine Auffassung, nach der sich die Rationalität in Zweckrationalität erschöpft, lehnte Aristoteles ausdrücklich ab: Die Erkenntnis hat nicht nur das Vorteilhafte zu bestimmen, sondern sie richtet sich naturgemäß in erster Linie auf das, was an sich gut ist und somit nicht als Mittel zu einem vorgegebenen Zweck, sondern als solches geliebt wird. Wenn die Seelenvermögen so geordnet sind, daß die Vernunft herrscht und die irrationalen Vermögen ihr untergeordnet sind, ist das Verhältnis der Seelenteile richtig bzw. naturgemäß. Der Mensch, dem es gelungen ist, seine Seele in dieser Weise zu ordnen, ist glücklich. Somit ist ein vor allem auf vernünftige Erkenntnis gerichtetes Leben das glücklichste, und das reinste Glück wird dem Philosophen zuteil, dessen Erkenntnis auf die höchsten Gegenstände der vernünftigen Einsicht gerichtet ist.

Aristoteles hat stets an der Auffassung festgehalten, daß die theoretische Erkenntnis den höchsten Rang hat. Unter allen Gegenständen des theoretischen Denkens steht aber, wie er in der „Metaphysik" ausführte, Gott am höchsten, so daß jenem Denken der höchste Rang zukommt, das Gott zum Inhalt hat. Wenn die theoretische Einstellung, wie Aristoteles überzeugt war, eher als die praktische zur Glückseligkeit führt und wenn die höchste Form der Theorie die Gotteserkenntnis ist, dann ist der am glücklichsten, der in der Betrachtung Gottes lebt. Im rein vernünftigen Erkennen stimmen wir mit Gott bzw. mit der von Gott gelenkten Natur überein und erlangen zugleich die höchste uns erreichbare Glückseligkeit. Gott ist der Punkt, an dem unser Erkennen und die Natur zusammenhängen; die Erkenntnis dieses Punktes ist daher die höchste Erkenntnis überhaupt, wie sie auch die nötigste ist. Sollte Aristoteles dies gemeint haben, als er in der Schrift

„Über die Philosophie" bald den Geist, bald die Welt für göttlich erklärte, dann hätte er den von Cicero erhobenen Vorwurf[14] nicht verdient, er habe bald den Geist, bald die Welt vergöttlicht; Vernunft und Natur sind nach Aristoteles nämlich deshalb beide göttlich, weil sie vom Einen Göttlichen abhängen und daher ihrer Form nach übereinstimmen.

Wenn Aristoteles die theoretische Einstellung als die höchste bezeichnet, unterscheidet er sie von der produktiven („poietischen") und der praktischen. Der Philosoph ist somit nicht nur kein Praktiker, er erschafft auch nichts, wie z.B. der Künstler, wenn er ein Kunstwerk schafft. Die philosophische Einsicht ist somit wesentlich Schauen von etwas, das unabhängig vom Denken vorhanden ist und das es nur aufzufinden gilt. Nach Aristoteles haben die Zusammenhänge, die der Philosoph zu erkennen strebt, objektiven Charakter, und daher ist seine Philosophie eine Form des Objektivismus. Sie ist somit allen philosophischen Auffassungen gegenüberzustellen, nach denen das, was wir erkennen, durch das Subjekt und seine Wahrnehmungs- und Denkstrukturen bedingt ist. Die Annahme, daß die Gegenstände der Erkenntnis in objektiver Weise vorhanden und von uns nur aufzufinden seien, schließt nicht aus, daß die Erkenntnis Anstrengung erfordert: Der Erkenntnisprozeß ist eine Aktivität, und in diesem Sinne hat Aristoteles die philosophische Erkenntnis als Tätigkeit (enérgeia) charakterisiert. Am Ende der Erkenntnisbemühungen steht aber die Schau (theoría) der Wahrheit, die nicht den Charakter eines Erschaffens oder Machens hat, sondern im wesentlichen rezeptiv ist. Der so verstandene Objektivismus bzw. das so aufgefaßte Erkennen wird nicht nur vom Standpunkt des empirischen Subjektivismus aus, wie ihn z.B. die Sophisten vertraten, sondern auch vom Standpunkt der modernen kritischen Philosophie aus abgelehnt, die betont, daß die Gegenstände vom erkennenden Subjekt nicht vorgefunden und angeschaut, sondern durch Deutungen innerhalb eines theoretischen Rahmens erst als Erkenntnisgegenstände geschaffen werden.

3. Grundzüge der Metaphysik

a) Die Ontologie

(1) Die Wissenschaft vom Seienden als solchem
In jenem Teil der Philosophie, der heute „Metaphysik" heißt, den Aristoteles selbst aber „Erste Philosophie" nannte, geht es zunächst um den Begriff des Seienden als solchen und um die höchsten Prinzipien, denen Seiende unterworfen sind, sodann um den Begriff des höchsten Seienden als des letzten Prinzips der Bewegung in der Welt und der Ordnung der Welt. Mit Bezug auf die zweite Aufgabe sprach Aristoteles von „Theologie", die Wissenschaft vom Seienden als solchen erhielt erst in der frühen Neuzeit einen Namen, nämlich „Ontologie". Sie wird zu Beginn des vierten Buches der „Metaphysik" definiert als „Wissenschaft, die das Seiende als solches und das, was diesem an sich zukommt, betrachtet".[15]

Aristoteles unterschied die Lehre vom Seienden als solchem von allen anderen Wissenschaften dadurch, daß diese immer eine bestimmte Art von Seienden betrachten – die Biologie z. B. lebendige Seiende, die Physik materielle Dinge und ihre Beziehungen –, während jene es mit dem Seienden jenseits aller spezifischen Unterschiede zu tun hat. Ihr Gegenstand ist, mit einem Wort, alles, was als „Etwas" bezeichnet werden kann, abgesehen davon, ob es materiell oder immateriell, selbständig oder unselbständig ist usw. Prinzipien, die für das Seiende als solches gelten, sind daher allgemeiner als Grundsätze, denen bestimmte Arten von Seienden unterworfen sind.

Da das zentrale Thema der Metaphysik das Seiende als solches ist, muß die Bedeutung des Ausdrucks „Seiendes" erörtert werden. Dieser Begriff ist, wie Aristoteles feststellte, nicht eindeutig: Er läßt sich auf bestimmte Einzeldinge oder auf deren Bestimmungen, auf veränderliche oder auf unveränderliche Wesen beziehen. Dabei wird er aber nicht mehrdeutig (wie im Deutschen das Wort „Tau", das ein starkes Seil oder eine Art Niederschlag bezeichnen kann), sondern seine verschiedenen Bedeutungen hängen zusammen, ähnlich wie im Falle des Ausdrucks „gesund", der bald einen bestimmten Zustand des Organismus, bald das, was diesen Zustand erhält oder wiederherstellt (z. B. eine Diät), bald das, woran er sich erkennen läßt (z. B. eine lebhafte Gesichtsfarbe) bedeutet. Der Zusammenhang der verschiedenen Verwendungsweisen von „gesund" ist durch ihre Beziehung auf eine Grundbedeutung gegeben, nämlich auf „gesund" im Sinne des störungsfreien Funktionierens des Organismus. Ebenso gibt es eine Grundbedeutung von „sein", und zwar jene, die das Sein eines konkreten Dings betrifft. Wenn wir dagegen von der Größe, der Form, den Qualitäten, den Beziehungen eines Dings sagen, daß sie „sind", wird dieser Ausdruck in abgeleiteter Bedeutung gebraucht: Man nennt quantitative, qualitative und relationale Bestimmungen „Seiendes", weil sie auf das konkrete Ding als das im eigentlichen Sinne Seiende bezogen sind.[16] „Seiendes" wird in allen diesen Fällen nicht eindeutig, aber auch nicht mehrdeutig, sondern *analog* ausgesagt, und die Analogie beruht darauf, daß es eine Grundbedeutung gibt, auf die sich alle anderen Bedeutungen des Ausdrucks beziehen.

Das Seiende im grundlegenden Sinne heißt bei Aristoteles „Ousía" (was im Lateinischen mit „Substantia" wiedergegeben wurde). Die Substanz ist dasjenige, dem Bestimmungen zukommen und das selbständig existiert, während die Bestimmungen – die „Akzidentien" – nur an Substanzen, also nicht selbständig, vorhanden sein können. (So ist mein Schreibtisch eine Substanz, „braun" und „glatt" sind Bestimmungen, die ihm zukommen, aber nicht unabhängig von Substanzen sein können. „Glätte" bezeichnet nichts Substantielles, sondern ist ein Abstraktionsbegriff, der auf Grund der Wahrnehmung glatter Dinge gebildet werden kann. Bei Aristoteles verhält es sich also anders als bei Plato, nach dessen Ansicht Dinge z.B. groß sind, weil sie an der Größe teilhaben, die – als Idee – etwas Substantielles ist.)

Von „Substanz" sprach Aristoteles allerdings auch in einem anderen Sinn. Er benannte nämlich auch das, was ein Ding ist – seine Wesenheit – mit diesem Ausdruck. Die Wesenheit als Substanz im zweiten Sinn (im Unterschied zum konkreten Ding als der Substanz im ersten Sinn) ist dasjenige, was allen Individuen einer Art gemeinsam ist und dem allgemeinen Begriff entspricht. So ist die Schönheit die allgemeine Wesenheit aller schönen Dinge, während das Prädikat „schön" immer von konkreten Dingen (Substanzen im ersten Sinne) auszusagen ist. Anders als Plato hat Aristoteles die Wesenheit nicht als etwas von den konkreten Seienden Getrenntes aufgefaßt. Seine Kritik am Platonismus betrifft in erster Linie die Annahme, daß die konkreten Dinge an Ideen teilhaben, obwohl diese getrennt von ihnen existieren sollen. Diese Annahme hielt Aristoteles für unhaltbar: Wenn die konkreten Dinge zum allgemeinen Wesen in der Beziehung der Teilhabe stehen bzw. das allgemeine Wesen nachahmen, dann muß im Sinne der Ideenlehre dieser Beziehung ebenfalls eine Idee zugeordnet werden. So wie das rechtwinklige und das gleichseitige Dreieck an der Idee „Dreieck" teilhaben sollen, so müßten der konkrete Mensch und der Mensch im allgemeinen – die Idee des Menschen – einer höheren Idee des Menschen entsprechen, so daß „ein dritter Mensch" angenommen werden müßte. An der neuen Idee müßten die ursprüngliche und die konkreten Menschen teilhaben, so daß weitere Beziehungen und ihnen entsprechende Ideen hinzutreten, und so weiter ins unendliche. (Nach diesem Beispiel wird vom Einwand des „dritten Menschen" gesprochen.) Um dieser Schwierigkeit zu entgehen, forderte Aristoteles, das Allgemeine in den Dingen, nicht jenseits der Dinge zu suchen: Es gibt seiner Ansicht nach das Allgemeine zwar über den vielen Seienden, nicht aber außer ihnen.[17] Das Allgemeine ist die Form, die allen Seienden einer Art gemeinsam ist und die sich durch Abstraktion aus der Wahrnehmung von Seienden gewinnen läßt. So konnte Aristoteles einerseits sagen, daß die Erkenntnis von der Wahrnehmung konkreter Seiender ausgehe, andererseits aber mit Plato erklären, daß nur das Allgemeine Gegenstand des Wissens bzw. der Wissenschaft sein könne. Die Annahme einer Ideenschau im Sinne Platos mit ihren Schwierigkeiten und Folgerungen, z.B. in bezug auf die Präexistenz der Seele, erweist sich damit als überflüssig. Trotzdem blieb Aristoteles durch die Annahme, daß das Allgemeine unabhängig vom Denken existiert und daß es Gegenstand der vernünftigen Einsicht ist, von Plato abhängig; Aristotelismus und Platonismus sind Varianten desselben Typus von Philosophie, sofern in beiden Fällen die allgemeingültige Erkenntnis als Erfassen objektiver allgemeiner Sachverhalte verstanden wird.

(2) Widerspruchsprinzip und Prinzip des ausgeschlossenen Dritten

Prinzipien, die für das Seiende als solches gelten, sind nach Aristoteles der Satz vom ausgeschlossenen Widerspruch und der Satz vom ausgeschlossenen Dritten. Nach dem ersten dieser Sätze „ist es nicht möglich, daß dasselbe demselben in derselben Beziehung zugleich zukommt und nicht zukommt"[18]; nach dem zweiten „ist es nicht möglich, daß es ein Mittleres zwischen den beiden Gliedern des Widerspruchs gibt".[19]

Der Satz vom Widerspruch ist nach Aristoteles der fundamentalste und sicherste aller Grundsätze. Er ist durch die Klauseln „gleichzeitig" und „in derselben Hinsicht" gegen die Einwände abgesichert, daß jemand klein und groß sein kann, nämlich als Kind klein und als Erwachsener groß, oder physisch klein und als Künstler groß. Aber im ersten Fall kommen ihm die entgegengesetzten Eigenschaften nicht gleichzeitig, im zweiten Fall nicht in derselben Hinsicht zu. Der Satz vom ausgeschlossenen Dritten besagt, daß zwischen einer Eigenschaft und der entgegengesetzten Eigenschaft kein Mittleres möglich ist: So ist z. B. der Himmel hier und jetzt wolkenlos oder nicht; eine dritte Möglichkeit ist ausgeschlossen. Mit Hilfe der Prinzipien des ausgeschlossenen Widerspruchs und des ausgeschlossenen Dritten kritisierte Aristoteles die Heraklitische und die Anaxagoreische Auffassung. Wenn Heraklit erklärte, daß die werdenden Dinge so und so sind und zugleich nicht sind, verstößt er gegen das Widerspruchsprinzip; wenn Anaxagoras annahm, gegensätzliche Dinge wären ursprünglich vereint gewesen, mißachtet er das Prinzip vom ausgeschlossenen Dritten.

Diese Grundsätze sind in der Metaphysik in erster Linie als ontologische Prinzipien zu betrachten: Für Seiende als solche gilt, daß sie nicht zugleich sein und nicht sein können bzw. daß sie entweder sind oder nicht sind bzw. entweder so oder nicht so sind. Daneben spielt aber bei Aristoteles ständig auch die logische Bedeutung dieser Grundsätze in die Erörterung herein: Man kann nicht *urteilen*, daß etwas zugleich ist und nicht ist, bzw. man kann nicht *urteilen*, daß es zwischen Wahr und Falsch ein Drittes gebe, wenn man der Rede nicht jeglichen Sinn nehmen will. Obwohl Aristoteles die Bedeutung des logischen Aspekts mit Recht hervorgehoben hat, hätte er ihn von der Erörterung der fundamentalen Prinzipien der Lehre vom Seienden trennen müssen. Vom Standpunkt der modernen kritischen Philosophie aus liegt es nahe, anzunehmen, daß er die logischen Prinzipien nicht aus den entsprechenden Seinsprinzipien gewonnen hat, sondern daß die ersteren den Ausgangspunkt für die Formulierung der letzteren bildeten: Seiende können nicht P und zugleich in derselben Hinsicht nicht-P sein, weil das Urteil „S ist P" nicht zugleich wahr und falsch sein kann. (Auf die logischen Prinzipien wird unten Abschn. 6 eingegangen.)

(3) Die vier Ursachen
In der Aristotelischen Lehre vom Seienden als solchem spielt die Lehre von den Ursachen eine wichtige Rolle, wobei jedoch der Begriff „Ursache" eine weitere Bedeutung hat als in der neuzeitlichen Philosophie oder im heutigen alltäglichen Sprachgebrauch, wo er gewöhnlich „Wirk-Ursache" bedeutet. Bei Aristoteles gelten auch der Stoff, aus dem etwas besteht, die Form, die etwas zu einem so und so bestimmten Ding macht, und der Zweck, auf den es angelegt ist, als Ursachen. Jedes Ding ist, was immer es im einzelnen sein mag, als geformter Stoff anzusehen, der durch etwas bewirkt und auf etwas als Zweck gerichtet ist. Das Verhältnis von Stoff-, Form-, Wirk- und Zweck-Ursache läßt sich am Beispiel eines Hauses zeigen: Der Stoff, also das Baumaterial, wird zum Haus, indem die Bauleute Steine, Ziegel, Mörtel, Balken formen bzw. nach einer bestimmten Form anordnen, die durch den Bauplan bzw. die Vorstellungen des Baumeisters vorgegeben ist. Auch das Material – die Sache, aus dem das Haus besteht – ist in gewissem Sinne Ur-Sache, so wie von einer Form-Ursache gesprochen werden kann, sofern die Form es ist, die die Materialien erst zu einem Haus macht. Die Zweck-Vorstellung des Bauherrn und des Architekten ist insofern Ursache, als sie zur Folge hat, daß dem Material die entsprechende Form gegeben wird, und dies geschieht durch Einwirkungen von seiten der Bauarbeiter, also durch Wirk-Ursachen.

Unter den Bedingungen der Aristotelischen Philosophie lassen sich diese vier Ursachen auch bei Seienden unterscheiden, die nicht Erzeugnisse menschlicher Tätigkeit sind. Organismen hängen von bewirkenden Ursachen ab, so wie sie auch als geformte Materie anzusehen sind; auch von „Zweck" kann mit Bezug auf sie gesprochen werden, allerdings nicht in derselben Weise wie beim Hausbau, weil sie nicht von Menschen nach einem Plan geschaffen sind. Wenn Aristoteles auch in bezug auf sie von „Zweck-Ursachen" spricht, meint er eine innere Zweckmäßigkeit, die die Entfaltung des Organismus vom Keim bis zur voll entwickelten Form steuert. Die innere Zweckmäßigkeit bezeichnete Aristoteles als „Entelechie". Dieser Ausdruck enthält den Wortbestandteil „télos", was „Ziel" oder „Zweck" bedeutet. Die Entelechie ist das Prinzip, das aus einem Keim, der noch keine Ähnlichkeit mit der entwickelten Pflanze oder dem entwickelten Tier haben muß, im Verlauf verschiedener Entwicklungsphasen einen Organismus bestimmter Art werden läßt. Daß z. B. aus einem Insekten-Ei nach einem festliegenden Zeit-Schema eine Raupe, eine Larve und schließlich die Imago entsteht, hätte nach dieser Auffassung als Prozeß zu gelten, dem eine innere Zielgerichtetheit zugrunde liegt. Tatsächlich konnte eine solche Annahme so lange plausibel erscheinen, als die Struktur der Kernschleifen der Zelle und die steuernde Funktion der Gene noch nicht erkannt waren. So konnten noch zu Beginn des 20. Jahrhunderts die Vertreter des Neo-Vitalismus „Entelechien" annehmen, um das organische Wachstum begreiflich zu machen. Aristoteles sprach aber noch in einem anderen Sinn von Zweck-Ursächlichkeit: Seiner Ansicht nach ist die gesamte Natur auf Gott als höchsten Zweck bezogen, so daß sich die einzelnen Seienden zum göttlichen Plan ähnlich verhalten wie Artefakte zu einem menschlichen Plan. In diesem Sinne läßt sich der Zweck-Gesichtspunkt nicht nur bei Organismen, sondern bei beliebigen Seienden zur Geltung bringen. Wie das im einzelnen geschieht, soll später gezeigt werden.

(4) Potentialität und Aktualität
Zu den zentralen Begriffen der Aristotelischen Ontologie gehören ferner „Potentialität" (Möglichkeit, Vermögen, dynamis) und „Aktualität" (Wirklichkeit, enérgeia). Das Werden, das die Philosophie seit ihren Anfängen begreiflich zu machen suchte, deutete Aristoteles als Übergang vom Möglichsein zum Wirklichsein (von der Potenz zum Akt, wie spätere Aristoteliker sagten). Mit Hilfe des Begriffspaars „Potentialität" und „Aktualität" meinte Aristoteles, das

Problem gelöst zu haben, das die Eleaten aufgeworfen hatten, indem sie annahmen, die wahre Wirklichkeit sei unveränderlich, und Bewegung bzw. Veränderung leugneten. Der Gegensatz zwischen der Erfahrung, die Entstehen, Vergehen und Veränderung zeigt, und der „wahren", der Veränderung nicht unterworfenen Wirklichkeit blieb auch bei jenen Philosophen unüberwunden, die, wie z.B. die Atomisten, Werden lediglich als Umgruppierung unveränderlicher Partikeln verstanden. Auch bei Plato waren die Welt der wandelbaren Dinge und die Welt der Ideen durch eine Kluft getrennt, weil unbegreiflich blieb, wie die veränderlichen Dinge an den Ideen teilhaben können. Warum soll der Widerschein der unwandelbaren Ideen in der materiellen Wirklichkeit in wandelbaren, entstehenden, vergehenden Dingen bestehen? Solange diese Frage nicht befriedigend beantwortet ist, kann das Problem des Werdens auch unter Platos Voraussetzungen nicht als gelöst gelten.

Aristoteles suchte die Kluft zwischen unveränderlicher und veränderlicher Wirklichkeit dadurch zu überbrücken, daß er zwar unveränderliche Wesenheiten annahm, diese aber als Formen der Dinge auffaßte und somit nicht als etwas schlechthin Erfahrungsjenseitiges betrachtete. Die Veränderung läßt sich demgemäß als Entwicklung deuten, die auf die Wesensform der Dinge selbst gerichtet ist. So enthält der Same nach Aristoteles potentiell die entwickelte Pflanze, und die Entwicklung der Pflanze ist nichts anderes als die Entfaltung der im Samen enthaltenen Anlagen. Auch heute noch könnte man sich so ausdrücken, wenn man unter den Anlagen den in der Zelle gespeicherten genetischen Code versteht und die Entfaltung als das durch den Code gesteuerte Wachstum auffaßt. Wenn Aristoteles von „Formen" sprach, verblieb er innerhalb einer metaphorischen Redeweise, die keine echte Erklärung gestattet. Während sich die Entstehung eines Hauses ohne weiteres als Formung von Materialien beschreiben läßt, ist nicht klar, in welchem Sinne das organische Wachstum Formung sein soll. Die

Annahme zweckmäßig wirkender Formen verdeckt das Problem eher, als daß sie es löste. Außerdem ist die Theorie der Formen verwickelter, als man auf den ersten Blick meinen möchte. Der Stoff, aus dem z.B. ein Haus werden soll, ist nämlich nicht schlechthin formlos, sondern hat immer schon eine bestimmte Form, wenn auch noch nicht die Form eines Hauses. Das zeigt, daß Formen durch andere überformt werden können, so daß sich eine Hierarchie von Formen ergibt. Materie ohne jegliche Form ist nichts Wirkliches, sondern bloße Möglichkeit, also ein relatives Nichts. Umgekehrt enthielte eine Form ohne Stoff keine Möglichkeiten mehr, wäre somit reine, in sich ruhende Wirklichkeit. Da unter Aristoteles' Bedingungen von Veränderung nur mit Bezug auf Möglichkeiten gesprochen werden kann, muß eine reine Form als unveränderlich gelten. Eine solche Form ist, wie noch auszuführen sein wird, das Göttliche. Die Frage, was unter der bloßen Möglichkeit zu verstehen ist, läßt sich nur in Form einer Annahme beantworten. Wenn man den Begriff der reinen Materie, die bloße Möglichkeit ist, nicht als Grenzbegriff, dem keine bestimmte Bedeutung gegeben werden kann, auffassen will, wäre zu erwägen, unter „Materie" den leeren Raum zu verstehen, der kein Seiendes ist, ohne den es aber konkrete Seiende in der Welt nicht geben kann.

Die Deutung des Werdens mit Hilfe der Begriffe „Möglichkeit" und „Wirklichkeit" beruht auf der Voraussetzung, daß diese primär ontologische Bedeutung haben, d.h. Seins-Modalitäten bezeichnen, und nicht nur Erkenntnis-Modalitäten. Man kann mit gutem Grund fragen, ob nicht die Aussage „Die Eichel ist eine mögliche Eiche" lediglich eine Abkürzung für die Feststellung ist, daß der Satz „Aus der Eichel wird eine Eiche" möglicherweise wahr ist. Im letzteren Fall wird „möglich" auf ein Urteil, und nicht, wie bei Aristoteles, auf ein Sein-Können bezogen.

Wer sich die Grundzüge der Aristotelischen Lehre vom Seienden vergegenwärtigt, wird den Eindruck haben, mit einer höchst abstrakten, schwer zugänglichen Auffassung konfrontiert zu sein. Aristoteles hätte dieser Ansicht zweifellos zugestimmt, da er überzeugt war, daß die Prinzipien der Seinslehre zwar systematisch grundlegend sind, aber nur ausgehend von konkreteren Erkenntnissen gewonnen werden können: Sie sind „an sich früher", aber „für uns später", wie es in seiner Terminologie heißt. Dieses Verhältnis zwischen konkreterer und abstrakterer Erkenntnis gilt allgemein, weshalb es nur natürlich ist, daß sich die abstrakteste Wissenschaft uns als letzte erschließt. Dennoch betreffen ihre Sätze Zusammenhänge, die für unser Wirklichkeitsverständnis fundamental sind. Die innerweltliche Wirklichkeit, die den Prinzipien der Aristotelischen Seinslehre entspricht, besteht aus konkreten substantiellen Dingen in Raum und Zeit, die das, was sie jeweils sind, auf Grund konstanter Formen sind, die im Werden verwirklicht werden, ohne selbst veränderlich zu sein. In der Wirklichkeit kann es keinen Widerspruch geben: Jedes Ding hat entweder eine bestimmte Eigenschaft oder das Gegenteil dieser Eigenschaft; eine dritte Möglichkeit besteht nicht. Eine derartige Wirklichkeit kann in Urteilen eindeutig bestimmt werden, da kein Urteil über ein und dasselbe Seiende wahr und falsch sein kann, sondern entweder wahr oder falsch sein muß.

b) Die metaphysische Gotteslehre[20]

Der systematische Charakter der Aristotelischen Philosophie verlangte nach einem Abschluß durch Einführung eines höchsten Begriffs, der gleichsam als Schlußstein das metaphysische Gewölbe trägt. Diese Funktion hat bei Aristoteles der Begriff des Göttlichen. Da es in der Aristotelischen Metaphysik keinen persönlichen Gott, sondern nur ein unpersönliches reines Denken gibt, empfiehlt es sich, vom „Göttlichen" zu sprechen, obwohl bei Aristoteles auch der Ausdruck „Gott" vorkommt.

Im Bereich der Dinge gibt es stets ein Mehr und ein Weniger: Es gibt Größeres und Kleineres, Schnelleres und Langsameres usw. Ebenso gibt es Besseres und Schlechteres, so daß sich die Dinge nach dem Grad ihres Wertes ordnen lassen. Aristoteles hielt es für ausgeschlossen, daß diese Stufenreihe nach oben ohne Abschluß bleibt; seiner Ansicht nach muß es, wo es mehr und weniger Gutes gibt, auch ein Bestes geben, da eine Steigerung ins unendliche ausgeschlossen ist. Der höchste Wert ist das Göttliche.[21]

Wie auf Grund der Wert-Stufung läßt sich auch auf Grund der Reihe bewegter und bewegender Dinge auf ein Letztes und Höchstes schließen: Dinge, die bewegt werden, werden durch andere Dinge bewegt, die ihre Bewegung ihrerseits anderen Dingen verdanken und so weiter. Da die so entstehende Beweger-Reihe nicht unendlich sein kann – Aristoteles hielt einen Progreß ins unendliche für unmöglich –, muß sie ein erstes Glied haben, das heißt mit etwas beginnen, das zwar alles andere bewegt, selbst aber nicht mehr bewegt wird. Der unbewegte Ursprung aller Bewegung, zu dessen Wesenheit (ousía) die Aktualität (enérgeia) gehört, ist das Göttliche.

Diese Argumentation zugunsten einer ersten unverursachten Ursache, die im höchsten Sinne wirklich ist, sollte in der späteren rationalen Theologie unter dem Namen des kosmologischen Gottesbeweises eine bedeutende Rolle spielen. Angesichts des Begriffs eines unbewegten Bewegers erhebt sich allerdings die Frage, wie etwas, das selbst unbewegt ist, anderes bewegen soll. Die Annahme eines unbewegten Bewegers ist in der Tat widerspruchsvoll, wenn an Bewegung im Sinne der Mechanik gedacht wird: Ein Ding kann ein anderes mechanisch nur in Bewegung setzen, indem es sich selbst bewegt. Aristoteles hat aber nicht an die mechanische Verursachung gedacht, sondern angenommen, daß Gott die Welt so bewegt, wie das Geliebte den Liebenden anzieht, ohne daß es sich selbst bewegen müßte; Gott bewegt die Welt mit einem Wort als Ziel bzw. als Zweck.

209

Das erste Prinzip der Bewegung ist der oberste Zweck der gesamten Wirklichkeit, das höchste Gut, auf das sich alles in letzter Instanz richtet.

Die Unbeweglichkeit des ersten Bewegers ist eine Folge seiner Immaterialität: Da die Potentialität mit der Materialität zusammenhängt, ist es für ein Wesen, das reine Form, also unabhängig vom Stoff ist, nicht möglich, sich zu ändern bzw. zu bewegen. Die Tätigkeit des höchsten Seienden muß daher nicht nur die höchste Form der Tätigkeit, sondern Tätigkeit ohne Veränderung sein. Eine solche Tätigkeit ist nach Aristoteles das Denken als reine Schau („Theorie" im damaligen Sinn), und zwar das Denken, das sich auf den höchsten Gegenstand – das Göttliche – richtet. Dem Göttlichen muß daher ein Denken zugeschrieben werden, das sich selbst zum Inhalt hat, und zwar in zeitloser Weise, somit nicht in einem Nacheinander von Denkvorgängen: Es ist Denken des (göttlichen) Denkens, wie Aristoteles sagt; Gott erschaut also sich selbst und sonst nichts. Die ewige Schau seiner selbst ist die einzige Tätigkeit, die dem unveränderlichen Göttlichen zugeschrieben werden kann, da nur sie die Bedingung erfüllt, Tätigkeit eines in vollem Sinne wirklichen, alles bloße Möglichsein ausschließenden Wesens zu sein. Der entscheidende Passus der „Metaphysik" lautet: „Wenn die Vernunft ... nichts denkt, sondern sich wie ein Schlafender verhält, was wäre dann wohl ihre Würde? Wenn sie aber denkt, etwas anderes aber dafür, was sie denkt, ausschlaggebend ist, so wäre sie, da das, was ihr Wesen ausmacht, nicht das Denken ist, sondern ein Vermögen [eine Möglichkeit, eine Potenz], nicht das beste Wesen. Denn durch das Denken kommt ihr die Würde zu. Weiter, mag nun die Vernunft oder das Denken ihr Wesen sein: was denkt sie? Entweder nämlich sich selbst oder etwas Verschiedenes; und wenn etwas Verschiedenes, so entweder stets dasselbe oder etwas anderes. ... Es ist ... offenbar, daß sie das Göttlichste und Würdigste denkt und daß sie sich nicht verändert. Veränderung nämlich ginge zum Schlechteren, und so etwas bedeutete schon eine Art Bewegung ... Füglich denkt sich die Vernunft selbst, wenn sie das Vorzüglichste ist, und ihr Denken ist Denken des Denkens."[22]

Der Begriff des Göttlichen als reiner Aktualität im Denken des göttlichen Denkens bildet den höchsten Punkt der hierarchischen Ordnung aller Wesen. Auf die bloße Materie folgen die Stufen der aus Materie und Form bestehenden Wesen, wobei über den anorganischen Seienden die organischen, und zwar zuerst pflanzliche, dann tierische, schließlich vernünftige Wesen stehen. Nach Aristoteles sind auf den jeweils höheren Stufen die Formprinzipien der niedrigeren enthalten (z. B. gibt es auch im animalischen Bereich vegetative Funktionen, und im menschlichen Bereich gibt es animalische und vegetative Funktionen), die aber durch die jeweils übergeordneten überhöht werden (wie z. B. die Animalität des Menschen der Vernunft untergeordnet ist). Noch höher stehen Wesen, die nicht mehr an den Stoff gebunden sind, letztlich Gott als reine Form. Während die Materie bloße Potentialität ist und nicht zu bewegen vermag, enthalten die Wesen, die geformte Materie sind, Potentialität und Aktualität, bzw. sie werden bewegt und können ihrerseits bewegen. Die reine göttliche Form ist stofflose Aktualität und daher unbewegtes Prinzip aller Bewegung.

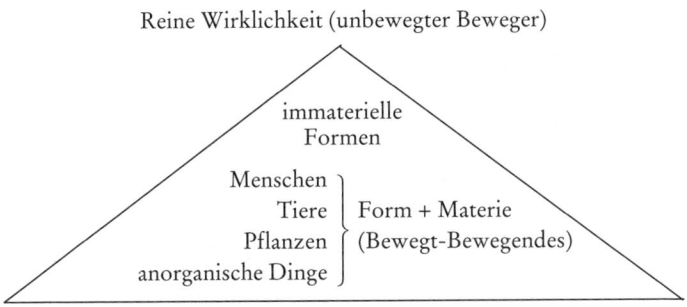

Man kann sich den Zusammenhang der Aristotelischen Metaphysik als Pyramide vorstellen, deren Basis die bloße Materie und deren Spitze das Göttliche ist.

4. Die Aristotelische Naturphilosophie

Vom Standpunkt der heutigen Philosophie aus würde man nicht zögern, das, was bei Aristoteles „Physik" heißt, zur Metaphysik zu rechnen. Von der Metaphysik im Aristotelischen Sinne als Erster Philosophie unterscheidet sich die Physik als Naturphilosophie jedoch insofern, als sie sich auf die Untersuchung der Prinzipien der veränderlichen Seienden konzentriert, während die Erste Philosophie auf das Seiende überhaupt reflektiert.

In der Naturphilosophie geht es um die Natur als Inbegriff der veränderlichen bzw. bewegten Seienden. Die Veränderung ist Entstehen oder Vergehen, die Bewegung quantitative (Änderung der Größe), qualitative (Änderung von Eigenschaften) oder räumliche, so daß das, was heute gewöhnlich „Bewegung" heißt, nur ein Fall von „Bewegung" im Aristotelischen Sinne ist. Jede Bewegung erfolgt in Raum und Zeit. Einen leeren Raum hielt Aristoteles für unmöglich, so wie die Zeit seiner Ansicht nach immer Bestimmung bewegter Seiender ist; Aristoteles definierte sie als Maßzahl der Bewegung unter dem Gesichtspunkt von Raum und Zeit.

Für die Aristotelische Auffassung ist der Gedanke charakteristisch, daß die Natur eine Ordnung nach Zwecken ist. Aristoteles dachte demgemäß auch als Naturphilosoph teleologisch. Wenn er erklärt: „Gott und die Natur machen nichts vergeblich",[23] dann besagt dies, daß alles Geschehen auf das Göttliche als leitendes Prinzip bezogen und daher Zweckprinzipien unterworfen ist. Das Göttliche ist Prinzip einer universalen Zweckmäßigkeit, die bis in den anorganischen Bereich hinein wirkt, die sich aber besonders deutlich im Bereich des Organischen zeigt. Sofern die Lebewesen auf allen Stufen, also nicht erst auf der Stufe des Bewußtseins, von inneren Zweckprinzipien (Entelechien) beherrscht sind, gelten sie als beseelt. Diese Prinzipien bilden, gemäß dem im letzten Abschnitt Gesagten, eine Hierarchie: Die Pflanzenseele steht höher als die anorganischen Formen, sofern sie (als „ernährende Seele") Prinzip des Stoffwechsels und der Fortpflanzung ist; die nächsthöhere Stufe ist die der Tierseele, die über die vegetativen Funktionen hinaus durch das Vermögen der Wahrnehmung, der triebhaften Reaktion auf Reize und der willkürlichen Bewegung charakterisiert ist. Alle diese Funktionen finden sich auch in der über der tierischen stehenden menschlichen Seele, jedoch überhöht durch den Geist als Vermögen theoretischer Erkenntnis und überlegten Wollens. Darüber hinaus gibt es nach Aristoteles noch reine, nicht mehr an den Stoff gebundene Formen, nämlich die Gestirnseelen. Die kreisförmige Bewegung der Gestirne ist im Gegensatz zur linearen Bewegung endlos und in diesem Sinne ewig. Wenn jede Bewegung ein Prinzip erfordert, dann müssen den ewigen Bewegungen der Gestirne auch ewige Prinzipien zugrunde liegen, so daß es ebensoviele reine Bewegungsprinzipien wie Gestirne geben muß. Die Zahl der unbewegten Beweger ist also der Astronomie zu entnehmen.[24] Im gleichen Zusammenhang argumentierte Aristoteles aber auch, daß es nur ein einziges unbewegtes Bewegungsprinzip geben könne.[25] (Vielleicht sollte, wie H. Kelsen meinte, das erste Modell die Polis-Verfassung Athens, das zweite die mazedonische Monarchie als naturgemäß erscheinen lassen.)

Die Gestirngeister bewegen die Kugelschalen oder „Sphären", an denen sich Aristoteles die Himmelskörper befestigt dachte. Im Bereich der Gestirne gibt es nur kreisförmige Bewegung, während im terrestrischen Bereich die geradlinige Bewegung die natürliche ist. Die Grenze beider Bereiche ist die Mondsphäre, so daß die Physik der sublunaren von der Physik der supralunaren Welt prinzipiell unterschieden ist. Auf die äußerste Sphäre des Kosmos wirkt der göttliche Erste Beweger ein, dessen Einfluß durch Vermittlung der Gestirngeister die übrige Welt erreicht. Diese Vorstellung übte großen Einfluß aus und wirkte bis in die frühe Neuzeit weiter. Sie liegt der Annahme zugrunde, daß die Stellung der Planeten für das irdische Geschehen, einschließlich des Geschehens im menschlichen Bereich, verantwortlich ist, so daß es plausibel erscheinen konnte, aus der Konstellation der Gestirne im Augenblick der Geburt das Schicksal eines Individuums vorherzuberechnen. Das angedeutete Weltbild stellt mit einem Wort den Rahmen dar, innerhalb dessen die Astrologie als vernünftiges Unterfangen gelten konnte. Mit der Begründung der modernen Naturwissenschaft brach jenes Weltbild zusammen; erstaunlicherweise überdauerte die Astrologie diesen Zusammenbruch – freilich nicht als Wissenschaft, sondern als Aberglaube.

Mit der Unterscheidung von sublunarer und supralunarer Welt verbindet sich die Unterscheidung zweier Arten natürlicher Bewegungen, nämlich der linearen terrestrischen und der kreisförmigen „himmlischen" Bewegung. Die erstere ist Abwärtsbewegung (wie die Fallbewegung) oder Aufwärtsbewegung (wie die Bewegung der Flamme). Der natürlichen Bewegung, die auf einem inneren Bewegungsprinzip des Bewegten beruht, steht die gewaltsame, äußerlich verursachte Bewegung gegenüber, z.B. die Wurfbewegung. Da Aristoteles annahm, daß eine gewaltsame Bewegung nur so lange andauert, als ihre Ursache wirkt, müßte z.B. die Wurfbewegung mit Hilfe der Annahme erklärt werden, daß z.B. die einen Stein schleudernde Hand zur Kompression der Luft führt, so daß der Luftdruck den Stein vorantreibt, auch nachdem der Kontakt zur Hand unterbrochen ist.

Der Unterschied gegenüber der neuzeitlichen Physik ist augenfällig: Er besteht darin, daß Aristoteles den Begriff der Trägheit nicht kannte, der für die im 17. Jahrhundert begründete moderne Mechanik grundlegend ist. Deshalb mußte Aristoteles eine während des gesamten Bewegungsablaufs wirkende Ursache fordern, während die moderne Physik nicht fragt, warum eine Bewegung andauert, sondern warum sie aufhört. Gäbe es keine Faktoren, die die Bewegung hemmen – wie z.B. den Luftwiderstand –, dann würde sich ein bewegter Körper unbegrenzt weiterbewegen. Allgemein läßt sich sagen, daß vom neuzeitlichen Standpunkt aus nur nach einer Ursache zu fragen ist, wenn eine Änderung des Bewegungszustands von Körpern erfolgt. Die Differenz zwischen der Aristotelischen und der modernen Physik ist somit nicht primär eine Differenz spezieller naturgesetzlicher Hypothesen, sondern eine Differenz jener Prinzipien, die den Rahmen naturwissenschaftlicher Erklärungen bilden. Es handelt sich, um einen Ausdruck der gegenwärtigen Theorie der Wissenschaftsentwicklung zu gebrauchen, um den Unterschied zweier Paradigmata, deren eines das Trägheitsprinzip nicht kennt, während für das andere dieses Prinzip wesentlich ist. Innerhalb gewisser Grenzen konnte auch die Aristotelische Physik die Tatsachen, um deren Erklärung es ging, begreiflich machen; erst als sich herausstellte, daß sie gewissen Tatsachen nicht Rechnung zu tragen vermag, mußte sie dem neuen Paradigma weichen. So zeigte zum Beispiel Galilei, daß der Mond nicht von anderer Art als die Erde ist, und Newton erklärte die Gestirnbewegung mit Hilfe derselben Prinzipien wie die Bewegung im terrestrischen Bereich, so daß die Annahme eines Unterschieds zwischen der Physik sublunarer und der Physik supralunarer Bewegungen hinfällig wurde.

Den Arten der natürlichen Bewegung ordnete Aristoteles gewisse Elemente zu, nämlich der Abwärtsbewegung Erde und Wasser, der Aufwärtsbewegung Feuer und Luft, der Kreisbewegung den Äther, der als fünftes Element neben die traditionellen vier Elemente tritt. Der Äther ist nicht beobachtbar, sondern wird postuliert, weil auch der Kreisbewegung ein Element entsprechen soll. „Element" im Sinne der Aristotelischen Physik heißt etwas, das nicht mehr in anderes aufgelöst werden kann, in das sich aber anderes auflösen läßt.[26] Die Einfachheit der Elemente folgerte Aristoteles aus der Einfachheit von Bewegungen.

Gemäß der für ein Element natürlichen Bewegung gibt es für jedes Element einen natürlichen Ort, nach dem es strebt und zu dem hin es sich bewegt, wenn es nicht gehemmt wird. Demgemäß strebt alles nach einem Zustand, der sein natürliches Ziel ist. Auch in der Annahme, daß den Dingen ein Streben nach ihrem natürlichen Ort eignet, äußert sich der teleologische Charakter der Aristotelischen Naturphilosophie, die auch bei Erklärungen von Vorgängen im anorganischen Bereich den Gesichtspunkt des Zwecks zur Geltung kommen läßt.

Der Kampf gegen die auf Aristoteles zurückgehende Annahme einer Natur-Teleologie sollte zu den wichtigsten Anliegen der Naturwissenschaft und der Philosophie der frühen Neuzeit werden. In der Annahme, daß die Dinge nach einem Ziel streben, erblickten die Naturwissenschaftler der Neuzeit eine unerlaubte Übertragung von Zügen menschlichen Handelns auf die Natur; ihrer Ansicht nach kann nur bei beseelten Wesen von einem Streben die Rede sein. Deshalb lehnten sie es z.B. ab, das Emporsteigen von Flüssigkeit in einem Pumpenrohr durch die Annahme zu erklären, die Flüssigkeit strebe danach, die Entstehung eines leeren Raums zu vermeiden, weil sie, wie alle Körper, das Leere scheue (horror vacui). Der Unterschied der Auffassungen ist fundamental: Aristoteles hielt das Universum für lebendig und konnte daher auch in einzelnen Dingen Züge erblicken, wie sie sich bei Lebewesen finden, während sich die Physik des 17. Jahrhunderts in schroffem Gegensatz zum Aristotelismus (und zur spekulativen Naturphilosophie der Renaissance) auf mechanistische Erklärungen beschränkte.

Aristoteles war sich darüber im klaren, daß er in bezug auf die teleologische Naturbetrachtung an Anaxagoras anknüpfte; er meinte jedoch, sein Vorläufer habe es versäumt, den teleologischen Gesichtspunkt konsequent zur Geltung zu bringen. Eben das wollte Aristoteles mit seiner Naturphilosophie, namentlich mit der Lehre vom natürlichen Ort der Dinge, erreichen. Inhaltlich unterscheidet sich seine Auffassung jedoch deutlich von der Anaxagoreischen. So bestritt er, daß es unbegrenzt viele Elemente geben könne, wie Anaxagoras gemeint hatte. Die Zahl der einfachen Bewegungen ist begrenzt, und daher kann es nur eine begrenzte Zahl von den Bewegungsarten zugeordneten Elementen geben. Umgekehrt kann es auch nicht nur ein einziges Element geben, da es mehr als eine Bewegungsart gibt. Jedes der ersten vier Elemente kann in ein anderes, ihm entgegengesetztes übergehen; das fünfte Element hat dagegen keinen Gegensatz, weil es keinen Gegensatz zur Kreisbewegung gibt; es kann also auch nicht vergehen. Aus der Ewigkeit der Kreisbewegung folgerte Aristoteles die Ewigkeit der Welt. Die Welt ist seiner Ansicht nach einzig, und sie hat, weil sich die Gestirne auf konzentrischen Kreisbahnen bewegen, einen Mittelpunkt. Die Mitte des Kosmos kann jedoch kein geometrischer Punkt sein, da man von einem solchen weder sagen kann, daß er bewegt, noch daß er unbewegt sei. Das Zentrum der Welt muß daher als unbewegter Körper gedacht werden, der im Zentrum des Alls ruht, und als solcher kommt nach Aristoteles nur die Erde in Betracht. Da der Erde etwas entgegengesetzt sein muß, muß es auch Feuer geben, und zwischen Erde und Feuer weitere Elemente, die sich zu diesen gegensätzlich verhalten, nämlich Wasser und Luft. Das Weltall dachte sich Aristoteles als Kugel. Die Gestirne sind an Kugelschalen – den Sphären – angebracht, mit denen sie sich bewegen; da die Sphären von Gestirngeistern bewegt sein sollen, konnte Aristoteles auch die Gestirne in gewissem Sinne als göttlich bezeichnen. Außerhalb des Kosmos gibt es weder Raum noch Zeit, da diese nicht unabhängig von räumlichen und zeitlichen Seienden bestehen. Diese Vorstellung vom

Kosmos hat über viele Jahrhunderte nicht nur die naturphilosophischen Spekulationen, sondern auch die Astronomie beeinflußt. Erst in der Renaissance wurde sie endgültig überwunden.

Aristoteles hat nicht nur den allgemeinen Rahmen einer Naturphilosophie entworfen, sondern ihn auch inhaltlich ausgefüllt. Seine naturkundlichen, insbesondere seine zoologischen und botanischen Werke beeindrucken durch eine Fülle von systematisch geordneten Einzelbeobachtungen, und diese sorgfältige Beachtung der Erfahrungstatsachen dürfte dazu geführt haben, daß man Aristoteles oft als „Empiristen" Plato als spekulativem Denker gegenübergestellt hat. Zweifellos war er auch ein Empiriker; aber das heißt nicht, daß er ein Empirist gewesen ist.

Die Einstellung, die Aristoteles als Naturforscher einnahm, charakterisierte er selbst vor dem Hintergrund des Verhältnisses von unvergänglicher Wirklichkeit und gewordenen, vergänglichen Dingen. Das Unvergängliche (d. h. die Welt jenseits der Mondsphäre) können wir nur in unvollkommener Weise erfassen, indem wir von den uns nahen Dingen aus Überlegungen über sie anstellen. Von den veränderlichen Dingen haben wir reichere Kenntnisse, weil wir mitten unter ihnen leben. Wir können sie genauer und umfassender erkennen als die unveränderliche Wirklichkeit – nämlich den Himmel im Sinne der Kosmologie –, wir können sie klassifizieren und ihre Entstehung begreifen. Obwohl Aristoteles überzeugt war, daß die Naturerkenntnis genauer und vielfältiger ist als die Erkenntnis der unvergänglichen Wirklichkeit, so ist doch deren Erkenntnis wegen der Erhabenheit ihres Gegenstandes besonders anziehend.[27]

So wie Aristoteles nicht einseitig für die Erforschung der veränderlichen Dinge auf Kosten der Kosmologie plädierte, so war er überzeugt, daß die Naturphilosophie insgesamt in einen metaphysischen Rahmen gestellt werden müsse. Das menschliche Wissen in seiner Gesamtheit bildet in seinen Augen eine ideale Einheit, weil die verschiedenen Forschungsbereiche letztlich von den allgemeinsten Prinzipien der Ersten Philosophie zusammengehalten werden. Die empirische Naturforschung ist nicht unabhängig vom metaphysischen Rahmen, so wie dieser nicht um seiner selbst willen entworfen wird, sondern die Funktion hat, eine vollständige Systematisierung des menschlichen Wissens zu ermöglichen.

5. Die Seelenlehre

Auch die menschliche Seele gehört nach Aristoteles zur Natur, weshalb die Psychologie unter Aristotelischen Bedingungen als Teil der Naturphilosophie gilt. Der Zusammenhang beruht darauf, daß die Seele als Form des Organismus aufgefaßt und damit in die Hierarchie der Formen im allgemeinen einbezogen wird. Nicht nur die Menschen sind beseelt, sondern alle organischen Wesen; der Mensch überragt aber Tiere und Pflanzen, weil seine Seele nicht nur vegetative und animalische Funktionen hat, sondern auch über Vernunft verfügt. Da Aristoteles in der menschlichen Seele die Form des Gesamtorganismus erblickte, erklärte er sie nicht nur zum Prinzip der Geistigkeit, sondern auch zum Prinzip der Ernährung, der Fortpflanzung, der Wahrnehmungsfähigkeit und des Trieblebens. In diesem Sinne ist die Seele „das erste leitende Prinzip (Entelechie) eines organischen Naturwesens".[28]

Wie Plato unterschied Aristoteles verschiedene Vermögen der Seele, ordnete ihnen aber nicht Teile im eigentlichen Wortsinn zu. So ist zum Beispiel das Wahrnehmen eine Funktion, die sich von der Funktion des begrifflichen Denkens unterscheidet.

In seiner Theorie der Wahrnehmung ging Aristoteles davon aus, daß Dinge als so und so geformter Stoff auf die Sinnesorgane einwirken und durch deren Vermittlung in der Seele Eindrücke hervorrufen, wobei nicht die Dinge selbst, sondern nur deren Formen vermittels der Sinnesorgane von der Seele aufgenommen werden. Das Verhältnis von Materie und Form wird durch den Vergleich mit dem Verhältnis zwischen dem Siegel und dem Wachs, dem es aufgeprägt ist, veranschaulicht – ein Vergleich, der bis in die Neuzeit in der Lehre von der Wahrnehmung eine Rolle spielen sollte. Wie die Dinge auf die Sinnesorgane einwirken, bleibt offen, doch ist klar, daß es immer durch ein Medium geschieht.

Vom Wahrnehmen wird das vernünftige Denken unterschieden und zwischen beiden als vermittelndes Vermögen die Einbildungskraft (oder Phantasie) angesetzt, weil die Vernunft nach Aristoteles die Wesenheiten der Dinge nicht unmittelbar erfaßt, sondern sie nur dadurch erkennt, daß sie aus den Phantasievorstellungen das Allgemeine abstrahiert. Die Phantasievorstellungen sind von den Wahrnehmungsbildern abhängig und stehen wie diese mit körperlichen Vorgängen in Zusammenhang. Das vernünftige Denken ist dagegen an kein Organ gebunden. Im Erkenntnisprozeß lassen sich somit mehrere Stufen unterscheiden: In der Wahrnehmung wird die Form des anschaulichen Dings erfaßt; diese Form wird in den Vorstellungen der Einbildungskraft bewahrt und zur Grundlage der Abstraktion durch den Verstand gemacht, der von zufälligen Bestimmungen des Vorgestellten absieht und nur die allgemeinen Formelemente – die Wesenheit – beibehält. Die unanschauliche Form ist Inhalt des Begriffs, den der Verstand als rezipierendes Vermögen erfaßt. Wir hätten also keine Begriffe, wenn es keine Sinneswahrnehmungen gäbe. Dieser Gedanke wurde später in die Formel gekleidet: Nichts ist im Intellekt, was nicht vorher in den Sinnen gewesen ist. (Nihil est in intellectu, quod non prius fuerit in sensu.) Das Aristotelische Modell läßt aber auch erkennen, daß Begriffe nicht gebildet werden könnten, wenn nicht in der anschaulichen Vorstellung und letzten Endes in den Dingen Formen enthalten wären, die als solche bereits allgemein sind und nur von den zufälligen Bestimmungen abgesondert zu werden brauchen, um als Allgemeines erfaßt werden zu können. Im Erkenntnisvorgang identifiziert sich die Seele somit mit den allgemeinen Strukturen der Wirklichkeit: Das Erkennende muß mit seinem Gegenstand eines sein,[29] und die menschliche Seele ist, sofern sie erkennt, sozusagen die Dinge.[30]

Wenn die Seele als Form aufgefaßt wird, scheint zunächst für sie dasselbe gelten zu müssen wie für beliebige andere Formen: daß sie nämlich mit dem Geformten zugrunde geht. So hört die Form einer Vase zu bestehen auf, wenn die Vase zertrümmert wird. Aristoteles wich aber dieser Folgerung aus: Seiner Ansicht nach hören nur die niederen Seelenteile mit dem Tode zu bestehen auf, nicht aber der Geist als vernünftige Spontaneität. Die geistige Energie ist unvergänglich, während die Bewußtseinsinhalte – die Vorstellungen, Kenntnisse, Einsichten – vergehen. Daher ist anzunehmen, daß der Geist nach dem Tode nichts mehr von den Erfahrungen des vorangegangenen Lebens besitzt und namentlich keine Erinnerungen hat, die ihn mit dem Dasein vor dem Tode verbinden. In der Schrift „Über die Seele" heißt es in diesem Sinne vom Geist: „ ... erst wenn er abgetrennt ist, ist er das, was er wirklich ist, und nur dieses ist unsterblich und ewig. Wir erinnern uns aber nicht daran; denn der eine Teil ist wohl leidenslos, der leidensfähige Geist ist aber unvergänglich, und ohne diesen gibt es kein Denken."[31] Die auf pythagoreische bzw. platonische Vorstellungen zurückweisende Annahme, daß dem Geist gegenüber den übrigen Formen organischer Wesen eine Sonderstellung zukomme, wird in einem Bruchstück des verlorenen Dialogs „Eudemus" klar ausgesprochen. Hier wird von Aristoteles' verstorbenem Freund Eudem erzählt, daß er als Gefangener des Tyrannen Alexander von Pherae träumte, der Tyrann werde in Kürze umkommen, er selbst, Eudem, aber fünf Jahre später in seine Heimat zurückkehren. Tatsächlich aber starb er fünf Jahre nach jenem Traum. Der Traum habe aber insofern die Wahrheit verkündet, als

Eudem in gewissem Sinne wirklich in die Heimat zurückkehrte, nämlich in die Heimat der Seele, in die sie eingeht, sobald sie sich vom Körper trennt.[32] Wenn die Seele den Körper verlassen kann, dann liegt die Annahme nahe, daß sie bzw. ihr höchster Teil, der Geist, „von außen" in die menschliche Person eintritt, wie Aristoteles sagte und gleichzeitig den Geist für etwas Göttliches erklärte.[33] Auch in der Schrift „Über die Seele" heißt es vom Geist, er sei abgetrennt, d. h. nicht (mit der Materie) vermischt.[34]

Das Motiv, das Aristoteles anfänglich veranlaßt haben dürfte, den Geist als etwas Unsterbliches und Göttliches aufzufassen, ist in der Ansicht zu erblicken, daß der Mensch durch den Geist als tätiges Prinzip des Denkens Anteil am Göttlichen und an dessen Glückseligkeit erlangen kann. Der Geist gilt demnach als etwas, das allem Leiden entzogen ist und das nach dem Tod des Menschen in jene Sphäre der Gestirne zurückkehrt, der er entstammt und in der er ewig ein glückseliges Leben der Betrachtung führt. Wie bei Plato ist daher auch vom angedeuteten Aristotelischen Standpunkt aus der Tod als Übergang zu einer besseren Existenzform anzusehen. Auf diese Ansicht scheint eine Stelle im Dialog „Eudemus" hinzuweisen, an der Aristoteles den gefangenen Silen zu Midas sagen läßt: „Für die Menschen ist es das beste, überhaupt nicht geboren zu werden und nicht teilzuhaben selbst an der Natur des Besseren. Denn das beste ist es für alle, Männer und Frauen, nicht geboren zu werden. Was aber nachher kommt und was als erstes unter den menschlichen Dingen erfüllbar ist, dem Rang nach aber das zweite, das ist, wenn man geboren ist, so schnell als möglich zu sterben."[35]

Vom Standpunkt der entwickelten Aristotelischen Philosophie aus läßt sich aber schwerlich mehr davon sprechen, daß die Seele unabhängig vom Körper existieren könne: Die Annahme einer vom Organismus abtrennbaren Seele ist mit der Auffassung der Seele als Form des Körpers unverträglich. Wenn Aristoteles in der Schrift „Über die Seele" erklärt, „daß die Zustände der Seele in keiner Weise abtrennbar sind von der physischen Materie der Lebewesen",[36] dann könnte man zwar erwägen, ob nicht gemeint sei, daß die geistige Seele als solche unabhängig vom Körper bestehen könne, nicht aber ihre Inhalte, nämlich Begriffe, Sätze, Theorien. Dem steht aber die Feststellung entgegen, daß „die Seele nicht vom Körper abtrennbar ist und ebensowenig gewisse Teile von ihr".[37]

Aristoteles wollte sich nicht darüber äußern, wie sich die Seele zum Körper verhält: Es ist seiner Ansicht nach unklar, „ob die Seele etwa in der Weise zweckmäßig lenkendes Prinzip des Körpers ist wie der Schiffer für das Schiff".[38] Trotzdem kann man ausschließen, daß er das Bewußtsein für eine bloße Begleiterscheinung physiologischer Vorgänge hielt. Wenn er die Seele „Form" des Organismus nannte, bedeutet das nicht, daß sie nur ein Aspekt des organischen Lebens ist; sie ist vielmehr ein Prinzip, das erst zusammen mit der Materie den einheitlichen Organismus bildet.

Angesichts der verschiedenen Äußerungen über das Verhältnis von Körper und Seele erhebt sich die Frage, in welchem Sinne im Rahmen der Aristotelischen Philosophie von Unsterblichkeit gesprochen werden kann. Wird der Geist als überpersönliche geistige Energie aufgefaßt, dann scheint er nur vorübergehend im Körper zu Gast zu sein; sieht man in ihm eine Funktion der Seele und faßt diese als Form des Körpers auf, dann scheint für sie gelten zu müssen, was für Formen im allgemeinen gilt, nämlich daß sie mit dem Individuum, dessen Form sie ist, zugrunde geht. Angesichts der Zweideutigkeit der Texte war die Frage, ob die Annahme einer individuellen Unsterblichkeit mit den Voraussetzungen der Aristotelischen Seelenlehre verträglich sei, stets kontrovers. So glaubte man in der aktiven geistigen Energie – dem tätigen Intellekt – bald einen Teil des göttlichen Geistes erblicken zu können, bald sein Geschöpf; bald glaubte man, die im Individuum wirkende geistige Spontaneität sei nur in dem Sinne unsterblich, daß sie als etwas Unpersönliches fortbestehe, bald nahm man an, sie erhalte sich als etwas Individuelles. Die letztere Auffassung vertraten namentlich die christlichen Aristoteliker des Mittelalters, die die Aristotelische Auffassung der Seele mit dem christlichen Unsterblichkeitsglauben versöhnen wollten. In der Renaissance wurde gelegentlich auch die Ansicht vertreten, daß Aristoteles die Unsterblichkeit überhaupt geleugnet habe.

Letzten Endes handelt es sich hier um ein Interpretationsproblem, das in die Frage mündet, ob überhaupt von einer einheitlichen Aristotelischen Seelenlehre gesprochen werden kann. Möglicherweise hat Aristoteles die beiden angedeuteten Auffassungen – nämlich einerseits, daß die Seele als ganze (mit dem Intellekt) Form unter Formen ist, andererseits, daß der „abgetrennte" Intellekt unsterblich ist – nicht gleichzeitig vertreten, sondern zunächst, unter dem Einfluß der Platonischen Philosophie, die jenseitige Herkunft des Geistes angenommen und später die menschliche Seele als ganze, d.h. unter Einschluß ihrer rein geistigen Funktionen, als Form des Organismus verstanden, mit der (mindestens impliziten) Konsequenz, daß sie dann das Schicksal von Formen im allgemeinen teilen muß: mit dem Zerfall des Organismus zu verschwinden.[39] Aristoteles hätte nach dieser Deutung eine radikale Modifikation seiner Auffassung vorgenommen, indem er zunächst annahm, der Geist, namentlich als tätiger Geist, trete – als naturfremdes Prinzip, als das Göttliche im Menschen – von außerhalb in die menschliche Person ein, später aber den Geist als Funktion der Seele bestimmte und diese in die hierarchische Ordnung der Formen einbezog, so daß die Seele als ganze zur Natur gehört, wenn sie sich auch von anderen Formen durch spezifische Vermögen unterscheidet. Aristoteles hätte sich demgemäß im Verlauf seiner Denkentwicklung von der pythagoreisch-platonischen Seelenwanderungslehre distanziert. Eine Alternative bietet die Annahme, daß Aristoteles von verschiedenen Standpunkten aus über die Seele gesprochen habe: Wo er als Metaphysiker redet, bezeichnet er die

Seele als leibunabhängig; wo er sich als Naturwissenschaftler äußert, sieht er die Seele in Verbindung mit dem Körper. In diesem Fall wäre zu erwarten gewesen, daß er auf den jeweiligen Gesichtspunkt hinweist. Weil er das nicht tat, kommt der Entwicklungshypothese größere Plausibilität zu.

Da den Aristotelischen Schriften keine einheitliche Theorie des Leib-Seele-Verhältnisses zu entnehmen ist, konnten sich die Vertreter sehr verschiedener Auffassungen auf sie berufen, so daß sie bald für die Lehre von der individuellen Unsterblichkeit (wie in der christlichen Deutung), bald für eine pantheistische Auffassung des tätigen Geistes (wie bei manchen arabischen Philosophen des Mittelalters), bald für eine naturalistische Seelenauffassung (wie bei einigen Aristotelikern der Renaissance) in Anspruch genommen wurden.

6. Logik und Erkenntnislehre

Aristoteles hat das Verdienst, die formale Logik begründet zu haben, der er eine so vollständige Gestalt gab, daß noch Kant die Ansicht vertreten konnte, seit den Tagen des Aristoteles habe die Logik keinen Schritt rückwärts und keinen Schritt vorwärts tun können.[40]

Logisch folgerichtiges Denken gibt es natürlich nicht nur in den Wissenschaften, sondern auch im Alltag, und auch das mythische Denken läßt sich nicht als prälogisch kennzeichnen. Allerdings wurde die Form des logisch folgerichtigen Denkens erst nach und nach klar bestimmt. In der Mathematik geschah das seit den ersten Ansätzen einer Axiomatisierung der Geometrie. In der Philosophie schärfte Zeno von Elea das Bewußtsein für logische Probleme, und Plato deutete gelegentlich auf die axiomatische Methode hin, ohne sie jedoch präzis zu beschreiben. Es war Aristoteles vorbehalten, die logischen Beziehungen zwischen Voraussetzungen von Argumenten und Folgerungen zu bestimmen und damit die Fundamente der Logik zu legen.

Die Logik ist bei Aristoteles einerseits Lehre von den Formen des wahren Urteilens und richtigen Schließens, namentlich in wissenschaftlichen Beweisen. In diesem Sinne soll sie die Frage beantworten, wie wir denken müssen, wenn wir zu richtigen Ergebnissen gelangen wollen. Sie ist damit Wissenschaft von den Prinzipien, die dem richtigen Denken zugrunde liegen. Andererseits soll sie diese Prinzipien begründen, und sofern dies mit den Mitteln der Metaphysik geschieht, hat die Aristotelische Logik einen metaphysischen Aspekt.

Bei Aristoteles werden die logischen Prinzipien dadurch metaphysisch verankert, daß sie als Anwendungsfälle metaphysischer Prinzipien dargestellt werden. So lautet das metaphysische Prinzip vom ausgeschlossenen Widerspruch: Es ist unmöglich, daß ein und demselben Seienden im gleichen Zeitpunkt und in derselben Hinsicht eine Bestimmung zukommt und nicht zukommt. Man braucht nur, anstatt von Seienden im allgemeinen, von Urteilen zu sprechen, und anstatt von Bestimmungen überhaupt von „wahr", um zum Widerspruchsprinzip im logischen Sinne zu gelangen: Es ist unmöglich, daß ein Urteil wahr und nicht wahr (d. h. falsch) ist. Ähnlich verhält es sich mit dem Prinzip vom ausgeschlossenen Dritten, das in seiner logischen Formulierung besagt, daß es keine dritte Möglichkeit zwischen Wahrheit und Falschheit eines Urteils gibt. Daher kann aus der Wahrheit eines Urteils auf die Falschheit des ihm kontradiktorisch entgegengesetzten Urteils geschlossen werden und umgekehrt.

Die obersten Grundsätze der Logik sind gültig, weil sie immer schon vorausgesetzt werden müssen, wenn wir urteilen, d. h. Behauptungen über etwas mit Wahrheitsanspruch aufstellen. In diesem Sinne erklärte Aristoteles: „Ein Prinzip, welches jeder notwendig besitzen muß, der irgendetwas von dem Seienden erkennen soll, ist nicht eine bloße Annahme: Was jeder erkannt haben muß, der irgendetwas erkennen will, muß er schon besitzen. Daß ein solches Prinzip das sicherste von allen ist, ist klar."[41] Damit soll nicht behauptet werden, daß Aristoteles die logischen Grundsätze ausgehend von den entsprechenden metaphysischen Prinzipien gewonnen habe, sondern nur, daß er sie mit Hilfe der letzteren zu begründen suchte. Es kann durchaus anerkannt werden, daß er zunächst die Grundsätze der Logik formulierte und erst nachträglich zu den entsprechenden metaphysischen Grundsätzen gelangte; sobald er dies aber getan hatte, erblickte er in den letzteren den Grund der Gültigkeit der ersteren.

Hier zeigt sich ein Grundzug der Aristotelischen Logik, nämlich die Überzeugung, daß Denk- und Seinsformen einander entsprechen und daß den Formen der Wirklichkeit der Vorrang zukommt: Die Formen, die die Logik betrachtet, sind gleichsam der Niederschlag der Seinsstrukturen im Denken. Wir denken daher nach Aristoteles richtig, wenn wir in Übereinstimmung mit den allgemeinen Formen der Wirklichkeit denken. Diese Überzeugung hat bis in die jüngste Zeit Anhänger gefunden. Sie lag noch dem Konzept einer dialektischen Logik zugrunde, wie es in der Nachfolge Hegels namentlich von materialistischen Dialektikern immer wieder vertreten wurde. Während Aristoteles aber von unveränderlichen Formen der Wirklichkeit ausging, nahmen die Anhänger der dialektischen Philosophie an, daß die Wirklichkeit wesentlich dynamischen Charakter habe. Da sie aber, ähnlich wie Aristoteles, die Abhängigkeit der Denkformen von der Struktur der Wirklichkeit behaupteten, folgerten sie, daß sich die Logik durch die Bildung „elastischer" Begriffe der im Werden befindlichen Wirklichkeit anpassen müsse. Weil sie darüber hinaus im Werden, in der Veränderung, in der Bewegung etwas Widerspruchsvolles erblickten, lehnten sie das Aristotelische Widerspruchsprinzip ab und forderten eine Logik des Widerspruchs – eine Forderung, die sie begreiflicherweise nicht zu erfüllen imstande waren. Im Unterschied zu einer Logik, die in den logischen Prinzipien Entsprechungen von

Seinsprinzipien erblickt, geht die moderne formale Logik davon aus, daß logische Grundsätze, wie alle logisch-wahren Sätze, nichts über die Wirklichkeit aussagen; sie sind gerade deshalb notwendig wahr, weil sie mit jeder beliebigen Wirklichkeit verträglich sind. Nicht die Dialektik hat also die Aristotelische Logik abgelöst, sondern die moderne mathematisierte Logik, wie sie von Gottlob Frege, Bertrand Russell, Alfred N. Whitehead und anderen entwickelt wurde.

Die Annahme einer Entsprechung von Denk- und Seinsformen liegt auch der Aristotelischen Kategorienlehre zugrunde. Unter „Kategorien" verstand Aristoteles nicht nur (gemäß der ursprünglichen Wortbedeutung) Aussageweisen, sondern zugleich, ja in erster Linie, Seinsweisen. So wie den Begriffen im allgemeinen Wesenheiten entsprechen, so ordnete Aristoteles auch den fundamentalen Begriffen unseres Begriffssystems – den Kategorien – etwas Wirkliches zu. Ausgangspunkt für die Gewinnung der Kategorien ist das Urteil der Form *S ist P* (z. B. „Sokrates ist weise"). Beim Urteil bzw. bei der Aussage ist zwischen dem, von dem etwas ausgesagt wird – dem Urteilssubjekt –, und dem, was ausgesagt wird – dem Prädikat –, zu unterscheiden. Auf der Seite der Wirklichkeit soll dem Subjekt der Aussage die Substanz, dem Prädikat das Akzidenz (die Bestimmung) entsprechen,[42] womit die kategoriale Grundeinteilung gegeben ist: Etwas wird ausgesagt entweder als Substanz oder als Akzidenz.[43] Da die kategorialen Aussageweisen nach Aristoteles zugleich Seinsweisen sind,[44] ist nicht nur zu sagen, daß etwas als Subjekt oder als Prädikat ausgesagt wird, sondern ebenso, daß alles, was ist, entweder Substanz oder Akzidenz (Bestimmung der Substanz) ist.

An anderer Stelle nimmt Aristoteles eine Dreiteilung vor und stellt der Substanz die Eigenschaften und die Beziehungen gegenüber.[45] Der Grundgedanke scheint zu sein, daß die von einem Subjekt ausgesagten Prädikate entweder einstellig oder mehrstellig sein können, d. h. entweder Eigenschaften oder Relationen. Diese Einteilung ist offensichtlich vollständig, wenn man berücksichtigt, daß Relationen auch mehr als zweistellig sein können. Wenn Aristoteles eine weitergehende Unterteilung der Akzidentien vornimmt, kann er dagegen nicht mehr beanspruchen, eine vollständige Klassifikation vorgenommen zu haben. Das gilt für die Liste von Akzidentien, die Qualität, Quantität, Relation, Ort, Zeit, Lage, Tun, Leiden und Verhalten (lat. habitus) enthält, so daß sich, mit Einbeziehung von „Substanz", die Zehnzahl der Kategorien ergibt.[46]

Die Frage, wie Aristoteles zu dieser Liste gelangte, läßt sich nicht definitiv beantworten, doch liegt die Annahme nahe, daß er sich an grammatikalischen Einteilungen orientiert haben könnte. Zugunsten dieser Annahme spricht, daß die drei zuletzt genannten Kategorien den Genera des griechischen Verbs entsprechen, nämlich dem Activum, dem Passivum und dem Medium. Als Beispiel für das Medium dient das Verb „sich die Schuhe anziehen" (hypodêsthai), was dann den Gedanken nahelegen mochte, die Kategorie beziehe sich auf das, was man anhat. (Daher unser Wort „Habit", z.B. „Mönchs-Habit".) Weil diese Kategorie aber auch zur Bezeichnung gewohnheitsmäßiger Verhaltensweisen diente, konnte „Habitus" auch die Bedeutung „Gewohnheit" annehmen. Jedenfalls muß eine Einteilung in Anlehnung an grammatikalische Begriffe als zufällig gelten, und so gesehen ist Kants Einwand, Aristoteles habe die Kategorien aufgerafft, „wie sie ihm aufstießen",[47] kaum von der Hand zu weisen. Für die oben angedeutete Zwei- und Dreiteilung gilt das jedoch nicht.

Begriffe können nicht im eigentlichen Sinne wahr oder falsch sein; die Wahrheitsfrage stellt sich erst beim Urteil. Ein Urteil ist wahr, wenn es Begriffe so verbindet bzw. trennt, wie die entsprechenden Elemente der Tatsache verbunden bzw. getrennt sind. Wahr urteilt, wer vom Getrennten sagt, daß es getrennt, und vom Zusammenseienden, daß es zusammen ist, wie Aristoteles ausdrücklich sagt.[48] Im

Urteil „Aristoteles ist alt" werden „Aristoteles" und „alt" verbunden; wenn das Altsein dem Aristoteles in Wirklichkeit zukommt, ist das Urteil wahr, und analog ist ein verneinendes Urteil wahr, wenn das im Subjekt und im Prädikat Ausgesagte in Wirklichkeit getrennt sind. Kurz: Ein Urteil ist nach Aristoteles wahr, wenn es mit der beurteilten Tatsache „übereinstimmt". Weil der Aristotelische Begriff der Übereinstimmung (homoíôsis) im Lateinischen mit dem Ausdruck „adaequatio" wiedergegeben wird, pflegt die von Aristoteles vertretene Wahrheitsauffassung als „Adäquationstheorie der Wahrheit" bezeichnet zu werden; daneben wird heute gleichbedeutend auch der Ausdruck „Korrespondenztheorie" verwendet.

So wie ein Urteil in einer Verbindung von Begriffen besteht, so besteht ein Schluß aus einer Verbindung von Urteilen. Ein einfacher Schluß (Syllogismus) liegt vor, wenn daraus, daß A allen B und B allen C zukommt, gefolgert wird, daß A allen C zukommt.[49] Dies läßt sich so explizieren, daß aus zwei Prämissen – dem Ober- und dem Untersatz – der Schlußsatz (die Konklusion) folgt, wenn die Prämissen einen gemeinsamen Begriff, den sogenannten Mittelbegriff, enthalten, der zwischen ihnen vermittelt. Aristoteles hat als erster die Formen des syllogistischen Schließens und die Grundsätze, auf denen seine Schlüssigkeit beruht, präzisiert.

Betrachtet man den folgenden Syllogismus: *Wenn alle Menschen sterblich und wenn alle Heroen Menschen sind, dann sind alle Heroen sterblich*, so ist „Mensch" Mittelbegriff, der, nachdem er seine Funktion erfüllt hat, im Schlußsatz nicht mehr auftritt. Die Verbindung zwischen den Begriffen „Heros" und „sterblich" kann in zweifacher Weise hergestellt werden. Einerseits kann man sagen, die Bestimmung der Sterblichkeit gehöre zum Begriff „Mensch", und die Bestimmung des Menschseins gehöre zum Begriff „Heros", so daß sich Sterblichkeit mittelbar als Bestimmung von „Heros" erweist; andererseits kann von Mengen von Individuen, die unter einen Begriff fallen, ausgegangen werden: Wenn die Menge der Heroen in der Menge der Menschen und diese in der Menge der sterblichen Wesen enthalten ist, dann ist die Menge der Heroen in der Menge der sterblichen Wesen enthalten. Im ersten Fall betrachtet man den Inhalt (die Intension) von Begriffen, und die entsprechende Auffassung der syllogistischen Beziehungen heißt „intensional"; im zweiten Fall geht es um Beziehungen zwischen Begriffsumfängen (Extensionen), so daß von einer extensionalen Deutung des Syllogismus zu sprechen ist.

Wenn Aristoteles den Mittelbegriff als Begriff bestimmt, „der in einem anderen ist und einen anderen in sich begreift", folgt er der intensionalen Betrachtungsweise; aber auch die extensionale Betrachtungsweise ist zulässig: „Daß das eine in einem anderen als Ganzem ist, und daß das eine von jedem anderen ausgesagt wird, bedeutet dasselbe."[50]

Das Prinzip, auf das sich die Beziehung der drei in einem Syllogismus verwendeten Begriffe stützt, besagt, „daß etwas von jedem ausgesagt wird, wenn sich keines von allen Einzeldingen, die unter das Subjekt fallen, namhaft machen läßt, von dem das andere nicht gelten würde". Dieses Prinzip wurde später „Dictum de omni" genannt, womit einerseits gemeint ist, daß, was vom Umfang eines übergeordneten Begriffs gilt, für die Umfänge aller untergeordneten Begriffe gilt: Wenn alle unter den Umfang „Mensch" fallenden Wesen sterblich sind, dann sind auch Heroen, sofern sie Menschen sind, sterblich. Andererseits meint dieses Prinzip, daß, was vom Inhalt eines untergeordneten Begriffs gilt, auch für die Inhalte der übergeordneten Begriffe gilt: Wenn Menschsein zum Begriff des Heros gehört und wenn Sterblichkeit im Menschsein enthalten ist, dann ist „Sterblichkeit" auch im Begriff des Heros enthalten. Analoges gilt, wenn etwas von keinem ausgesagt wird (dictum de nullo), wie Aristoteles hinzufügt.[51] Damit erhält die Syllogistik ein axiomatisches Fundament, das der syllogistischen Logik jene Sicherheit gibt, die bis dahin nur der Geometrie eigen war.

Da der Mittelbegriff in den Prämissen bald Subjekt, bald Prädikat sein kann, ergeben sich verschiedene syllogistische Figuren, und da die Prämissen allgemeine und besondere, bejahende und verneinende Urteile sein können, lassen sich innerhalb jeder Figur verschiedene syllogistische Modi unterscheiden. Aristoteles hat gezeigt, welche Modi schlüssig sind und welche nicht. Seine Syllogistik ist über die Jahrhunderte hinweg einflußreich geblieben, kann aber hier wegen ihres speziellen Charakters nicht im einzelnen dargestellt werden.

Die Syllogistik ist nicht die Logik schlechthin. So erkannten bereits die Stoiker, daß außer den Beziehungen zwischen Begriffen, wie sie in der Syllogistik vor allem betrachtet werden, auch Beziehungen zwischen Aussagen logisches Interesse verdienen, d.h. sie entwickelten die Aussagen-Logik, von der bei Aristoteles allenfalls Ansätze vorhanden sind. In der frühen Neuzeit bemerkte man, daß es Schlußweisen gibt, die Aristoteles nicht in Betracht gezogen hatte, obwohl sie naheliegend und dem alltäglichen Denken durchaus vertraut sind. So läßt sich aus der Voraussetzung, daß alle Kühe Wiederkäuer sind, folgern, daß Kuhmägen Wiederkäuermägen sind – eine Folgerung, die sich nicht in Form eines Syllogismus darstellen läßt. Noch Leibniz, der für die Entwicklung der Logik durch die Konstruktion von Logik-Kalkülen außerordentlich wichtig wurde, hat die Aristotelische Syllogistik geschätzt und sie in seiner Weise zu formalisieren gesucht. Erst in jüngster Zeit nahm man an einer anderen Beschränkung Anstoß, der Aristoteles die Logik unterworfen hatte: Im Rahmen seiner Auffassung darf man nur dann sagen „Alle A sind B", wenn es mindestens ein Seiendes gibt, das A ist, d.h. der Begriff „A" darf nicht leer sein. Deshalb läßt sich unter Aristotelischen Bedingungen aus „Alle A sind B" folgern „Irgendein A ist B". In gewissen modernen Logik-Systemen wird eine solche Existenz-Voraussetzung nicht mehr gemacht.

Die Aristotelische Logik soll in erster Linie der Klärung des wissenschaftlichen Beweisverfahrens dienen. Deshalb ist es begreiflich, daß in ihrem Rahmen auch die Frage nach dem Wesen des Wissens bzw. nach der Natur der Wissenschaft behandelt wurde.

Wer etwas lehrt oder lernt, stützt sich auf bereits verfügbare Erkenntnisse, die den Grund dessen bilden, was gelehrt oder gelernt wird. Infolgedessen kann man sagen, daß alles, was man lernt oder lehrt, auf einem vorgängigen, mindestens potentiellen Wissen beruht. Lernen ist also auch nach Aristoteles, ähnlich wie bei Sokrates oder Plato, Entfaltung eines impliziten Wissens, das aber bei Aristoteles nicht als eingeborenes Wissen auf Grund vorgeburtlicher Wesensschau gedeutet wird. Nicht jede begründete Erkenntnis kann aber auf einer anderen begründeten Erkenntnis beruhen, da sich in diesem Falle ein Rückgang ins unendliche ergeben würde, so daß man niemals zu ersten Erkenntnissen gelangen würde, die die Grundlage unseres systematischen Wissens bilden. Daher forderte Aristoteles erste Grundsätze, die einer Begründung weder fähig noch bedürftig sind und von denen letzten Endes alle Beweise abhängen. Solche unmittelbaren Prinzipien sind einerseits Axiome, die unmittelbar einsichtig (evident) sind, andererseits „Thesen", die wiederum in Definitionen und „Hypothesen" zu unterteilen sind. Definitionen sagen aus, was etwas ist, Hypothesen im hier gemeinten Sinn besagen, daß etwas ist oder nicht ist. Die ersten Prinzipien sind an sich bekannter als das, was aus ihnen folgt.

Die Aristotelische Auffassung von Wissen und Wissenschaft, wie sie in den ersten Kapiteln der „Zweiten Analytiken" entwickelt wird, ist dadurch charakterisiert, daß von „Wissen" im strengen Sinne nur in bezug auf Sätze gesprochen wird, die entweder begründet sind oder von denen eingesehen werden kann, daß sie unmöglich anders sein können. Apodeiktisches, d.h. auf Beweisen beruhendes Wissen haben wir von Sätzen, die aus wahren Voraussetzungen folgen, letzten Endes aus ersten Grundsätzen, die selbst nicht mehr durch andere Voraussetzungen bedingt und (logisch, nicht zeitlich) „früher" sind als die aus ihnen gefolgerten Sätze. Der Beweis, durch den die Folgesätze gewonnen werden, heißt „wissenschaftlicher Schluß", weil es sich um einen Schluß handelt, der Wissen vermittelt.[52]

Im syllogistischen Schließen geht man von allgemeinen Voraussetzungen aus, um zu etwas weniger Allgemeinem zu gelangen; wie aber erkennt man das Allgemeine? Der Aufstieg zum Allgemeinen beginnt nach Aristoteles immer mit der Wahrnehmung besonderer Dinge, in denen das Allgemeine erfaßt werden kann. Dies nannte Aristoteles „epagogé", wörtlich „Hinführung", was mit „Induktion" übersetzt wird. Es handelt sich darum, auf Grund einiger beobachteter Fälle das Allgemeine zu erkennen.[53] Wenn man z. B. weiß, daß jemand ein qualifizierter Wagenlenker ist, wenn er sich auf das Wagenlenken versteht, und jemand ein qualifizierter Steuermann ist, wenn er sich auf das Steuern eines Schiffes versteht, so kann man allgemein sagen, daß jemand in bezug auf eine Sache qualifiziert ist, wenn er sich auf sie versteht. Um zu diesem allgemeinen Urteil zu gelangen, ist es nicht nötig, alle einzelnen Fälle einer Art zu prüfen.

Die Auffassung der Wissenschaft, die Aristoteles vertrat, war nicht weniger einflußreich als seine Logik. Die Forderung, alle Sätze einer Wissenschaft im vollen Sinne des Wortes in Grundsätze und Folgesätze so einzuteilen, daß die ersteren unmittelbar einsichtig, die letzteren aber von ihnen logisch abhängig sind, beherrschte die Philosophie über die Jahrhunderte hinweg. Mit dem Ideal einer axiomatisierten Wissenschaft verbindet sich die Auffassung, daß die Basis einer solchen Wissenschaft aus Sätzen zu bestehen habe, die definitiv wahr, d. h. einer Korrektur prinzipiell nicht bedürftig sind. Das Ideal einer perfekten Wissenschaft geht somit mit dem Ideal perfekten Wissens Hand in Hand.

Dieses doppelte Ideal beeinflußte das philosophische und teilweise auch das naturwissenschaftliche Denken der Folgezeit auf weite Strecken.

Aristoteles hat auch die Philosophie im Sinne seines Programms als Wissenschaft aufgefaßt; deshalb stützte er sich auf allgemeine und seiner Ansicht nach unbezweifelbare Prinzipien, von denen die spezielleren philosophischen Sätze abhängen. Daß er dabei nicht jene Strenge erreichte, zu der die zeitgenössische Mathematik bereits fähig war, hängt mit dem Charakter der Philosophie zusammen, der sich vom Charakter der Mathematik wesentlich unterscheidet: Die Philosophie, insbesondere ihr grundlegender Teil, die Metaphysik (bzw. die Erste Philosophie), ist Wissenschaft von wirklichen Gegenständen und Gegenstandsbereichen, während es die Mathematik mit formalen Zusammenhängen zu tun hat, die unabhängig von der Frage untersucht werden, ob sie realisiert sind. Unübersehbar ist aber der systematische Charakter der Aristotelischen Philosophie: Ihre Sätze werden nicht, wie z.B. bei Heraklit, mit prophetischem Gestus ausgesprochen, sondern mit Gründen gestützt, wobei die letzten Gründe dem Anspruch nach evidente Grundsätze sein sollen. Dabei war Aristoteles stets bestrebt, auch andere mögliche Auffassungen zu berücksichtigen, um eine begründete Entscheidung angesichts konkurrierender Theorien vornehmen zu können. Der von ihm geprägte Denkstil beeinflußte die spätere Philosophie nachhaltig, unter anderem auch die späteren Platoniker, die ihre Auffassungen nicht mehr ohne die Stütze von Argumenten von der Art der Aristotelischen vertreten wollten oder konnten.

7. Probleme der Praxis: Ethik und Staatslehre[54]

a) Der begriffliche Rahmen der Ethik

Von den beiden möglichen Auffassungen der Ethik, nämlich als normativer Diszplin, die Vorschriften aufstellt oder begründet, und als beschreibend-erklärender Wissenschaft, hat Aristoteles im wesentlichen die zweite Auffassung vertreten: Er fragte nicht in erster Linie, wie Menschen handeln sollen, sondern er fragte, nach welchen Kriterien Handlungen moralisch beurteilt werden.

Zunächst hatte auch Aristoteles die Frage gestellt, was das sittlich Gute sei, und sie dahingehend beantwortet, daß das Gute in der Glückseligkeit des betrachtenden Geistes bestehe. Die Glückseligkeit der reinen Schau, der Theoría, ist etwas Göttliches, an dem der Mensch aber nur in beschränktem Maß teilhat, wie sich darin zeigt, daß Glück für ihn kein Dauerzustand sein kann. Die volle Glückseligkeit ist der Gottheit vorbehalten; dem Menschen wird sie nur so weit zuteil, als etwas Göttliches in ihm ist, nämlich der Nous, der „von außen" in das menschliche Dasein eintritt und dessen Ende überdauert. Diese Auffassung findet sich noch in der „Nikomachischen Ethik", wo es heißt: „Ein solches [nämlich vollkommen glückseliges] Leben aber wäre übermenschlich, denn man kann es in dieser Form nicht leben, sofern man Mensch ist, sondern sofern ein göttliches Element in uns wohnt. Und so groß der Unterschied zwischen diesem göttlichen Element und unserer zusammengesetzten Wesenheit ist, so weit ist auch das Wirken des göttlichen Elements von den übrigen Formen wertvoller Tätigkeit entfernt. Ist also, mit dem Menschen verglichen, der Geist etwas Göttliches, so ist auch ein Leben im Geistigen, verglichen mit dem menschlichen Leben, etwas Göttliches."[55] So wie es für jede Wesenheit eine spezifische Leistung gibt – zum Wesen des Künstlers gehört z.B. das

Schaffen von Kunstwerken –, so gibt es eine spezifische Leistung des Menschen, nämlich die Betätigung der Vernunft und in Verbindung mit ihrer vollkommenen Betätigung die Glückseligkeit: Die Eudämonie als höchstes Gut des Menschen, nämlich als erfülltes bzw. geglücktes Leben, betrifft somit die Aktualisierung der Vernunft als des spezifisch menschlichen Vermögens. Wenn Aristoteles von „Vernunfttugenden" (dianoëtischen Tugenden) sprach, folgte er der eben angedeuteten Auffassung.

Später änderte sich aber die Fragestellung: Das Interesse am Guten an sich trat bei Aristoteles zugunsten des Interesses an dem, was in bezug auf den Menschen gut ist, in den Hintergrund; gleichzeitig wurden bei seinen moralphilosophischen Untersuchungen empirische Gesichtspunkte immer wichtiger. Auch die Überordnung der reinen Theorie über die praktische Lebensform wird abgeschwächt: Das den Interessen der Gemeinschaft gewidmete Leben findet angemessene Anerkennung.

Die Frage nach der Bedeutung von „gut" kann formal oder inhaltlich aufgefaßt werden. In formaler Hinsicht läßt sich „gut" als dasjenige bestimmen, wonach alles strebt.[56] Das heißt, daß jeder Entschluß und jede Erkenntnis auf etwas Gutes gerichtet sind. Schwieriger ist es, die inhaltliche Bedeutung von „gut" anzugeben. Es genügt nach Aristoteles nicht, das Gute als Glückseligkeit zu bestimmen, da es keine einheitliche Bedeutung von „Glück" gibt, sondern darunter bald die Lust, bald die Gesundheit, bald der Reichtum oder die Ehre verstanden werden.[57] Eine Klassifikation der Auffassungen vom Glück bzw. vom höchsten Gut ergibt sich auf Grund der Unterscheidung möglicher Lebensformen, nämlich einer am Genuß, einer am Gemeinschaftsinteresse und einer an der theoretischen, insbesondere der philosophischen Erkenntnis orientierten Lebensform. Die entsprechenden obersten Werte sind Lust (Triebbefriedigung), Ehre (soziale Anerkennung) und Weisheit.[58]

Indem es Aristoteles ablehnte, nur eine einzige und einheitliche Bedeutung von „gut" ins Auge zu fassen, entfernte er sich von Plato, der von der Idee des Guten ausging. Gäbe es eine Idee des Guten im Sinne Platos, dann müßte es auch eine einheitliche Wissenschaft vom Guten geben; das ist aber nicht der Fall, da „gut" z. B. in der Medizin etwas anderes heißt als in der Moralphilosophie. Auch Aristoteles hätte, wie in unserem Jahrhundert Wittgenstein, sagen können, daß es kein „Wesen" des Guten gebe, sondern daß zwischen den Bedeutungen von „gut" eine Familienähnlichkeit bestehe, so wie es z. B. auch kein „Wesen" des Spiels gibt, an dem alle Arten von Spielen teilhaben. Obwohl es keine einheitliche Bedeutung von „Spiel" gibt, lassen sich doch Ähnlichkeitsbeziehungen zwischen der Verwendung dieses Ausdrucks in bezug auf höfische Turniere, Fußball-Matches, Schachpartien usw. herstellen. Wenn auch zwischen dem Spiel eines Kleinkindes und dem Spiel eines Schach-Großmeisters keine Ähnlichkeit mehr festzustellen sein dürfte, läßt sich über vermittelnde Zwischenglieder eine Ähnlichkeitsbrücke zwischen den Extremen schlagen, so daß sie trotz aller Unterschiede zur Familie der Spiele gerechnet werden können. Wenn es sich bei „gut" ebenso verhält wie bei „Spiel", dann verbietet sich die Annahme eines Wesens bzw. einer Idee des Guten. Das hat zur Folge, daß sich der Platonische Versuch, die Ethik unabhängig von der Erfahrung aufzubauen, als hinfällig erweist. Infolgedessen blieb Aristoteles nur der Weg über die Erfahrung, bei dem von der sittlichen Praxis, der Sitte, ausgegangen wird, um Bedeutungen von „gut" zu ermitteln, die mit dem Sprachgebrauch möglichst genau übereinstimmen. Die empirische Tendenz äußert sich in der Auffassung, daß die Ergebnisse ethischer Untersuchungen immer nur als wahrscheinlich, d. h. nicht als endgültig wahr, zu gelten hätten. In jeder Disziplin kann man nur jenen Grad an Genauigkeit erwarten, den ihr Gegenstand zuläßt; das menschliche Handeln, das den Gegenstand der Ethik bildet, läßt sich nicht exakt vorhersagen.

Mit der Berücksichtigung der Sitte kommt in der Aristotelischen Ethik der soziale Aspekt zur Geltung. Tatsächlich hat Aristoteles ausdrücklich erklärt, daß die Ethik zur „politischen" Wissenschaft gehöre.[59] Das Wort „êthos" (mit langem e) hängt mit dem ähnlichen Wort „éthos" (mit kurzem e) eng zusammen, worauf Aristoteles selbst hinwies. Das letztere bedeutet „Gewohnheit", „Herkommen", „Brauch", und über die Bedeutung von „Sitte" ist dann die Bedeutung des Begriffs „Sittlichkeit" leicht zu erreichen.

Um die Bedeutung von „gut" zu bestimmen, muß man nach der Bestimmung des Menschen fragen. Nach Aristoteles ist davon auszugehen, daß jeder Funktion eine spezifische Funktionsweise entspricht. Die spezifische menschliche Tätigkeit ist nun die Vernunft, denn vegetative und sensitive Funktionen hat der Mensch mit anderen Lebewesen gemein. Infolgedessen hielt Aristoteles die angemessene Betätigung der Vernunft für die Bestimmung des sittlich hochstehenden Menschen. In diesem Sinne konnte er sagen, das menschlich Gute sei „ein Tätigsein der Seele im Sinne der ihr wesenhaften Tüchtigkeit [Tugend]. Gibt es aber mehrere Formen wesenhafter Tüchtigkeit, dann im Sinne der vorzüglichsten und vollendetsten."[60]

Mit der Behauptung, daß der in der theoretischen Lebensweise realisierte Wert der wahre sei, überschritt Aristoteles allerdings den Bereich der bloßen Beschreibung und nahm eine Wertung vor, die letzten Endes mit seiner Auffassung vom Wesen des Menschen zusammenhängt. Wenn der Geist etwas gegenüber dem Körper und seinen Trieben Unabhängiges ist, dann stehen die „Tugenden" des betrachtenden Geistes – die dianoëtischen Tugenden – höher als die Tugenden des Menschen als einer auch von Trieben bestimmten Person – die ethischen Tugenden.

Dianoëtische Tugenden sind z. B. Weisheit oder Freundschaft. Für sie ist charakteristisch, daß es bei ihnen kein schädliches Extrem gibt, sondern daß sie um so wertvoller sind, je höher ihr Grad ist. Die ethischen Tugenden unterliegen dagegen der Forderung des goldenen Mittelwegs, weil ihr Ziel in der Unterwerfung der natürlichen Triebe unter die Vernunft besteht. Der Trieb kann nicht aus dem Seelenleben verbannt werden, da ihm eine unentbehrliche Rolle zukommt; er muß aber in jene Grenzen verwiesen werden, innerhalb deren er sich positiv auswirken kann, d.h., er ist auf ein mittleres Maß zu beschränken, das die Vernunft unter Berücksichtigung der faktischen (und somit nur empirisch bestimmbaren) Umstände ermittelt. Was jeweils als Tugend zu gelten hat, läßt sich daher nicht ein für allemal festlegen. Welches Verhalten z.B. als Tapferkeit gelten kann, hängt von den persönlichen Umständen und der äußeren Situation des Handelnden ab. So wird die Tapferkeit des Soldaten etwas anderes sein als die Tapferkeit des Zivilisten, und unter friedlichen Bedingungen wird etwas anderes als Tapferkeit gelten müssen als im Kriege. Analoges gilt für die Extreme, zwischen denen die Tapferkeit die Mitte bildet, nämlich Feigheit und Tollkühnheit. Was für einen handeltreibenden Bürger vielleicht schon tollkühn wäre, mag für einen Krieger, bei dem die Gefahr zu seinem Beruf gehört, als selbstverständliche Tapferkeit gelten, und ein Verhalten, das bei einem Kriegsmann feige wäre, braucht bei einem friedfertigen Bürger nicht anstößig zu sein. Ähnlich verhält es sich mit der Sparsamkeit als Mitte zwischen Verschwendungssucht und Geiz. Es liegt auf der Hand, daß die Ausgaben des Reichen einem anderen Maßstab zu unterwerfen sind als die Ausgaben eines Armen. Im Bereich der ethischen Tugenden muß somit eine gewisse Relativität moralischer Bewertungen anerkannt werden. Menschliches Verhalten kann nur angemessen moralisch beurteilt werden, wenn die empirischen Umstände berücksichtigt werden. Beruft man sich nur auf eine vorgebliche Einsicht in eine angenommene Idee des Guten, um unabhängig von Erfahrungen moralisch zu werten, dann kann man dem Charakter des sittlichen Verhaltens der Menschen nicht gerecht werden.

Auch in der Lehre von der Gerechtigkeit zeigt sich Aristoteles' Bestreben, auf empirische Faktoren Rücksicht zu nehmen. Anders als Plato sprach Aristoteles von „Gerechtigkeit" nicht in einheitlicher Bedeutung, sondern unterschied zwischen austeilender und ausgleichender Gerechtigkeit; die erstere brachte er mit dem geometrischen, die letztere mit dem arithmetischen Mittel zweier Größen in Verbindung. Die austeilende Gerechtigkeit sichert jedem das, wessen er würdig ist; sie ist auf den Wert und das Verdienst des einzelnen bezogen. Die ausgleichende Gerechtigkeit nimmt auf die Gleichheit der Ansprüche Bedacht und soll jedes Zuviel und Zuwenig korrigieren. Eine zusätzliche Konzession an die konkreten Verhältnisse wird mit der Forderung nach Billigkeit (griech. epieíkeia, lat. aequitas, engl. fairness) gemacht.

Da sich der Trieb nicht mit einem Male der vernünftig festgelegten Norm anzupassen pflegt, muß diese Anpassung durch Gewöhnung herbeigeführt werden. Dies macht verständlich, warum Tugenden dieser Art „ethische" heißen: Diese Bezeichnung knüpft an den bereits erwähnten Ausdruck „éthos" (Gewohnheit) an und weist auf die Abhängigkeit dieser Tugenden von Gewöhnung und Erziehung – einschließlich der Selbsterziehung – hin. Der Ausdruck „Tugend" bedeutet bei Aristoteles, anders als im christlichen Abendland, die Vollkommenheit eines Vermögens, so daß z.B. auch die Intelligenz als „Tugend" bezeichnet werden kann, da sie die Vollkommenheit des Verstandes ist. Selbst von einer „Tugend" der Füße oder der Augen konnte im Griechischen gesprochen werden.

b) Der Begriff der sittlichen Handlung

Angesichts der Frage, ob sich die sittliche Bewertung auf die Handlung oder die ihr zugrunde liegende Absicht richtet, nahm Aristoteles einen vermittelnden Standpunkt ein: Die ethische Beurteilung betrifft seiner Ansicht nach die vorsätzliche Handlung.[61]

Nicht Handlungen im allgemeinen, sondern nur vorsätzlich ausgeführte Handlungen sind moralisch zu beurteilen. Infolgedessen hat es Aristoteles für nötig gehalten, das vorsätzliche Handeln psychologisch zu analysieren. Dabei hob er einerseits die Zielgerichtetheit des Handelns hervor, andererseits die vorsätzliche Wahl der Mittel, die der Erreichung der Ziele dienen sollen. Die Beziehung zwischen Mitteln und Zwecken unterliegt der vernünftigen Abwägung.[62]

Wir können Erwägungen über die Eignung von Mitteln im Hinblick auf einen Zweck nur anstellen, wenn die Mittel weder eindeutig festgelegt noch vollkommen zufällig und daher unbestimmbar sind. Die Erwägung tritt namentlich in Situationen ein, wo es mehrere Mittel gibt, von denen sich mit hinreichender Wahrscheinlichkeit vorhersehen läßt, daß sie zum erstrebten Zweck führen. Die Abwägung betrifft immer nur die Mittel, nicht die Zwecke. So wägt der Arzt nicht ab, ob er den Kranken heilen soll, sondern nur, mit welchen Mitteln das am besten geschehen kann. Ist der Prozeß der Abwägung zum Abschluß gelangt, richtet sich das Streben vermittels der gewählten Mittel auf das vorgegebene Ziel, und zwar sofern es als erreichbar betrachtet wird. Was mit menschlicher Kraft nicht verwirklicht werden kann, ist nicht Gegenstand vernünftiger Überlegung.

Der Vorsatz ist ein aus der Abwägung hervorgegangenes Streben, das nicht mit der Begierde verwechselt werden darf, da es im Gegensatz zu dieser nur bei vernünftigen Wesen möglich ist. Die Begierde richtet sich im Unterschied zum Vorsatz immer auf die Lust. Der Vorsatz hat es mit anderen Worten stets mit Zweck-Mittel-Beziehungen zu tun, die als solche, anders als die Ziele, nicht Gegenstand des Begehrens sind. Nach Aristoteles betreffen Vorsatz und Abwägung dasselbe, wenn die letztere präzis bestimmt ist und das Auswahlprinzip im vernünftigen Teil des Ich liegt.

Vom Wollen wird festgestellt, daß es sich auf das Gute bzw. auf etwas richtet, das für gut gehalten wird. „Absolut genommen und in Wahrheit ist das Gute schlechthin Gegenstand des Wollens, für den einzelnen aber jeweils das, was ihm als gut erscheint."[63] Aristoteles erwägt als Lösung, daß der Höherstehende das wahrhaft Gute will, der Minderwertige dagegen das scheinbar Gute, wobei vorausgesetzt wird, daß nur der erstere sittlich richtig zu urteilen vermag. Das Problem der Willensfreiheit im Sinne der Indifferenz der Willensentscheidung war Aristoteles fremd; „frei" bedeutet bei ihm vielmehr „freiwillig" im Gegensatz zu „unfreiwillig" bzw. „gezwungen": Wir handeln freiwillig, wenn der Grund der Handlung in uns liegt, unfreiwillig, wenn der Grund außer uns liegt.[64] Die Abgrenzung ist unter Umständen schwierig, z.B. wenn jemand unter dem Eindruck von Drohungen oder angesichts übermächtiger Gefahren etwas tut, wozu er sich sonst nicht entscheiden würde. Da die Kenntnis der wesentlichen Faktoren der Situation Bedingung des freiwilligen Handelns ist, handelt unter Umständen unfreiwillig, wer aus Unkenntnis handelt. Umgekehrt kann man nicht von einer unfreiwilligen Handlung sprechen, wenn sie nicht von Widerstreben und Bedauern begleitet ist. Kurz: zum freiwilligen Handeln gehört Bewußtsein dessen, was man tut, zum unfreiwilligen Widerstreben. Abzulehnen ist nach Aristoteles die Ansicht, daß Handlungen unfreiwillig erfolgen, sofern sie durch lustbetonte Vorstellungen von Dingen motiviert sind. Da jedes Streben von Motiven bedingt ist, hätte diese Ansicht zur Folge, daß der Unterschied von „freiwillig" und „unfreiwillig" seinen Sinn verliert.

Aristoteles deutete einen Beweis für die These an, daß es freiwillige Handlungen gibt: Es wäre sinnlos, Gesetze aufzustellen und im Übertretungsfall Strafen anzudrohen, wenn die Menschen nicht freiwillig handeln könnten. Unter Umständen sind aber auch unfreiwillige Handlungen strafbar, wenn nämlich die Aufhebung der Freiwilligkeit freiwillig erfolgte, wie z.B. bei Handlungen im Zustand der Trunkenheit. Da es in der Macht des Handelnden lag, auf den Alkoholgenuß zu verzichten, ist er für die im Rausch begangenen Handlungen verantwortlich. Ähnlich argumentierte Aristoteles in bezug auf Dispositionen: Wenn auf Grund einer erworbenen Disposition gewisse gesetzwidrige Handlungen zu unfreiwilligen werden, die Disposition aber auf Grund freiwilliger Handlungen zustande gekommen ist, sind die fraglichen Handlungen strafbar.

Auf Grund dieser Begriffsklärungen kann nunmehr gesagt werden, womit es die Ethik zu tun hat: „Da ... der Gegenstand des Wollens das Ziel ist, während Abwägung und Vorsatz sich auf die Mittel zum Ziel richten, so sind die darauf gerichteten Handlungen vorsätzlich und freiwillig. Auf sie bezieht sich die Ausübung der Tugend."[65] Da der Vorsatz immer freiwillig ist und da tugendhafte Handlungen stets vorsätzlich sind, folgt, daß es in unserer Macht liegt, tugendhaft oder untugendhaft zu sein. Würde man leugnen, daß die sittliche Schlechtigkeit auf Freiwilligkeit beruht, so müßte man auch bestreiten, daß der Mensch überhaupt Urheber sittlich relevanter Handlungen sein könne.

c) *Grundgedanken der Staatslehre*

In der Aristotelischen „Politik" ist der Gedanke leitend, daß der Staat eine natürliche Gemeinschaft, d.h. nicht bloß durch Übereinkunft einer Mehrzahl isolierter Individuen zustande gekommen ist. Nach Aristoteles ist der Staat in dem Sinne „früher" als die einzelnen, in dem auch das Ganze „früher" ist als die Teile: Der Mensch kann nur in der Gemeinschaft Mensch sein, da er auf die Gemeinschaft nicht nur in biologischer, sondern auch in sittlicher Hinsicht angewiesen ist. Ohne den Halt der Gemeinschaft wäre er nicht fähig, seine sittlichen Aufgaben zu bewältigen. Der Staat ist nicht Selbstzweck, sondern besteht um der Menschen willen, deren sittliche Entfaltung er möglich zu machen bzw. zu fördern hat. Wegen der engen Verbindung von sittlichem und Gemeinschaftsleben hängen nach

Aristoteles auch Staats- und Sittenlehre aufs engste zusammen.

Wenn der Staat nicht, wie gewisse Sophisten angenommen hatten, auf Übereinkunft und Vertrag isolierter Individuen zurückgeführt werden kann, dann muß versucht werden, seine Entstehung ausgehend von ursprünglicheren Gemeinschaften zu erklären. Aristoteles betrachtete die Gemeinschaft von Mann und Frau als die einfachste und grundlegende, weil sie eine biologische Gemeinschaft ist. Auf sie folgen die Hausgemeinschaft, bestehend aus Mann, Frau, Kindern und Gesinde, die Sippengemeinschaft, die Dorfgemeinschaft usw., bis hin zur staatlichen Gemeinschaft, der Polis. Da die ursprüngliche Gemeinschaft natürlich ist, kommt auch dem Staat, der sich aus ihr entwickelt hat, der Charakter einer natürlichen Gemeinschaft zu. Der Zustand, in dem die Entwicklung von etwas ihre Vollendung findet, ist dessen „Natur"; daher ist der Staat, in dem die Gemeinschaftsentwicklung zur Vollendung gelangt, natürlich. Da er Ziel der Entwicklung ist, genügt er sich selbst: Er ist (im Hinblick auf sein Wesen, nicht etwa im Hinblick auf die Wirtschaft) autark.

Da jede Gemeinschaft auf ein Gut als Ziel bezogen ist und da Gemeinschaften um so höher stehen, je höher dieses spezifische Gut ist, kommt dem Staat, dessen letzter Zweck die Versittlichung der Menschen ist, der höchste Rang zu. Es ergibt sich somit eine Hierarchie von Gemeinschaften unter dem Gesichtspunkt ihrer wesentlichen Zwecke. Der Staat ist die Vollendung der primitiveren Gemeinschaften, über denen er entstanden ist. Er ist zwar zunächst zustande gekommen, damit das Leben seiner Mitglieder sicherer wird – er ermöglicht die landwirtschaftliche und handwerkliche Produktion, ordnet die Finanzen und den Kultus, organisiert die Rechtspflege –, er hat aber darüber hinaus die Funktion, ein vollkommenes Leben zu ermöglichen. Dazu gehört, daß er nicht nur die persönliche Entfaltung des Einzelnen ermöglicht, sondern auch erzieherische Aufgaben wahrnimmt. Aristoteles spricht dem Staat sogar das Recht der Geburtenregelung zu. Kommt es jenseits der vom Staat festgesetzten Altersgrenzen zu Schwangerschaften, soll in einer frühen Phase der Embryonalentwicklung eine Abtreibung vorgenommen werden.

Staatsbürger (polites) ist, wer Zugang zu den Regierungsämtern hat, mindestens aber berechtigt ist, an der Volksversammlung teilzunehmen und am Volksgericht mitzuwirken. Infolgedessen kommt den Sklaven, die dieses Recht nicht haben, nicht der Status von Staatsbürgern zu. Aristoteles hielt die Sklaverei für eine naturgemäße Einrichtung, da er überzeugt war, daß es Menschen gebe, die von Natur aus Sklaven seien. Wenn von antiker Demokratie die Rede ist, muß berücksichtigt werden, daß es ein allgemeines Staatsbürgerrecht in der Antike nicht gab.

Wie in der Ethik im allgemeinen distanzierte sich Aristoteles auch in der Staatslehre von Plato, namentlich von dessen Staatsphilosophie, die er im zweiten Buch der „Politik" kritisierte. Gegen Platos Verfassungsentwurf wandte er ein, daß die scharfe Trennung der Stände die Staatseinheit aufzuheben drohe. Außerdem hielt er die in Platos „Staat" skizzierte Verfassung wegen ihres kommunistischen Charakters nicht für praktikabel. Hinter dem Prinzip des Kommunismus und namentlich hinter dem Programm der Frauengemeinschaft steht seiner Ansicht nach ein Mißverständnis. Der Satz „Im Staate haben alle alles gemeinsam" ist nämlich zweideutig. Wird „alle" als „alle zusammen" aufgefaßt, dann ist er richtig; wird „alle" dagegen im Sinne von „alle einzeln" verstanden, wie es beim kommunistischen Programm der Fall ist, ist er falsch. Die Plausibilität, die die kommunistische Idee auf den ersten Blick hat, kommt daher, daß unvermerkt von der ersten Auffassung jenes Satzes zur zweiten übergegangen und der Eindruck erweckt wird, sie falle mit der ersten, die berechtigt ist, zusammen.

Als positive, dem Interesse der Gemeinschaft dienende Verfassungen betrachtete Aristoteles Monarchie, Aristokratie und Polis-Verfassung. Jede dieser Verfassungen kann jedoch entarten, wenn das Sonderinteresse eines einzelnen, einer Gruppe oder der Masse an die Stelle des Gemeinschaftsinteresses tritt, und zwar die Monarchie zur Tyrannis, die Aristokratie zur Oligarchie und die Polis-Verfassung zur (egalitären Massen-)Demokratie.

Richtige Verfassungen (am Allgemeininteresse orientiert):

Monarchie   Aristokratie   Polis

Entartete Verfassungen (an Sonderinteressen orientiert):

Tyrannis   Oligarchie   Demokratie

Mit dem auf den Besitz gestützten Herrschaftsanspruch konkurrieren der Anspruch auf Freiheit und der Anspruch auf Anerkennung der Leistung. Setzt sich einer dieser Ansprüche auf Kosten der anderen durch, entsteht ein Ungleichgewicht, das für die staatliche Ordnung gefährlich ist: Die einseitige Berücksichtigung des Freiheitsanspruchs führt zur Demokratie, die einseitige Hervorhebung der Rolle des Besitzes führt zur Oligarchie, die einseitige Betonung der Leistung hat die Benachteiligung der weniger Tüchtigen zur Folge. Wo sich aber ein einzelner durch überragende Tüchtigkeit auszeichnet, da ist nach Aristoteles die Alleinherrschaft die angemessene Verfassung. Die Bedingungen für die Errichtung einer Monarchie auf Grund überragender Tüchtigkeit sind aber nur selten erfüllt, und deshalb ist in der Regel die Herrschaft der Gesetze, d.h. die von der Mehrheit der Bürger getragene Polis-Verfassung, vorzuziehen. In der Polis herrscht nicht ein Einzelner oder eine Gruppe oder die Gesamtheit der Bürger, sondern die Verfassung, die Aristoteles als „Ordnung des Staates" definierte.[66] Die maßgebliche Autorität ist in der Polis die Verfassung, so daß die Polis mit einem Wort als Verfassungsstaat charakterisiert werden kann.

Auch bei Aristoteles spielte die Frage nach dem besten Staat eine Rolle, sie wird aber anders beantwortet als bei Plato.[67] Zunächst gibt Aristoteles formale Kriterien eines guten Staates an: Er soll überschaubar sein, damit das Volk seine Stimme geltend machen kann, er soll ständisch gegliedert sein, um der unterschiedlichen Leistungsfähigkeit der Bürger Rechnung zu tragen, er soll dem Vermögen eine angemessene politische Rolle einräumen, wobei die Besitzlosen von den politischen Rechten ausgeschlossen bleiben, und er soll saturiert sein, so daß er nicht zu expandieren trachtet und das Heer nicht auf Angriffskriege eingestellt ist. In inhaltlicher Hinsicht läßt sich die Frage nach dem besten Staat überhaupt nicht beantworten. Deshalb ist bei Aristoteles die Frage nach der relativ auf die jeweiligen Verhältnisse besten Verfassung wichtiger als die Diskussion über die beste Verfassung. Je nach dem Stärkeverhältnis der Klassen und nach der Verteilung des Vermögens, der Bildung, der Freiheitsrechte wird bald eine demokratische, bald eine oligarchische Verfassung am Platze sein. Die Polis-Verfassung bietet sich dagegen an, wo das Übergewicht beim Mittelstand liegt und die Vermögensverteilung möglichst gleichgewichtig ist. Das Prinzip der Mitte, das in der Moralphilosophie eine wichtige Rolle spielt, kommt damit auch in der Staatsphilosophie zur Anwendung. So gelten Oligarchie und Demokratie als Extreme, zwischen denen die Polis-Verfassung die Mitte hält und daher den Vorzug verdient.

Wenn Aristoteles zwischen beratenden, ausführenden und richterlichen Behörden unterscheidet,[68] dann entspricht das der Einteilung in legislative, exekutive und judizielle Gewalt, wie sie seit Montesquieu geläufig ist. Die Erörterungen über Einzelheiten der Staatsverwaltung, denen Aristoteles seine Aufmerksamkeit schenkte, gehören eigentlich nicht mehr zur Staatsphilosophie, sondern fallen in den Bereich des Verwaltungsrechts.

Vor allem die Klassifikation der Staatsverfassungen hat über die Jahrhunderte hinweg das staatsphilosophische

Denken beeinflußt. Auch in der Staatsphilosophie hat Aristoteles eine Wirkung ausgeübt, die der Wirkung Platos nicht nachsteht, sie vielleicht sogar übertrifft. Nichtsdestoweniger ist es berechtigt, insofern von der Beschränktheit der Aristotelischen Staatsauffassung zu sprechen, als diese auf einen griechischen Kleinstaat zugeschnitten war und nichts davon ahnen läßt, daß ihr Uhrheber zeitweise engen Kontakt mit den Inhabern der politischen Macht eines Großreichs hatte.[69] Sollte er absichtlich auf die Situation von Staaten Rücksicht genommen haben, die, wie die griechischen Poleis nach der Unterwerfung unter Alexander, in Abhängigkeit von einer Großmacht im Windschatten der großen Geschichte lagen?

Hält man sich vor Augen, daß nur zweieinhalb Jahrhunderte nach den ersten tastenden Anfängen des philosophischen Denkens ein System wie das Aristotelische entstehen konnte, dann kann man über diese schnelle Entwicklung nur staunen. Im weiteren Verlauf entstanden verschiedene neue Systeme, doch die Phase der Grundlegung der Philosophie als Wissenschaft fand mit Plato und Aristoteles ihren Abschluß. Die weitere Geschichte des antiken Denkens zeigt eine Entwicklung innerhalb der konstituierten Philosophie, was sich auch darin äußert, daß von nun an nicht mehr philosophiert werden konnte, ohne daß man sich mit älteren Auffassungen, namentlich mit den Lehren Platos und Aristoteles', auseinandersetzte.

V. Die Philosophie im Zeitalter des Hellenismus

> Der erste und notwendigste Teil in der Philosophie ist die Anwendung der Grundsätze im Leben ...
>
> *(Epiktet)*

1. Der Charakter des hellenistischen Denkens

Unter „Hellenismus" wird die durch die Vorherrschaft von griechischer Sprache und griechischem Denken geprägte, außergriechischen Einflüssen aber durchaus offene Kultur der östlichen Mittelmeer-Länder und der benachbarten Gebiete verstanden, für die das Großreich Alexanders die äußeren Bedingungen schuf und die in den Nachfolge-Reichen der Diadochen weiterwirkte. Gewöhnlich läßt man die hellenistische Epoche mit dem Beginn des Augusteischen Zeitalters enden. Die hellenistische Philosophie wirkte aber auch im römischen Imperium noch weiter; insbesondere die Geschichte des Stoizismus läßt sich nicht ohne Berücksichtigung des Einflusses darstellen, den sie während des ersten und zweiten Jahrhunderts in Rom ausübte.

Durch die Reichsgründung Alexanders des Großen war der griechischen Kultur ein weiter Wirkungsbereich erschlossen worden. Zugleich machten sich Einflüsse außergriechischer Kulturen in der eigentlichen griechischen Welt bemerkbar, so daß ein Prozeß gegenseitiger Anregung einsetzte, der auch nach dem Zusammenbruch des Alexander-Reiches anhielt. Das östliche Mittelmeergebiet, in dem sich seit vorgeschichtlicher Zeit verschiedene Kulturen berührten, wurde nun zu einem Schmelztiegel, in dem sich mannigfaltige geistige Inhalte verbanden. Die Tatsache, daß der Begründer der Stoa, Zeno, vermutlich ein Phönizier war, kann als symptomatisch gelten. Der Verschmelzungsprozeß beschränkte sich nicht auf die Philosophie, sondern betraf die gesamte Kultur, namentlich auch die Kunst und die Religion. Einerseits breiteten sich religiöse Vorstellungen des Griechentums im gesamten hellenistischen Raum aus, andererseits fanden orientalische Religionen auch außerhalb ihres Entstehungsgebietes Anhänger. In vielen Fällen entstanden durch Verbindung griechischer und orientalischer Vorstellungen synkretistische Religionen. Der traditionelle Götterglaube verblaßte jedoch zusehends, wie sich z. B. in den Bemühungen der Stoiker zeigt, die religiösen Vorstellungen allegorisch zu deuten, oder in der Ansicht der Epikureer, daß die Götter sich um das irdische Geschehen in keiner Weise kümmerten. Die Skeptiker schließlich empfahlen, sich aller Behauptungen über Götter zu enthalten.

Gleichzeitig änderten sich die fundamentalen politischen Voraussetzungen. Insbesondere ist zu beachten, daß das politische Denken sich nun nicht mehr in erster Linie an der Polis, sondern an umfassenderen politischen Formen zu orientieren hatte. Nach Alexanders Tod ließ sich zwar das von ihm geschaffene Reich nicht aufrechterhalten, aber auch in den Nachfolge-Reichen unter den Diadochen bildete nicht mehr die Polis den Rahmen der politischen und gesellschaftlichen Aktivitäten. Die neuen großstädtischen Zentren unterschieden sich deutlich von den Poleis der klassischen Zeit: Sie waren nicht mehr traditionalistisch geprägt, sondern Brennpunkte des zivilisatorischen Fortschritts und Berührungspunkte verschiedener Kulturen. Die herkömmlichen kulturellen Grenzen, namentlich die Grenzen zwischen Griechen- und Barbarentum, wurden zusehends bedeutungslos. Infolge der Lockerung traditioneller Bindungen mußten die Menschen ihren Platz in der Gesellschaft neu bestimmen. Wenn nicht mehr die Polis die wahre Heimat war, sondern größere politische Gebilde, so lag es nahe, die Welt als eigentliche Heimat des Individuums zu betrachten. In der hellenistischen Zeit entstand die Idee des

Weltbürgertums. Obwohl die veränderte politische und soziale Situation die Philosophie beeinflußte, ist aber festzuhalten, daß deren Entwicklung in erster Linie durch philosophische Motive bestimmt war. Es gab auch keinen Bruch mit der früheren Philosophie, sondern die hellenistischen Denker knüpften in vielfältiger Weise an ältere Auffassungen an.

In bezug auf die Philosophie ist, allgemein gesprochen, die Tendenz zur Preisgabe jenes umfassenden Begriffs von Philosophie zu konstatieren, die sich schon in der Sophistik angekündigt hatte, nun aber zu voller Wirksamkeit gelangte.[1] Mathematik, Mechanik, Naturgeschichte, die zunächst als Teile der Philosophie im weiten Wortsinn gegolten hatten, etablierten sich als selbständige Wissenschaften. Fortschritte im mathematisch-naturwissenschaftlichen Bereich – in der Nachfolge Euklids von Alexandrien vor allem bei Archimedes von Syrakus (gest. 212 v. Chr.) und Apollonius von Perge (gest. 190 v. Chr.)[2] – beschleunigten die Entwicklung der Technik und der Naturwissenschaften.[3] In der Astronomie wurde von Aristarch von Samos erstmals das heliozentrische Weltbild vertreten; der Geograph und Mathematiker Eratosthenes von Cyrene (gest. 215 v. Chr.) berechnete den Erdumfang und entwarf eine Erdkarte. Es fällt jedoch auf, daß sich die hellenistischen Philosophen für die zeitgenössische Mathematik und Naturwissenschaft nicht besonders interessierten. Gleichzeitig nahmen die Geisteswissenschaften einen beachtlichen Aufschwung: Die Philologie entwickelte Methoden der Textkritik, um möglichst zuverlässige Ausgaben klassischer Texte zu schaffen, in der Grammatik wurde die noch heute übliche Terminologie eingeführt, der Historiker Polybius (gest. etwa 120 v. Chr.) schrieb eine Weltgeschichte. In der hellenistischen Epoche entstanden neue geistige Zentren, allen voran Alexandria mit seiner mehr als eine halbe Million Schriften enthaltenden, während des Kriegs zwischen Cäsar und Pompejus verbrannten Bibliothek. In mancher Hinsicht wurde Athen von anderen Städten übertroffen, behielt jedoch seine Bedeutung für die Philosophie.

In der hellenistischen Philosophie bahnte sich – namentlich bei Stoikern und Epikureern – die Gliederung der Philosophie in Teildisziplinen an, nämlich in Logik (bei den Epikureern unter dem Namen der Kanonik), Physik und Ethik. Das Interesse an der Ethik ist so ausgeprägt, daß gelegentlich der Primat der (sittlichen) Praxis als spezifisches Merkmal der hellenistischen Philosophie betrachtet wurde. Obwohl die Ethik im hellenistischen Denken eine besondere Rolle spielt, würde es doch zu weit gehen, wenn man andere Bereiche der Philosophie (wie Metaphysik und Erkenntnislehre) nur in Abhängigkeit von ihr sehen wollte. Es gab auch in der Zeit des Hellenismus ein genuin spekulatives Denken. Charakteristisch für das hellenistische Denken ist der ausgeprägte Individualismus, der zur Folge hatte, daß die Interessen des einzelnen in einer Weise berücksichtigt wurden, die der älteren Philosophie fremd war. Diese Einstellung fand ihren deutlichsten Ausdruck in dem Ziel, dem Menschen den Weg zur inneren Ruhe, zur Ausgeglichenheit und Unerschütterlichkeit des Gemüts zu weisen. Das gilt für die Stoiker, die zur vernünftigen Kontrolle der Affekte anleiten wollten, ebenso wie für die Epikureer, die auf den Weg der Befreiung von Unlust zu führen versuchten, wie für die Skeptiker, die Zurückhaltung des Urteils empfahlen, um unnötige Beunruhigung zu vermeiden. Die Stoiker betonten zwar die Pflichten gegenüber der Gemeinschaft, aber auch ihnen ging es letztlich um die Gemütsruhe des Einzelnen bzw. um die Unabhängigkeit von Leidenschaften (im Sinne der stoischen Apathie). Im übrigen war die Gemeinschaft, deren Interessen der stoische Weise berücksichtigt, nicht mehr die Gemeinschaft der Polis, also eines Kleinstaats, wie er noch Aristoteles als Ideal vor Augen stand, sondern die Gemeinschaft eines Großreichs, der Ökumene, und letzten Endes die Gemeinschaft aller Menschen.

Angesichts der zivilisatorischen Entwicklung in der Zeit des Hellenismus waren manche Zeitgenossen der Ansicht, daß es sich dabei nicht um Fortschritt, sondern um einen Verfallsprozeß handle, der durch die Preisgabe ursprünglicher Werte charakterisiert sei; die Errungenschaften der Zivilisation bzw. die mit ihnen verbundenen Annehmlichkeiten galten nicht als Äquivalent der Einbußen im kulturellen Bereich. In diesem Sinne wurde Kritik an der Zivilisation geübt, wobei man sich an dem orientierte, was als ursprünglich und natürlich galt: Man forderte mit den Stoikern ein Leben im Einklang mit der Natur, man propagierte mit den Cynikern die Einfachheit eines Lebens ohne raffinierte Bedürfnisse, man rechtfertigte mit den Epikureern das natürliche Streben nach Lust, nach Glück, nach Freiheit von Beunruhigung. Im einzelnen zeigen sich allerdings beträchtliche Unterschiede in der Auffassung der Natur, die bald als Inbegriff triebhafter und instinktiver Strebungen galt, bald als objektive Ordnung im Sinne einer kosmischen Vernunft. Dennoch kann die Orientierung an der Idee der Natur als Konstante der damaligen Kultur gelten, zumal sie auch dem ästhetischen Ideal der hellenistischen Kunst zugrunde liegt.

Das Erkenntnisproblem, das einen der Brennpunkte der philosophischen Diskussion bildete, stellte sich den Vertretern der hellenistischen Philosophie auf Grund der Voraussetzung, daß wir unmittelbar nur von Vorstellungen, nicht von Dingen, die vermeintlich „hinter" den Vorstellungen existieren, Kenntnis haben. Diese Auffassung war nicht neu, sondern wurde schon früher, z.B. von Protagoras, vertreten. In der hellenistischen Epoche wurde aber die Frage, ob bzw. unter welchen Bedingungen es möglich sei, durch den Schleier der Vorstellungen hindurch zu den bewußtseinsunabhängigen Dingen vorzudringen, besonders nachdrücklich gestellt. Die Antworten fielen in den verschiedenen Richtungen der Philosophie unterschiedlich aus: Auf der einen Seite standen jene, die (wie Stoiker und Epikureer) meinten, den Vorstellungen selbst Kriterien entnehmen zu können, die die Feststellung ihrer objektiven Realität ermöglichen; auf der anderen Seiten standen mehr oder weniger radikale Skeptiker, die bestritten oder bezweifelten, daß es brauchbare Kriterien der objektiven Gültigkeit gebe. Hieraus wurde entweder gefolgert, daß man am besten von allen Urteilen über die Dinge Abstand nehmen solle, oder aber man zog die schwächere Konsequenz, daß Urteile über die Dinge mit einer gewissen Wahrscheinlichkeit gefällt werden könnten, daß aber sicheres Wissen von Dingen unmöglich sei. Die erste Auffassung vertraten die extremen Skeptiker, die zweite herrschte zeitweise in der Schule Platos, nämlich in der sogenannten Mittleren und Jüngeren Akademie.

Im Folgenden sollen vor allem Epikureismus und Stoizismus berücksichtigt werden, doch wird im abschließenden Abschnitt auch auf die Skepsis in der Zeit des Hellenismus, auf die Akademie nach Plato und auf die peripatetische Philosophie eingegangen.

2. Epikur und der Epikureismus

Die angedeuteten Charakteristika des hellenistischen Denkens finden sich deutlich im Denken Epikurs, das dem zeitgenössischen Individualismus und dem starken Interesse an Fragen der sittlichen Praxis in besonderem Maße entgegenkam.[4]

Der Epikureismus war eine Philosophie, die den von vielen Menschen der damaligen Zeit praktizierten Rückzug in ein möglichst ungestörtes Privatleben zu rechtfertigen suchte. Epikur und seine Schüler lehnten zwar den Staat nicht ab, sondern sahen in ihm eine Bedingung der von ihnen empfohlenen Lebensführung; sie hielten es aber für besser, sich nicht politisch zu engagieren, sondern ein nach außen möglichst unauffälliges Leben zu führen, nach der

Maxime „Lebe im verborgenen!". „Befreien muß man sich aus dem Gefängnis des Alltagslebens und der Politik", wie es in einer Sammlung epikureischer Sprüche heißt.[5]

Gut lebt, wer alle heftigen Gemütsbewegungen meidet und eine möglichst ausgeglichene innere Einstellung erreicht und bewahrt. Wenn solche Forderungen nicht die Konsequenz des Einsiedlertums nach sich zogen, so deshalb, weil die Freundschaft als Wert anerkannt blieb. In der Gemeinschaft von Freunden sucht der epikureische Weise jenes Glück, das ihm weder die Hingabe an die Wissenschaften – Aristoteles' theoretische Lebenshaltung – noch das politische oder soziale Engagement – die politische Lebenshaltung, der Aristoteles den zweiten Rang eingeräumt hatte – gewähren konnten. Der Epikureismus beruht somit auf einer resignativen Einstellung: Der Weise überwindet die Welt, indem er ihr entsagt, nicht um sich einer jenseitigen Welt zuzuwenden, sondern um jene Freuden klug zu genießen, die das Leben bietet.

Epikur wurde als Bürger Athens 342/341 auf Samos geboren. Auf Grund seiner Bildung war er mit den früheren philosophischen Positionen gründlich vertraut, sympathisierte aber vor allem mit Demokrit. Er wirkte als Lehrer der Philosophie zunächst in Mytilene und Lampsacus, bis er in Athen seine in einem Garten gelegene Schule gründete, weshalb man die Schulmitglieder „Gartenphilosophen" nannte; er starb 271/270. Sein Hauptwerk „Über die Natur" ist nicht erhalten, wir besitzen aber mehrere seiner Lehrbriefe und eine Sammlung von Kernsätzen seiner Philosophie, die „Hauptlehren", die eine Art Katechismus darstellen,[6] und eine ähnliche, erst 1888 in der Vatikanischen Bibliothek entdeckte Spruchsammlung. Von Epikurs unmittelbaren Schülern (Metrodor von Lampsacus, Hermarchus u. a.) weiß man wenig. Im Werk des Lukrez (Titus Lucretius Carus, im ersten vorchristlichen Jahrhundert) besitzen wir jedoch eine Gesamtdarstellung der epikureischen Philosophie, die deren Zusammenhang deutlich erkennen läßt und durch die epikureisches Denken späteren Jahrhunderten überliefert wurde.[7] Im vierten Jahrhundert unserer Zeitrechnung erlosch der antike Epikureismus. Das christliche Denken, das so viele Elemente des Platonismus, des Aristotelismus und der Stoa aufnahm, mußte den Epikureismus aus moralischen Gründen ablehnen; erst im 17. Jahrhundert kamen epikureische Ideen wieder zur Geltung, wobei eine Rolle spielte, daß die Atomtheorie, die Epikur von Demokrit übernommen hatte und die vor allem durch Lukrez der Folgezeit übermittelt wurde, in der modernen Naturwissenschaft Bedeutung erlangte.

a) Erkenntnis und Wissenschaft

Epikur und seine Nachfolger waren mit der älteren Atomistik überzeugt, daß sich alle Erscheinungen der Natur mit Hilfe der atomistischen Auffassung der Materie und der Annahme des leeren Raumes (wozu stillschweigend die Zeit gerechnet wurde) erklären ließen – eine Ansicht, die noch im 17. Jahrhundert vertreten wurde. Außerdem wurde vorausgesetzt, daß nichts aus nichts entstehen und nichts zu nichts werden kann; Materie kann also weder neu entstehen noch vernichtet werden. Alles Geschehen läßt sich dieser Ansicht nach auf Verhältnisse von Druck und Stoß zurückführen, d.h., es ist wirkursächlich bedingt und unterliegt keiner objektiven Zweckmäßigkeit. Vom Standpunkt der Atomistik aus kann das Werden als Umkombination von Atomen begriffen werden. Die Atome sind nur durch Größe bzw. Masse, Gestalt und Lage – also durch primäre Qualitäten – bestimmt. Die sekundären Qualitäten ergeben sich aus subjektiven Reaktionen auf Reize von seiten der Atomkomplexe, die wir „Dinge" nennen. Diese Auffassung findet sich bereits bei Demokrit, über den Epikur nur insofern hinausging, als er annahm, die Atome bewegten sich ursprünglich auf Grund ihrer Schwere und wichen gelegentlich in zufälliger Weise von ihrer ursprünglichen Bewegungsrichtung ab. Deshalb kommt es zu Zusammenstößen zwischen ihnen, die Ursache der Bildung von (veränderlichen) Atom-Aggregaten – die wir „Dinge" nennen – sind. Auf diese Differenz gegenüber Demokrit legte Epikur selbst großen Wert, vermutlich wegen deren Konsequenzen für die Theorie der Praxis: Wenn es Zufall im objektiven Sinn gibt, dann braucht nicht angenommen zu werden, daß das menschliche Handeln eindeutig determiniert ist; es bleibt ein gewisser Entscheidungsspielraum.

So nahe Epikur der älteren Atomistik stand, so groß war seine Distanz gegenüber Plato und Aristoteles. Hatten diese beansprucht, definitiv wahre Aussagen über das Wesen der Wirklichkeit machen zu können, so scheint Epikur alle naturphilosophischen Theorien für hypothetisch gehalten zu haben. Dies kommt deutlich zum Ausdruck, wenn er schreibt: „Aufgang und Untergang von Sonne, Mond und den übrigen Gestirnen kann durch Entzündung und Erlöschen erfolgen, wenn die Beschaffenheit an den jeweiligen Orten von Aufgang und Untergang so ist, daß sich das Genannte vollziehen kann. Denn die Erscheinungen widersprechen dem nicht. Dasselbe Ergebnis könnte auch bewirkt werden durch ihr Erscheinen über der Erde und wiederum das Dazwischentreten der Erde. Denn die Erscheinungen widersprechen auch da nicht.– Nicht unmöglich ist, daß sich ihre Bewegungen durch den Umschwung des gesamten Himmels vollziehen, oder auch dadurch, daß dieser stillsteht, sie selbst aber einen Wirbel vollziehen, so wie er sich am Anfang bei der Entstehung des Kosmos mit Notwendigkeit gebildet hat ... (oder auch so, daß sie sich von den aufsteigenden Dünsten nähren) und ihr Feuer Nahrung suchend von einem zum anderen Orte weiterschreitet."[8]

Als einziges Kriterium der Wahrheit gilt die Übereinstimmung mit den Wahrnehmungen. Was darüber hinausgeht, sind leere Behauptungen. Wenn daher mehrere Erklärungen mit demselben beobachtbaren Sachverhalt zu vereinbaren sind, kann keine von ihnen ausgeschlossen werden, aber auch keine kann als definitiv wahr gelten. Dies weist in die Richtung einer instrumentalistischen Auffassung wissenschaftlicher Theorien. Letzten Endes sind alle theoretischen Bemühungen den obersten praktischen Zielen unterzuordnen: „Denn unser Leben bedarf nicht ... des leeren Meinens, sondern daß wir ohne Störung leben."[9] Die Entscheidung zugunsten einer von mehreren möglichen Annahmen erfolgt letzten Endes auf Grund praktischer Überlegungen: Wir wählen jene Auffassung, die wir im Hinblick auf die Lebensführung für die geeignetste halten. Sofern naturphilosophische Theorien unter dem Gesichtspunkt ihrer Brauchbarkeit beurteilt werden, macht sich eine pragmatistische Auffassung bemerkbar: Erkenntnis gilt nicht mehr als reine Theorie, da angesichts konkurrierender theoretischer Entwürfe Entscheidungen zu treffen sind, die nur unter praktischen, vor allem sittlichen Gesichtspunkten gefällt werden können. Annahmen, die der Erreichung des sittlichen Ideals förderlich sind, verdienen den Vorzug vor Annahmen, die diesem Ziel im Wege stehen. Theorien, die für die ethischen Ziele irrelevant sind, gelten als etwas Nebensächliches.

Die pragmatistische Einstellung prägt auch Epikurs Erkenntnistheorie. Angesichts der Frage, ob die Wirklichkeit an sich so beschaffen ist, wie sie wahrgenommen wird, scheint Epikur einen realistischen Standpunkt vertreten zu haben: Unser Wissen beruht auf Wahrnehmungen, und da diese nicht „widerlegbar" sind – d.h. nicht modifiziert oder korrigiert werden können –, sind sie wahr. Alle Aussagen über Dinge, die nicht wahrnehmbar sind, hängen letztlich von Wahrnehmungen ab.[10] Diese empiristische Auffassung ist geeignet, spekulative Annahmen über das Wesen der Wirklichkeit hintanzuhalten und lediglich jenes Wissen zuzulassen, das zur praktischen Orientierung in unserer Umgebung nötig ist.

Epikurs Äußerungen lassen jedoch erkennen, daß er keinen naiven Realismus vertreten wollte. Obwohl er als wirklich bezeichnete, was klar wahrgenommen wird oder mit klaren Wahrnehmungen in Beziehung steht, wollte er nicht alle Eigenschaften, die wir wahrnehmen, den Dingen an sich zuschreiben. Grundlage aller Erkenntnisse sind nämlich seiner Ansicht nach nicht die evidenten Wahrnehmungsurteile allein, sondern solche Urteile in Verbindung mit allgemeinen Begriffen und Grundsätzen als Voraussetzungen der Ableitung, wobei die Allgemeinbegriffe wiederum auf Wahrnehmungen zurückgehen. Nicht uninterpretierte Beobachtungsdaten, sondern gedeutete Wahrnehmungen bilden die Grundlage unserer Auffassungen von der Welt. Außerdem spielen auch Gefühle eine Rolle, wenn wir Annahmen als wahr akzeptieren.

Die Frage nach den Kriterien der Wahrheit[11] sollte von nun an eine wichtige Rolle in der Philosophie spielen, und zwar nicht nur in der epikureischen, sondern auch in der stoischen und skeptischen Philosophie. Der Unterschied dieser Richtungen zeigt sich besonders deutlich bei der Bestimmung des Wahrheitskriteriums. Es besteht nach epikureischer Ansicht in der Evidenz einfacher Beobachtungsaussagen und allgemeiner Aussagen auf Grund klarer (jedoch aus Wahrnehmungen gewonnener) Begriffe. Demgegenüber erblickten die Stoiker das Wahrheitskriterium in der einsichtigen Beziehung einer Vorstellung auf den Gegenstand, und die Skeptiker erklärten alle Versuche, ein Wahrheitskriterium zu formulieren, für gescheitert. Die Tatsache, daß dem Problem der Wahrheit zentrale Bedeutung zuerkannt wurde, läßt erkennen, daß die philosophische Entwicklung in der Zeit des Hellenismus ein neues Niveau erreicht hatte: Anstatt primär nach Seinsprinzipien zu fragen, wendeten sich die Philosophen nunmehr der Frage zu, ob und wie sich feststellen läßt, daß Aussagen über die Wirklichkeit sicher wahr sind. Das Erkenntnisproblem erhält damit innerhalb der Philosophie ein größeres Gewicht als in der früheren Philosophie.

Wie schon die älteren Vertreter der Atomistik nahm Epikur an, daß die Vorstellungen durch stoffliche, somit aus Atomen bestehende Bildchen (eídola) entstehen, die von den Dingen ausgehen – Epikur sprach von „Abflüssen" – und in die Sinnesorgane eindringen. Alle Vorstellungen sind auf solche Bildchen zurückzuführen, auch die Allgemeinbegriffe, die sich auf Grund von Wahrnehmungen ohne unser Zutun bilden und an deren Deutlichkeit teilhaben. Daß gewisse Vorstellungen allgemein verwendet werden können – so daß z.B. eine Vorstellung „Baum" alle Arten von Bäumen vertritt –, erklärt sich nach Epikur daraus, daß es sich um ein verschwommenes Erinnerungsbild handelt, das wegen seiner Vagheit nicht die für besondere Arten von Bäumen typischen Merkmale enthält. An die individuellen oder Typen-Vorstellungen knüpft das Fürwahrhalten (die Doxa) an, das in Form eines Urteils ausgedrückt werden kann. Urteile erweisen sich als wahr, wenn sie mit den Gegenständen bzw. mit den Überzeugungen anderer Menschen übereinstimmen und sich praktisch bewähren. Es gibt also Korrektive der unmittelbaren Wahrnehmung, so daß wir nicht vom jeweiligen Eindruck, der irreführend sein kann, abhängig sind; die Erkenntnis erschöpft sich nicht im Aufnehmen von Eindrücken, sondern setzt stets mindestens einen allgemeinen Begriff voraus. Obwohl Epikur einerseits erklärte, der Verstand hänge vollkommen von der Sinneswahrnehmung ab, wollte er andererseits die Erfahrung keineswegs auf Sinneseindrücke reduzieren, sondern auch die verstandesmäßige Komponente der Erfahrung hervorheben. So können wir z.B. auf Grund des sinnlichen Eindrucks allein nicht sagen „Dies ist ein Mensch", wenn wir nicht über den Begriff „Mensch" verfügten; dieser Begriff ist aber nicht schlechthin unabhängig von der Wahrnehmung, sondern er wird auf Grund früherer Beobachtungen gebildet. Epikur vertrat somit eine Auffassung, die in moderner Sprechweise empiristisch bzw. sensualistisch zu nennen wäre. Durch seine Leugnung echter Allgemeinbegriffe tritt er in Gegensatz zu Plato und Aristoteles, indem er den späteren Nominalismus vorwegnimmt.[12]

Epikur hielt an dem Glauben an Götter fest – ob ernstlich oder nur aus taktischen Gründen, wird offenbleiben müssen. Wie alle Vorstellungen stammen auch die Göttervorstellungen aus stofflichen Bildern, die wir empfangen, doch ist ihr Stoff feinerer Art als der wahrnehmbarer Bilder. Ob sie von realen Wesen ausgehen oder ob wir mit ihrer Hilfe göttliche Wesen denken, bleibt unklar. Jedenfalls stellen sich die Götter als Projektionen des epikureischen Ideals eines vollkommen glücklichen Lebens dar.[13] Epikur scheint aber dem Inhalt der Göttervorstellungen eine Art Wirklichkeit zugeschrieben zu haben, die allerdings nicht die Wirklichkeit materieller Dinge sein kann. Um welche Art Wirklichkeit es sich handelt, läßt sich nicht mehr feststellen. Jedenfalls haben die Götter keinen Einfluß auf das Geschehen in der Welt, und insbesondere können sie nicht als Lenker des menschlichen Lebens gelten. Nach epikureischer Ansicht befinden sie sich nämlich in den Zwischenräumen zwischen den einzelnen Welten (den Metakosmien oder Intermundien), wo sie in vollkommen selbstgenügsamer Weise ein seliges Leben führen, ohne am irdischen Geschehen, namentlich am Schicksal der Menschen, teilzunehmen. Der Glaube an eine göttliche Vorsehung erscheint daher als ebenso unbegründet wie die Furcht vor göttlichen Strafen. Die Götter verheißen den Menschen keinen Lohn, gewähren ihnen keine Hilfe und bedrohen sie nicht mit Strafen. Opfer und Gebet als Mittel der Beeinflussung der Götter sind daher sinnlos. Offenbar ging es Epikur darum, die Angst vor dem Zorn oder Neid der Götter zu überwinden, ohne sich dem Vorwurf des Atheismus auszusetzen.

Unsterblichkeit kann es unter Epikurs Voraussetzungen natürlich nicht geben. Die Seele ist, wie alle Dinge, ein Komplex von Atomen und löst sich, wie alle Dinge, im Verlauf der Zeit in Atome auf, die dann in andere Atomverbindungen eingehen können. Auch diese Annahme hat einen leicht erkennbaren moralischen Sinn: Den Menschen soll die Furcht vor den jenseitigen Strafen genommen werden, die von Vertretern der Unsterblichkeitslehre behauptet wurden.

Von der formalen Logik hielten die Epikureer nichts: „Sie verwarfen die Logik als Ablenkung (von den wesentlichen Aufgaben) und meinten, es sei ausreichend, wenn die Philosophen sich an die Bezeichnungen der Dinge halten."[14] Die epikureische Kanonik beschränkte sich daher auf die Erkenntnislehre mit der Lehre vom Wahrheitskriterium als Zentrum. Der naturalistischen Auffassung der Begriffsbildung entspricht eine naturalistische Theorie der Sprachentwicklung, der zufolge zunächst bei bestimmten Anlässen bestimmte Laute geäußert wurden, so daß eine Koppelung zwischen Laut und äußerem Anlaß zustande kam. Später wurde die Zuordnung durch Übereinkunft genauer gemacht und gefestigt, so daß Laute als Zeichen für Dinge und Vorgänge fungieren konnten. Die Sprache ist also weder ein Geschenk der Götter, noch wurde sie von Menschen planmäßig geschaffen.[15]

Die subjektivistische Erkenntnistheorie läßt nur eine subjektivistische Moral zu: Wenn uns nur Bewußtseinsinhalte gegeben sind, dann muß auch der Grund der Werturteile im Bewußtsein des Einzelnen gesucht werden. Schließt man mit Epikur aus, daß Werturteile rationalen Charakter haben, dann bieten sich die Gefühle, näherhin Lust- und Unlustgefühle, zur Erklärung moralischer Wertungen an. Die Grundzüge der epikureischen Moralphilosophie hängen eng mit dem erkenntnistheoretischen Subjektivismus zusammen.

b) Grundgedanken der Ethik

Die epikureische Ethik unterscheidet sich dadurch von der Ethik der Stoiker, daß sie nicht moralische Vorschriften aufstellen und begründen, sondern konstatieren soll, was tatsächlich als gut bzw. als schlecht gilt, um sodann eine Erklärung dafür zu liefern, daß Handlungen so oder so bewertet werden. Hat man verstanden, warum die Menschen in bestimmter Weise werten, kann man auch Empfehlungen im Hinblick auf die Lebensführung geben. Die epikureische Ethik ist somit, modern ausgedrückt, keine normative (präskriptive), sondern eine beschreibende bzw. erklärende Wissenschaft (deskriptiv-explanatorische Ethik). Auf der Grundlage der Theorie moralischer Wertungen legte Epikur eine Lebensweise nahe, von der er überzeugt war, daß sie den in der Regel anerkannten Zielen des Menschen angemessen sei, ohne daß er ein bestimmtes Verhalten als Pflicht darstellen wollte; erst recht erhob er nicht den Anspruch, ein bestimmtes Ziel als verpflichtend erweisen zu können. Der Ethiker im Sinne Epikurs kann mit einem Arzt verglichen werden, der seinem Patienten eine bestimmte Diät empfiehlt, obwohl er ihm nicht vorschreiben kann, gesund werden oder gesund bleiben zu wollen.

Demgemäß haben Epikurs moralphilosophische Überlegungen vor allem den Sinn, festzustellen, was als „gut" gilt. Seiner Ansicht nach bedeutet dieser Ausdruck nichts anderes als „lustbetont" oder „lustbringend" (bzw. „mehr Lust als Unlust bringend" oder unter Umständen „geeignet, Unlust nach Möglichkeit zu vermeiden"). „Schlecht" bedeutet entsprechend „unlustbetont oder Unlust bewirkend bzw. die innere Ruhe des Gemüts störend". Die ethischen Grundbegriffe „gut" und „schlecht" werden hier offensichtlich mit Hilfe außermoralischer Begriffe – nämlich der psychologischen Begriffe der Lust bzw. der inneren Ruhe – zu definieren gesucht. Ausgehend von der Feststellung, daß die Lust als grundlegender Wert und somit als Ziel des Handelns im allgemeinen gilt, ist zu fragen, auf welche Weise das vorausgesetzte – nicht etwa von der Ethik geforderte, sondern von ihr lediglich konstatierte – Ziel optimal erreicht werden kann. Es handelt sich daher auch darum, Verhaltensweisen mit Bezug auf jenes Ziel zu beurteilen. Urteile über das Verhältnis von Mitteln zu einem vorausgesetzten Zweck sagen aber nichts darüber aus, was getan werden soll, sondern sie stellen nur fest, wie sich das vorgegebene Ziel erreichen läßt. Auch wenn gesagt wird, man solle die zum Ziel geeignetsten Mittel wählen, handelt es sich nicht um ein Sollen im Sinne echter moralischer Verbindlichkeit. Die Sätze, in denen Epikur das Gute mit der Lust identifiziert, sind also im Sinne von Tatsachenfeststellungen zu verstehen, auch wenn sie auf den ersten Blick Wertungen auszudrücken scheinen. So sagte Epikur höchst drastisch: „Ich spucke auf das Edle und auf jene, die es in nichtiger Weise anstaunen, wenn es keine Lust erzeugt", oder: „Ursprung und Wurzel alles Guten ist die Lust des Bauches".[16] Der letztere Satz könnte besagen, daß wir keine Begriffe von Werten hätten, wenn es kein Lusterleben gäbe. Er könnte näherhin auf eine psychologische Theorie der Entstehung von Wertungen hinweisen, nach der die den Wertungen letztlich zugrunde liegende Lust ihren Grund im richtigen Funktionieren des Organismus hat. Jedenfalls liefert nach Epikur das unmittelbare Lusterleben den einzigen *natürlichen* Maßstab sittlicher Wertungen, wobei „natürlich" hier, anders als im Stoizismus, keine metaphysische Bedeutung hat.

Ungeachtet des kraß naturalistischen Charakters von Äußerungen wie den eben angeführten, ist aber der Epikureismus keine Ethik der rein sinnlichen Lust, kein platter Hedonismus; „Lust" wird nämlich so weit gefaßt, daß auch die geistige Befriedigung, z. B. die Freude an der Philosophie, unter diesen Begriff fällt. Nicht nur ist zu bedenken, daß es oft verfehlt ist, dem unmittelbaren Lustverlangen nachzugeben, weil dabei u. U. eine unverhältnismäßig große Menge an Unlust in Kauf genommen wird, weshalb der Weise dem Lustverlangen in kontrollierter Weise zu folgen sucht, d. h. Entscheidungen auf Grund eines vernünftigen Lust-Unlust-Kalküls trifft.[17] Epikur hielt die dauerhafte Ausgeglichenheit des Gemüts, die Ruhe und Heiterkeit der Seele für wichtiger als das unmittelbare Lusterleben. Er verglich sie mit der Windstille oder der ruhigen See (das griechische „galene" kann beides bedeuten), um ihren Gegensatz zu den stürmischen Affekten zu verdeutlichen. Das praktische Ziel wird jedoch nicht völlig eindeutig beschrieben. Bald scheint es in das positive Lusterleben, bald in die Abwesenheit von Unlust, in die Ruhe des Gemüts verlegt zu werden. Diese Zweideutigkeit hat Epikur nicht überwunden. So stehen neben Äußerungen, nach denen nicht der Genuß, sondern die Einsicht, die zu einer ausgeglichenen Seelenhaltung führt, als Kardinaltugend bezeichnet wird, Aussagen gegenüber, die ein weitgehend freies Ausleben der Triebe empfehlen, zum Beispiel: „Wenn du nicht die Gesetze verletzt, die angemessenen Konventionen störst, die Mitmenschen belästigst, den Körper schädigst oder das Lebensnotwendige vertust, folge deiner Neigung, wie du willst." Einschränkend wird aber bemerkt, daß es sehr schwer sei, alle diese Bedingungen zu erfüllen.[18]

In der epikureischen Ethik wird aber nicht ein Leben des Genusses im Gegensatz zur Vernunft empfohlen, sondern die Vernünftigkeit gehört wesentlich zum Ideal des Weisen. Der Mensch ist auf vernünftige Einsicht angewiesen, um alle Störungen erfolgreich abwehren, um insbesondere die Todesfurcht und die Furcht vor Göttern und Dämonen überwinden zu können, die den Menschen mehr als alles andere beunruhigen. Die Ethik Epikurs kommt also ohne eine vernünftige Komponente nicht aus: Sie ist eine Ethik der Weisen, nicht der Toren, denen sie unzugänglich bleibt. Hierin zeigt sich deutlich der Unterschied dieser Ethik gegenüber einer reinen Lust-Moral: Die animalische Lust ist allen Menschen, unabhängig von ihrem intellektuellen Niveau, erreichbar, ja sie wird am besten erreicht, wenn die Vernunft schweigt; das moralische Ideal Epikurs ist dagegen an vernünftige Einsicht gebunden: „Darum ist auch die Einsicht kostbarer als die Philosophie. Aus ihr entspringen alle übrigen Tugenden, und sie lehrt, daß es nicht möglich ist, lustvoll zu leben ohne verständig, schön und gerecht zu leben, noch auch verständig, schön und gut, ohne lustvoll zu leben. Denn die Tugenden sind von Natur verbunden mit dem lustvollen Leben und das lustvolle Leben ist von ihnen untrennbar."[19]

Hinter der moralischen Theorie Epikurs steht das Ideal des Weisen als des Menschen, der sich den meisten Bindungen – ausgenommen freundschaftliche Beziehungen – zu entziehen sucht, um in den Genuß eines heiteren, von Furcht und Sorge möglichst ungetrübten Lebens zu kommen. Weil dieses Ideal nur durch Verzicht auf mühsames theoretisches und auf selbstloses praktisches Engagement erreicht werden zu können scheint, erhält Epikurs Ethik einen resignativen Charakter. Es ist Resignation, wenn das Verhalten des Weisen der Maxime „Lebe im verborgenen" unterstellt wird. Resignation spricht aber auch aus dem Verzicht auf Bemühungen um wissenschaftlichen Fortschritt. Epikurs Weiser überwindet die Welt, indem er sich ihr entzieht.

Diesem Ideal soll sich der Mensch nach Epikur frei zuwenden können. Um den Menschen als frei betrachten zu können, nahm er an, daß die Vorgänge im atomaren Bereich nicht determiniert seien und daß es daher kein unentrinnbares Schicksal gebe, dem der Mensch ausgeliefert sei. Auch die Götter können die Freiheit des Weisen nicht einschränken, denn sie haben, wie Epikur betonte, kein Interesse am irdischen Geschehen und üben daher keinen Einfluß auf die menschlichen Schicksale aus. Wenn er gleichzeitig die Existenz von Göttern, allerdings in einem Bereich jenseits der Welt, in der wir leben, anerkannte, tat er das so, daß ein Gegensatz zur postulierten Freiheit menschlicher Entscheidungen vermieden wurde.

c) Recht und Gesellschaft

Schon die Sophisten hatte die Frage beschäftigt, ob das Recht ausschließlich auf Übereinkunft beruhe oder ob es Rechte gebe, die von Natur aus gelten. Epikur stellte sich angesichts dieser Kontroverse auf den Standpunkt, daß das Recht konventionellen Charakter habe. Seiner Ansicht nach ist der Mensch nicht von Natur ein soziales Wesen, wie Aristoteles angenommen hatte, sondern die Gesellschaft verdankt ihre Existenz und ihre bestimmte rechtliche Ordnung einem Vertrag.[20]

Infolgedessen kann es nach Epikur auch keine Gerechtigkeit an sich geben, sondern „gerecht" heißt etwas mit Bezug auf die vertraglich festgelegte Rechtsordnung. „In bezug auf das Gemeinwesen ist die Gerechtigkeit für alle dasselbe; denn sie ist das Zuträgliche in der gegenseitigen Gemeinschaft. Dagegen ergibt sich je nach den Verschiedenheiten des Landes und der sonstigen Bedingungen nicht für alle dasselbe als gerecht."[21]

Wie in allen Gesellschaftstheorien, die auf der Annahme eines Sozialkontrakts beruhen, ist auch bei Epikur die Auffassung leitend, daß die Individuen ursprünglich selbständig waren und die Gemeinschaften erst durch den Zusammenschluß von Individuen entstanden seien. Die Individuen bilden sozusagen die sozialen Atome, aus denen gesellschaftliche Aggregate entstehen. So wie nach atomistischer Auffassung die Dinge Aggregate von Atomen sind, so wird auch die Gesellschaft als ein Aggregat sozialer Atome aufgefaßt, die nicht auf Grund ihres Wesens, sondern in äußerlicher Weise – nämlich durch Vertrag – zueinander in Beziehung treten.

Wenn der Mensch nicht von Natur aus auf das Leben in der Gemeinschaft angelegt ist, sondern nur durch Nützlichkeitserwägungen veranlaßt wird, Gemeinschaften zu bilden, dann gibt es auch keine der menschlichen Natur angemessene, somit „naturgemäße" bzw. „richtige" Staatsverfassung; und wenn von „Recht" und „Unrecht" nur relativ auf eine konventionelle Verfassung gesprochen werden kann, dann kann es keine absolute Gerechtigkeit und kein überpositives Recht geben; was Rechtens ist, hängt von der Rechtsordnung und den Gesetzen des jeweiligen Staates ab. Der Gegensatz zu Platos Annahme einer Gerechtigkeit an sich, die jeder Gesetzgebung übergeordnet ist, könnte nicht schärfer sein. Dennoch sind Recht und Gesetz nach Epikur nicht völlig beliebig, da sie einem übergeordneten Maßstab, nämlich dem Zuträglichen, unterworfen sind: Rechtskonventionen sind gültig, wenn sie der Gemeinschaft nützen; sie verlieren den Charakter gültiger Rechtsnormen, wenn sie nicht mehr dem Interesse der Gesellschaft dienen. Dies erklärt die Tatsache, daß Gesetze bald für gerecht, bald für ungerecht gehalten werden: „Wo ... nach Veränderung der Verhältnisse dieselben Rechtssätze nicht mehr zuträglich sind, da waren sie damals gerecht, als sie der gegenseitigen Gemeinschaft der Bürger zuträglich waren. Später aber waren sie nicht mehr gerecht, als sie nicht mehr zuträglich waren."[22] Letzten Endes ist auch das Recht auf das Glücksstreben der Individuen zu beziehen, da es die Funktion hat, alles hintanzuhalten, was die Ruhe und das Glück der einzelnen beeinträchtigen könnte.

Der Individualismus der Epikureer entsprach einer resignativen Haltung, die verständlich ist, wenn man sich vor Augen hält, daß der Einzelne in den letzten vorchristlichen Jahrhunderten in der Regel nicht mehr, wie in der alten Polis, am politischen Leben teilnehmen konnte. Die monarchischen Verfassungen der Diadochen-Reiche machten den Bürger zum Untertanen, der nur auf die Milde und Einsichtigkeit des Herrschers hoffen konnte. In dieser Lage fand die Empfehlung, sich ins Privatleben zurückzuziehen und dieses angenehm wie möglich zu gestalten, bei vielen Anklang. Man muß aber annehmen, daß ein Leben in Muße und Würde (otium cum dignitate) nur jenen möglich war, die über ein größeres Vermögen verfügten. Außerdem ließ sich eine Einstellung, die durch Distanz gegenüber allen gesellschaftlichen Verpflichtungen bestimmt war, offensichtlich nicht allgemein empfehlen. Obwohl die Bürger politisch nicht mehr mitbestimmen konnten, mußten sie sich in hinreichender Zahl den Gemeinschaftsaufgaben widmen, wenn die öffentliche Ordnung aufrechterhalten werden sollte. Daher mußte eine Moralphilosophie, die den Einsatz für die Gemeinschaft bzw. für den Staat zur Pflicht erklärte, vielen angemessener erscheinen als der Epikureismus; eine solche Ethik bot der Stoizismus.

Fragt man nach der Bedeutung des Epikureismus für die weitere Entwicklung der Philosophie, dann muß neben der Ethik und der Naturphilosophie auch die Erkenntnislehre der Epikureer beachtet werden, insbesondere im Hinblick auf ihre empiristische Tendenz. Anknüpfend an Auffassungen der älteren Atomisten, lehrte Epikur als erster ausdrücklich die Erfahrungsabhängigkeit aller unserer Begriffe; unabhängig von Beobachtungen ist es seiner Ansicht nach nicht möglich, über die Dinge zu urteilen. Infolgedessen lehnte er den Platonismus ab: Während Plato meinte, daß allgemeinen Begriffen allgemeine Entitäten – die Ideen – entsprechen müßten, leugnete Epikur, daß es Allgemeinbegriffe von der Art, wie sie Plato annahm, gebe. Gewisse Vorstellungen werden lediglich allgemein verwendet, obwohl sie Vorstellungen konkreter Dinge sind, allerdings unscharfe Vorstellungen, die nicht dieses oder jenes Ding, sondern einen Typus repräsentieren. Tatsächlich wurde das Denken der Neuzeit nicht so sehr durch die Ethik der Epikureer, als vielmehr durch ihre Naturphilosophie und ihre Erkenntnislehre beeinflußt, die den empiristischen Tendenzen starken Auftrieb gaben.

3. Die stoische Philosophie[23]

a) Die wichtigsten Stoiker

Mit dem Ausdruck „stoisch" pflegt man eine Einstellung zu bezeichnen, die durch die größte Gelassenheit angesichts des Schicksals, auch des schweren Schicksals, sowie durch Überlegenheit über die Leidenschaften charakterisiert ist. Dies entspricht in der Tat dem stoischen Ideal; man muß jedoch beachten, daß die „stoische" Haltung auf einer metaphysischen Grundlage beruhte: Nach Ansicht der Stoiker ist die Wirklichkeit vernünftig geordnet, und wer diese Ordnung erkennt und sich ihr unterwirft, kann sich geistig über die Zufälligkeiten und Unzuträglichkeiten des Lebens erheben. Das Vertrauen in die Vernünftigkeit der Weltordnung ist der Grund der Gelassenheit, mit welcher der stoische Weise dem Schicksal gegenübertritt. Diese Einstellung ist mit den folgenden Worten eines stoischen Philosophen gemeint: „Du hast eine Rolle in einem Stück zu spielen, das der Direktor bestimmt. Setzt er ein kurzes oder ein langes an, du mußt es dir gefallen lassen. Gibt er dir die Rolle eines Bettlers, mußt du sie dem Charakter der Rolle entsprechend spielen, und ebenso, wenn du einen Krüppel, einen Herrscher oder einen Privatmann darstellen sollst. Denn das ist deine Aufgabe, die erhaltene Rolle gut zu spielen; die Rolle auszuwählen kommt einem andern zu."[24]

Diese Sätze stammen von Epiktet, einem Stoiker des ersten nachchristlichen Jahrhunderts, der ursprünglich Sklave war. In der sozialen Stellung dieses Philosophen kommt der gesellschaftliche Wandel gegenüber der ersten Epoche der griechischen Philosophie zum Ausdruck, in der nur Angehörige des Adels oder mindestens Vollfreie philosophierten: Für die stoische Philosophie ist die Offenheit gegenüber Menschen unterschiedlichster Herkunft typisch. Neben dem Sklaven Epiktet steht wenig später, nämlich im zweiten

Jahrhundert nach Christus, ein Kaiser als Vertreter der Stoa: Marcus Aurelius Antoninus.

Der Gründer der Schule, Zeno von Citium auf Zypern (gest. um 261), entstammte dem außergriechischen Raum, nämlich dem phönizisch geprägten Zypern.[25] Er war als junger Mann nach Athen gekommen, trat in Verbindung mit dem Cyniker Crates und verstand es, sich in kurzer Zeit die philosophische Denkweise Griechenlands vollkommen anzueignen. Die Stoa nahm Elemente verschiedener früherer Systeme auf, namentlich des Heraklitismus und des Cynismus. Die Schule hat ihren Namen von einer bildergeschmückten Halle – der Stoá poikíle –, in der Zeno lehrte. Zu seinen Hörern gehörte zeitweise der mazedonische Prinz Antigonos. Seine im einzelnen nicht sicher zu rekonstruierende Lehre wurde von Cleanthes (gest. um 232) weitergegeben, der ursprünglich Faustkämpfer war und sich während des Studiums seinen Unterhalt durch schwere Arbeit verdienen mußte. Zeno soll von ihm gesagt haben, er nehme, wie eine harte Wachstafel, schwer auf, bewahre aber das Aufgenommene um so getreuer. Später wurde die stoische Auffassung von Chrysipp (etwa 280 bis etwa 205) aus Cilicien, umfassend begründet und ausgebaut, so daß man ihn den zweiten Gründer der Schule nannte. Durch ihn hat die Philosophie der älteren Stoa ihre entwickelte Form erhalten. Mit Panaetius von Rhodos faßte die stoische Philosophie in Rom Fuß, wobei der kulturell einflußreiche Kreis um die Scipionen – Panaetius war mit Scipio Africanus befreundet – die Brücke bildete. Ein Schüler des Panaetius, Posidonius, besuchte Marius in Rom und wurde selbst von Pompejus aufgesucht, als dieser während des Seeräuberkriegs nach Rhodos kam. Zu den Vertretern der stoischen Philosophie zählt neben den soeben erwähnten Epiktet und Mark Aurel auch Lucius Annaeus Seneca (4 v. Chr. bis 65 n. Chr.). Die Stoa gehörte nicht nur ein halbes Jahrtausend lang zu den wichtigsten prägenden Faktoren der antiken Kultur, sondern sie beeinflußte auch das Christentum und wirkte nachhaltig auf das Denken der Neuzeit, als sie, von Justus Lipsius und anderen wiederbelebt, im Denken Descartes', Spinozas oder Kants eine Rolle spielte.

Das stoische System weist eine eindrucksvolle Geschlossenheit auf: Logik (mit Erkenntnistheorie), Physik und Ethik hängen aufs engste zusammen,[26] wobei die Annahme eines vernünftigen und vernünftig erkennbaren Weltgesetzes – des *Logos* –, das das materielle Geschehen wie das menschliche Denken umfaßt, die Teilbereiche der Philosophie verbindet. Die Auffassung der Philosophie als System, die hier erstmals deutlich vertreten wird,[27] beruht auf der Vorstellung, daß die Teile der Philosophie sich wie die Teile eines Organismus zueinander verhalten.[28] Erstmals wurde bei den Stoikern der Begriff der Pflicht präzisiert und metaphysisch verankert. Gleichzeitig setzte sich bei ihnen die Auffassung durch, daß Handlungen nicht nach dem Erfolg, sondern nach der ihnen zugrunde liegenden Gesinnung sittlich zu bewerten seien. Das Glücksverlangen des Menschen wird dabei nicht negiert, seine Erfüllung jedoch in die vollkommene Pflichterfüllung verlegt. Die Ethik tritt in den Mittelpunkt des philosophischen Interesses: Die theoretische Philosophie wird, indem ihr die Aufgabe der Erkenntnis der allen Wesen gemeinsamen Natur zufällt, als Weg zur Erkenntnis der Pflicht bestimmt.[29]

Die stoische Philosophie wurde in der Zeit des Hellenismus zur einflußreichsten philosophischen Richtung, was sich nicht zuletzt darin zeigt, daß sie zeitweise die platonische Akademie nachhaltig beeinflußte und die aristotelische Philosophie stark zurückzudrängen vermochte.

b) Die stoische Erkenntnislehre

Der zentrale Begriff der stoischen Philosophie ist der Begriff der Natur als Prinzip aller Dinge und ihrer (vernünftigen) Ordnung sowie als Norm, der sich der Mensch unterwerfen muß, wenn er sittlich leben will. Da die Stoiker die Naturordnung als Gegenstand vernünftiger Erkenntnis betrachteten, drängte sich ihnen die Frage auf, unter welchen Bedingungen die Natur erkannt werden kann. Diese Frage gestellt und eine Antwort auf sie versucht zu haben ist die besondere Leistung der Stoa im Bereich der Erkenntnislehre. Im Unterschied zu den älteren griechischen Philosophen – z.B. zu Heraklit, mit dem sie manche Auffassungen verbanden – behaupteten die Stoiker nicht einfach, metaphysisches Wissen zu besitzen, sondern sie fragten, worin Wissen besteht und wie es erworben wird.

Die Erkenntnis beginnt nach stoischer Ansicht mit der Sinneswahrnehmung, d.h. mit Eindrücken, die die Seele von den Dingen empfängt; sie erschöpft sich aber nicht im Aufnehmen von Eindrücken. Damit Erkenntnis zustande kommt, muß dem Inhalt der Wahrnehmung zugestimmt werden. (Diese Zustimmung heißt – ebenso wie die willentliche Zustimmung zu Motiven – synkatáthesis.) Die Zustimmung erfolgt mit Notwendigkeit, wenn dem Urteil eine Vorstellung (phantasía) zugrunde liegt, in der das Objekt erfaßt wird, so daß das Subjekt nicht anders kann, als die Vorstellung auf etwas Reales zu beziehen: Unter gewissen Bedingungen werden Vorstellungen als objektiv erlebt, d.h. auf einen unabhängig vom Subjekt vorhandenen Gegenstand bezogen; ist das der Fall, wird das Subjekt zur Zustimmung in Form einer Urteilsbehauptung genötigt: Die „erfassende" (kataleptische) Vorstellung ergreift das Subjekt gleichsam an den Haaren und nötigt es mit Gewalt zur Zustimmung.[30] Zeno soll den Sinneseindruck mit der geöffneten Hand, die Zustimmung mit der geschlossenen Hand und das Begreifen (die comprensio, d.h. die katálepsis) mit der geballten Faust verglichen haben. Schließlich umfaßte er die Faust kräftig mit der anderen Hand, um die Festigkeit zu veranschaulichen, die der wissenschaftlichen Erkenntnis als höchster Form des Wissens zukommt.[31]

Neben den anschaulichen Vorstellungen gibt es allgemeine Begriffe (énnoiai), die im Denken entstehen, aber trotzdem nicht rein subjektiv sind. Sie fungieren als „Vorbegriffe" (prolépseis) unserer Urteile und haben insofern objektiven Charakter, als wir sie auf Grund unserer Natur bilden. Sie liegen dem Denken aller Menschen zugrunde und sind daher allgemein (koinaí énnoiai). Bei der sicheren Tatsachenerkenntnis spielen sie eine unentbehrliche Rolle. In gewissem Sinne sind sie angeboren, wie auch die allgemeinen Wahrheiten, die mit ihrer Hilfe formuliert werden; Ideen im Sinne Platos gibt es dagegen nach stoischer Ansicht nicht, da das Allgemeine nicht unabhängig vom Denken existiert, sondern vom Denken, ausgehend von Wahrnehmungen, geschaffen wird.[32] Als allgemeinste Kategorie galt den Stoikern der Begriff „Etwas"; ein Etwas kann körperlich sein (als Substanz mit Qualitäten, Verhaltensweisen und Beziehungen) oder unkörperlich. Als unkörperlich betrachteten sie den Inhalt der Aussagen (lektón). Die Stoiker vertraten somit keinen konsequenten Materialismus.

Die Annahme von Begriffen, die natürlicherweise gebildet werden, liegt dem für die Stoa typischen Gottesbeweis aus der einhelligen Überzeugung der Menschen (consensus omnium) von der Existenz einer Gottheit zugrunde. Eine Überzeugung wie die von der Existenz Gottes muß, da sie den Menschen aller Zeiten und aller Zonen gemeinsam ist, nach stoischer Ansicht auf eingeborenen Ideen beruhen und kann daher nicht falsch sein. Ähnlich wird die ausnahmslose Verbindlichkeit des Pflichtgebots auf eingeborene moralische Ideen bezogen.

Von besonderem Interesse ist die stoische Semantik, d.h. die Lehre von der Zeichen-Funktion sprachlicher Ausdrücke. Ein Laut ist ein sprachlicher Ausdruck, wenn er den Charakter eines Zeichens hat und sich somit auf etwas bezieht, das bezeichnet wird. Stoischer Ansicht nach ist das unmittelbar Bezeichnete nicht ein materieller, sondern ein unkörperlicher Gegenstand, ein Ausgesagtes (lektón), das unabhängig vom Subjekt keine Realität hat. Die Bedeutungen von Begriffen sind das einzige, was von den Stoikern mit Sicherheit nicht als materiell aufgefaßt wurde.³³

So wie die Stoiker sich nicht damit begnügten, ein Wissen von der Natur und ihrer Gesetzmäßigkeit zu behaupten, sondern nach dem Wesen und dem Zustandekommen des Wissens im allgemeinen fragten, so ließen sie es auch nicht mit der Formulierung von Argumenten bewenden, sondern sie fragten nach der Form von Beweisen. Diesen Zusammenhang brachte Epiktet im 1./2. Jahrhundert zum Ausdruck: „Der erste und notwendigste Teil der Philosophie ist die Anwendung der Grundsätze im Leben, z.B. *Keine Lüge in Worten und Werken*. Das zweite sind die Beweise, d.h. woraus folgt, daß man nicht lügen soll. Das dritte ist die Begründung und scharfe Untersuchung der Beweise selbst, z.B. woraus folgt, daß dies der Beweis ist, was überhaupt ein Beweis sei, was eine Folge, was ein Widerspruch, was wahr und was falsch sei."³⁴ In der stoischen Logik stehen nicht, wie bei Aristoteles, Beziehungen zwischen Begriffsinhalten und -umfängen im Mittelpunkt, sondern Beziehungen zwischen Aussagen, so daß die Stoiker, obwohl sie an Ansätze der Peripatetiker Theophrast und Eudem anknüpften, als die Begründer der Aussagenlogik gelten können. Im Mittelpunkt der Logik stehen ihrer Auffassung nach nicht mehr die kategorischen Syllogismen, sondern die hypothetischen Schlüsse der Form *Wenn a, dann b; nun a, also b*; bzw. *Wenn a, dann b; nun nicht b, also nicht a*. (Zum Beispiel: Wenn es Tag ist, ist es hell; es ist Tag, also ist es hell; bzw. Wenn es Tag ist, ist es hell; es ist nicht hell, also ist es nicht Tag.³⁵)

c) Grundgedanken der Naturphilosophie

In der stoischen Naturphilosophie spielte die Idee einer universalen Gesetzmäßigkeit der Natur die entscheidende Rolle. Da die angenommene Gesetzmäßigkeit allgemein gilt, gibt es nach stoischer Ansicht keinen Zufall, sondern alles geschieht mit Notwendigkeit: Das Geschick (die heimarméne, lat. fatum) waltet uneingeschränkt.

Die universale Gesetzmäßigkeit identifizierten die Stoiker, wie vor ihnen schon Heraklit, mit dem *Logos:* Das Weltgesetz ist Weltvernunft. Die Logos-Lehre darf allerdings nicht im modernen Sinne spiritualistisch aufgefaßt werden, obwohl sich verschiedene Stoiker so äußerten, daß die Annahme der Geistigkeit des Logos naheliegt: Der *Logos* wird nicht nur als bewegende Kraft, sondern als Seele der Welt, als Gott dargestellt.[36] Ihm steht als passives Prinzip die Materie gegenüber, so daß es auf den ersten Blick so scheinen könnte, als würde dem Stoff ein geistiges Prinzip gegenübergestellt. Tatsächlich aber verfügten die Stoiker noch nicht über den Begriff eines rein geistigen Wesens. Im Grunde weist der *Logos* noch Züge auf, die der materiellen Wirklichkeit beigelegt zu werden pflegen. So identifizierten die Stoiker den Logos (wie Heraklit) mit dem Feuer. Da aus dem Logos-Feuer alles entsteht und alles sich wieder in es auflösen soll, muß es von gleicher Art sein wie die materiellen Dinge. Der Logos als Natur ist Wirken und steht in dieser Hinsicht der trägen, passiven Materie gegenüber, auf die er jedoch angewiesen ist, da nach stoischer Ansicht ein Wirken ohne Stoff nicht denkbar ist. Der Natur wird eine spontane Wirksamkeit zugeschrieben, die zugleich zielgerichtet ist und in dieser Hinsicht mit dem Schaffen des Künstlers verglichen werden kann: Der Logos bzw. die Natur wird als künstlerisch gestaltendes Feuer bezeichnet, das auf einem bestimmten Weg schöpferisch wird. Mit der Identifikation von Logos und Feuer hängt die stoische Lehre vom Weltenbrand zusammen,[37] in dem die Welt periodisch vergeht. Die Identifikation des Logos mit dem Feuer könnte in die Richtung einer materialistischen Auffassung weisen, wogegen jedoch spricht, daß der Logos auch „Gott" oder „Zeus" genannt und ihm Vorsehung zugeschrieben wurde.[38]

Der Logos ist nicht nur Ursprung aller Dinge, sondern zugleich Grund der Gesetzmäßigkeit des Geschehens. In die allgemeine Gesetzmäßigkeit sind nicht nur die Dinge, sondern auch das Subjekt eingebettet, so daß die Strukturen des begrifflichen Denkens und der Wirklichkeit übereinstimmen. Die Auffassung des Logos als Prinzip einer universalen Ordnung hat somit eine wichtige erkenntnismetaphysische Funktion. Darüber hinaus machte es die Logos-Lehre möglich, Vorgänge der Natur nicht nur als wirkursächlich, sondern auch als zweckmäßig bestimmt zu begreifen. Wo Zwecke wirken, gibt es Ziele, die erreicht werden *sollen,* d. h., die teleologisch aufgefaßte Natur erweist sich als normative Ordnung. Auf dem normativen Charakter des stoischen Begriffs der Natur beruht dessen Funktion in der Ethik, die naturrechtlichen Charakter hat. (Siehe den nächsten Abschnitt.) Da der Gedanke der Zweckmäßigkeit der Natur im stoischen Denken eine wichtige Rolle spielte, konnte er auch zum Ausgangspunkt eines Gottesbeweises – des teleologischen – gemacht werden. Ausgehend von der vermeintlichen Zweckmäßigkeit gewisser Naturzusammenhänge wurde argumentiert, daß die objektive Zweckmäßigkeit einen Grund haben müsse und daß als solcher nur ein göttliches Wesen in Betracht komme.[39]

Im Rahmen der Logos-Lehre läßt sich von einer Verwandtschaft zwischen menschlicher und kosmischer Vernunft reden. So wie das All vom Logos beherrscht wird, wird der Mensch von der Seele zusammengehalten, belebt und geleitet. Die Seele ist aber kein rein geistiges Wesen, sondern stofflicher Lebenshauch (pneuma), bis hinauf zu ihrem höchsten Teil, der lenkenden Vernunft (hegemonikón), die vom Herzen aus die Ströme des Pneuma im Körper dirigiert. Einen Hinweis auf den Zusammenhang von menschlichem Geist und Gott gibt die Tatsache, daß die Menschen fähig sind, Gott zu erkennen; da diese Fähigkeit allen Menschen zukommt, muß der Begriff Gottes eingeboren sein, und dies hängt wiederum damit zusammen, daß in allen Wesen Logos-Keime (lógoi spermatikoí) wirksam sind.

In der stoischen Kosmologie finden sich verschiedene ältere Auffassungen wieder: Mit Vertretern der Arché-Spekulation (wie z.B. Anaximenes) nahmen die Stoiker an, daß alle Dinge aus einem gemeinsamen Ursprung hervorgegangen sind; wie Empedokles unterschieden sie vier Elemente; mit den Vertretern der Vakuum-Hypothese erklärten sie, jenseits der Weltgrenze sei der leere Raum; mit den Gegnern dieser Hypothese leugneten sie jedoch, daß es in der Welt ein Vakuum geben könne. Die Gestirne, die sie als kugelförmig betrachteten, hielten sie für intelligente Wesen. Das heliozentrische System lehnten sie ab, ja Cleanthes bezichtigte Aristarch von Samos, der erstmals die heliozentrische Auffassung vertrat, der Asebie, d.i. des Verstoßes gegen die traditionelle Frömmigkeit.

d) Die stoische Ethik

Die Einsicht in den gesetzmäßigen Zusammenhang der Gesamtwirklichkeit bildet die Grundlage der Formulierung von Zielen, zu denen die Ethik den Weg weisen soll, nämlich zur Unerschütterlichkeit des Gemüts (Ataraxie), zur Selbstgenügsamkeit (Autarkie) und zur Unabhängigkeit von Affekten (Apathie). Der Weise soll sich nach stoischer Auffassung nicht gegenüber seiner Umgebung isolieren, sondern die Bindungen an Familie und Gesellschaft anerkennen, jedoch nicht in ihnen aufgehen. Allen besonderen Bindungen ordnet er die Bindung an den Kosmos über, so daß er Bürger der Welt – Kosmopolit in buchstäblicher Bedeutung – wird. Die Unabhängigkeit von äußeren Bedingungen hatten bereits die Cyniker als moralisches Ziel proklamiert, aber im Unterschied zu den Stoikern die in der geistigen Natur des Menschen wurzelnden Ansprüche ignoriert und die aus seinem sozialen Charakter folgenden Forderungen vernachlässigt. Die Stoiker gingen auch insofern über Antisthenes und seine Anhänger hinaus, als sie ein sittliches Ideal nicht nur aufstellten, sondern es zu begründen suchten. In dieser Hinsicht standen sie unter dem Einfluß des Sokratischen Intellektualismus, dem zufolge nur die Vernunft den Menschen befähigt, dem Schicksal souverän gegenüberzustehen. Die Tugend ist stoischer Überzeugung nach geradezu mit der Vernünftigkeit identisch, so daß die Tugenden als Arten des Wissens gelten konnten. Z.B. galt den Stoikern – ganz im Sinne des Sokrates – Tapferkeit als Wissen von dem, was zu fürchten bzw. nicht zu fürchten ist.[40] Folgerichtig erklärten sie wie Sokrates die Tugend für lehrbar.[41] Im Wissen erreicht der stoische Weise die ihm eigentümliche Art der Freiheit, die auch Freiheit vom Einfluß der unvernünftigen Triebe und Wünsche ist. Diese Freiheit bewährt sich auch angesichts des Todes, den der Weise, wenn er es für richtig hält, selbst herbeiführt.

Die Annahme, daß Normen des moralischen Verhaltens aus reiner Vernunft gewonnen werden könnten, ergab sich für die Stoiker aus ihren metaphysischen Voraussetzungen. Sie glaubten nämlich, daß die individuelle Vernunft ein Teil der Weltvernunft sei und somit an der vernünftigen Weltordnung teilhabe. Wenn aber die gesunde Vernunft jedes Menschen die allgemeine Ordnung des Kosmos widerspiegelt, dann ist die sittliche Forderung, sich im Handeln an der vernünftigen Einsicht zu orientieren, gerechtfertigt, weil der vernünftig Handelnde im Einklang mit den Gesetzen des Universums bzw. in Übereinstimmung mit der Natur als ganzer steht. In dieser Auffassung der Vernunft wurzelt die Naturrechtslehre, d.h. der Versuch, gewisse (meist höchst allgemeine) Normen des Rechts und der Moral aus Sätzen über die Natur abzuleiten.

Der grundlegende Gedanke der Naturrechtslehre findet sich bei stoischen Philosophen in immer neuen Wendungen. So heißt es bei Chrysipp: „Ein tugendhaftes Leben ist gleichbedeutend mit einem Leben auf Grund der Erfahrung von dem, was natürlicherweise geschieht. Denn unsere eigene Natur ist ein Teil der Gesamtnatur. Darum ist das höchste Gut ein naturgemäßes Leben, d.h. ein Leben gemäß unserer eigenen und der Gesamtnatur, so daß wir nichts tun, was das allgemeine Gesetz zu verbieten pflegt, nämlich die richtige, alles durchdringende Vernunft ..."[42] In ähnlichem Sinne sprach Cicero davon, daß sich der Mensch mit allem, was der Natur gemäß ist, anfreunden (d.h. in ein harmonisches Verhältnis treten) müsse.[43]

Die Annahme, daß es möglich sei, aus reiner Vernunft praktische Ziele zu setzen, führt zu schwierigen Problemen, da sie auf der Voraussetzung beruht, daß sich gewisse fundamentale Normen aus Aussagen über die Natur ableiten lassen, d.h. ein Sollen aus der Erkenntnis des Seins gefolgert werden kann. Die logische Schwierigkeit, normative Sätze aus Aussagen abzuleiten, wurde dadurch verdeckt, daß die normativen Voraussetzungen der Ableitung als Aussagen verkleidet eingeführt wurden. Die Verwendung kryptonormativer Sätze, die ein Charakteristikum aller naturrechtlichen Theorien ist, findet sich auch bei den Stoikern. Außerdem zeigt sich, daß die Stoiker die bestimmten Inhalte ihrer Pflichtenlehre nicht aus Einsichten der Vernunft allein, sondern immer auch aus anderen Quellen schöpften. Die Idee einer universalen Naturordnung ist in der Tat so lange praktisch unbrauchbar, als sie nicht inhaltlich bestimmt wird. Die Forderung, „in Übereinstimmung mit der Natur zu leben",[44] verlangt daher nach inhaltlicher Ausfüllung der Idee der Natur. Da dieses Ziel unabhängig von der Erfahrung nicht zu erreichen ist, sahen sich die Stoiker genötigt, aus gewissen Zügen der beobachtbaren Wirklichkeit auf das universale Naturgesetz zurückzuschließen. Im individuellen Bereich galten neben dem Selbsterhaltungsstreben auch die Lebensführung im Einklang mit der menschlichen Vernunft als naturgemäß, d.h. ein Leben, bei dem vernünftige Einsicht und Triebe im Gleichgewicht sind. Es ging mit anderen Worten um die Entfaltung einer harmonischen Persönlichkeit. Darüber hinaus forderte die stoische Ethik auch die naturgemäße Liebe zu anderen: zu Eltern, Geschwistern und Kindern. Aufschlußreich ist die Art, in der Cicero die

Pflicht zur Kindesliebe begründet: Da die Natur die Fortpflanzung will, will sie auch, daß die Kinder geliebt werden.[45] Von hier aus ergibt sich leicht der Übergang zu sozialen Pflichten, wobei sich die Stoiker vor allem auf instinktive oder triebhafte Regelmäßigkeiten im Verhalten von Lebewesen, namentlich der Menschen, stützten. So argumentierten sie z. B. im Hinblick auf Insektenstaaten, daß die Gemeinschaftsbildung einer natürlichen Tendenz entspreche und daher mit allen ihren Konsequenzen – wie Anerkennung der Ansprüche der Gemeinschaft gegenüber dem Einzelnen bis hin zur Verpflichtung, sich unter Umständen für die Gemeinschaft zu opfern – sittlich geboten sei. Wenn schon im Tierreich der Zusammenschluß zu geordneten Gruppen natürlich ist, um wieviel mehr muß dann die menschliche Gemeinschaft, insbesondere der Staat, als naturgemäß gelten, zumal es ein in der Natur begründetes Zusammengehörigkeitsgefühl aller Menschen gibt. Der Versuch, die universale Naturgesetzmäßigkeit durch Verallgemeinerung empirischer Züge des Verhaltens zu bestimmen, ist nur unter der Voraussetzung sinnvoll, daß im besonderen Fall immer schon das allgemeine Gesetz wirksam ist. Diese Voraussetzung kann selbst nicht mehr empirisch gestützt, sondern muß unabhängig von der Erfahrung formuliert werden.

Sofern die Pflicht auf vernünftiger Einsicht beruht, kann ein nicht durch Vernunft bestimmtes Verhalten nicht sittlich sein. Das gilt insbesondere für emotional bedingtes Verhalten: Entscheidungen auf Grund von Gefühlen können nicht sittlich positiven Charakter haben; die Lust, so natürlich sie auch scheinen mag, ist nicht das Gute, sondern ahmt es nur in täuschender Weise nach, ja sie macht den Menschen, der sich ihr verschreibt, blind für das wahrhaft Gute. Zwar ist die Natur des Menschen stoischer Überzeugung nach von Haus aus gut, aber die menschlichen Reaktionen sind durch irrationale Faktoren beeinflußt, so daß es gefährlich ist, sich auf Gefühl und Trieb zu verlassen.

Wenn die Pflicht darin besteht, in Übereinstimmung mit dem universalen Naturgesetz zu handeln, dann kann das richtige Handeln keine Grade haben, da es zwischen *Übereinstimmung* und *Nicht-Übereinstimmung* ebensowenig Zwischenstufen gibt wie zwischen *gerade* und *ungerade*. So wie man nur entweder in einer Stadt oder außerhalb ihrer sein kann, wobei es gleichgültig ist, wie weit man sich von ihr entfernt, so kann eine Handlung nur entweder gut oder nicht-gut sein. So wie die Tugend keine Abstufungen kennt, so gibt es auch nur eine Tugend. Wo, wie es auch in stoischen Texten gelegentlich geschieht, von Tugenden in der Mehrzahl die Rede ist – z.B. von den vier Kardinaltugenden –, liegt ein ungenauer Sprachgebrauch vor.

Um nicht die Richtung des extremen moralischen Rigorismus einschlagen zu müssen, betonten manche Stoiker, daß zwischen dem sittlich Guten und dem sittlich Schlechten kein absoluter Gegensatz bestehe. Was nicht-gut ist, muß nicht schon schlecht sein, da es sittlich indifferent sein kann. Zwischen „gut" und „schlecht" gibt es eine dritte Möglichkeit, nämlich das moralisch Neutrale (das *adiáphoron*). Auch der Bereich der moralisch gleichgültigen Dinge läßt eine Differenzierung zu: Manche moralisch gleichgültigen Dinge sind vorzuziehen, weil sie dem sittlichen Streben entgegenkommen (die *proegména*), andere, bei denen das nicht der Fall ist, sind abzulehnen, ohne daß sie Gegenstand direkter sittlicher Beurteilung wären. So stellt sich z.B. die Gesundheit, obwohl selbst kein sittlicher Wert, doch als etwas Positives dar, weil sie Bedingung dafür ist, daß wir unsere Ziele optimal erreichen können; sie ist daher der Krankheit vorzuziehen.

Die angedeutete metaphysische Begründung der Pflicht ist fast schon zu stark, denn wenn das Pflichtgebot auf der universalen Naturgesetzlichkeit beruht und diese allgemein verbindlich ist, dann erhebt sich die Frage, wie es überhaupt möglich ist, pflichtwidrig zu handeln. Gilt die vernünftige kosmische Gesetzmäßigkeit allgemein, dann braucht ihre

Befolgung nicht mehr gefordert zu werden; ist es umgekehrt sinnvoll, sittliche Forderungen zu erheben, dann kann es nicht so sein, daß das Handeln notwendig jener Gesetzmäßigkeit folgt. Mit anderen Worten: Entweder die objektive Vernunft (der *Logos*) bestimmt alles mit Notwendigkeit, dann ist jeder Appell, im Sinne des Pflichtgebotes zu handeln, überflüssig; oder ein solcher Appell ist sinnvoll, dann ist der Mensch nicht unbedingt dem Naturgesetz unterworfen, sondern es kommt im sittlichen Handeln wesentlich auf seine Zustimmung (synkatáthesis) an.

Um begreiflich zu machen, wie der Mensch abweichend vom Naturgesetz handeln kann, nahmen die Stoiker an, daß die vernünftige Überlegung der Seele (des *pneûma*) durch Affekte getrübt werden kann, so daß die Herrschaft über das Tun verloren geht. Zwar kann die Vernunft nach stoischer Ansicht einem Gefühl die Zustimmung verweigern und ihm damit den Einfluß nehmen; wenn sich aber die Affekte einmal durchgesetzt haben, wird die Vernunft zeitweise ausgeschaltet, so daß vernünftige Kontrolle nicht mehr möglich ist. Der Mensch verhält sich dann wie ein geistig Blinder oder wie ein Wahnsinniger. Wer moralisch schlecht handelt, ist daher nicht nur, wie Sokrates gelehrt hatte, ein Irrender, sondern geradezu ein Irrer. Deshalb begnügten sich die Stoiker nicht mit der Forderung, extreme Leidenschaften zu vermeiden und nach einem Mittelmaß des Affekts zu streben. Nur die vollständige Überwindung der Affekte gewährleistet die Vernünftigkeit des Handelns und sichert die Harmonie der Seele. Wie weit sie mit dieser Forderung gingen, zeigt ihre Einstellung gegenüber dem Mitleid: Der Weise soll anderen nicht aus Mitleid, sondern aus reiner Einsicht in das Pflichtgebot helfen.

Die Stoiker bemühten sich einerseits, auch das natürliche triebhafte Verhalten als naturgemäß darzustellen, um den Gedanken metaphysisch zu begründen, daß das sittliche Handeln ein Handeln im Einklang mit der Natur sei; andererseits sahen sie sich aber gezwungen, einen Gegensatz von individueller Vernunft und Trieb anzunehmen, weil sich nur so von natur- bzw. vernunftwidrigem Verhalten und von sittlichen Forderungen sprechen ließ. Einerseits rechneten sie mit der Möglichkeit eines Gegensatzes von Vernunft und Trieb, während sie auf der anderen Seite annahmen, die Naturgemäßheit des Verhaltens zeige sich schon auf der Ebene der Instinkte und Triebe. Wo es ihnen darum ging, die Pflicht auf Übereinstimmung von Mensch und Natur zu gründen, betonten sie die Harmonie von Trieb und Vernunft; wo sie die Möglichkeit sittlicher Forderungen aufweisen wollten, hoben sie die Differenz von Triebhaftigkeit und Vernünftigkeit hervor.

Die doppelte Tendenz, einerseits das Pflichtgebot auf die metaphysisch aufgefaßte Natur zurückzuführen und andererseits doch moralische Forderungen als sinnvoll erscheinen zu lassen, zeigt sich auch in der stoischen Lehre von der Freiheit: Unter dem Gesichtspunkt der Natur und ihrer universalen vernünftigen Gesetzmäßigkeit erscheint der Wille als determiniert; wo von einer Verpflichtung, die sich in moralischen Forderungen ausdrückt, die Rede ist, wird der Wille als frei dargestellt. Der Zwiespalt zwischen der Annahme einer durchgängigen Bestimmtheit allen Geschehens und der Anerkennung der Willensfreiheit zeigt sich deutlich in Cleanthes' „Hymnus auf Zeus", wo es heißt:

> „Nichts kann ohne dein Zutun,
> o Gott, geschehen auf Erden,
> Nichts im göttlichen Äther des Himmels
> noch drunten im Meere,
> Außer allein was die Bösen in ihrer
> Verblendung verbrochen."[46]

Auf Grund der Annahme, daß die Triebe unter Umständen den Einfluß der vernünftigen Einsicht teilweise oder ganz ausschalten können, läßt sich begreiflich machen, daß oft gegen die bessere Einsicht schlecht gehandelt wird. So konnte Chrysipp die Einstellung der Medea verständlich finden, die bei Euripides sagt:

„Welch Unheil ich begehen will, ich seh es wohl,
Doch Leidenschaft ist stärker in mir als Verstand."[47]

Hier zeigt sich im stoischen Denken ein Gegensatz zwischen zwei Auffassungen, die sich nicht miteinander versöhnen lassen: Auf der einen Seite wird das Wollen, wie alles Geschehen, für notwendig erklärt, auf der anderen Seite wird der Mensch als frei betrachtet, weil er nur so als verantwortlich handelndes Subjekt gelten kann. Dieser Gegensatz zwischen der Tendenz zur Unterwerfung aller Vorgänge, einschließlich des menschlichen Handelns, unter die universale Gesetzmäßigkeit der Natur und der Tendenz zur Anerkennung der menschlichen Freiheit und damit der Verantwortlichkeit für das Handeln beruht letzten Endes auf dem Gegensatz zwischen der metaphysischen Theorie und dem unleugbaren Bewußtsein der Verantwortung für das eigene Tun.

Die stoische Vernunftmoral setzt eine Erkenntnislehre voraus, nach der das Wesen der Natur vernünftig erfaßt werden kann. Die Forderung, der Natur gemäß zu leben, kann nämlich nur als Forderung vernunftgemäßen Lebens verstanden werden, wenn die Naturordnung als an sich vernünftig und als vernünftig erkennbar gilt. Auch wenn man sich auf den Standpunkt einer solchen Erkenntnislehre stellt und annimmt, daß die Natur eine werthafte Ordnung ist, die alle Wesen umfaßt, ist mit der Erkenntnis einer objektiven Wertordnung – auch wenn es etwas derartiges geben sollte – noch nicht die Verpflichtung gegeben, sich an ihr zu orientieren. Sonst wäre es nicht möglich zu sagen „Ich sehe das Bessere und billige es, aber ich folge dem Schlechteren". Außerdem ist zu bedenken, daß selbst dann, wenn es Normen gäbe, die auf Einsicht in Naturzusammenhänge beruhen, mit ihnen solange nichts anzufangen ist, als die in ihnen vorkommenden Begriffe nicht eindeutig definiert sind. Sie bedürfen der Interpretation, und wer zu ihrer verbindlichen Interpretation berufen ist, läßt sich der „Natur" nicht entnehmen.

e) Die Stoa im römischen Kaiserreich

Auch nach dem Untergang der römischen Republik bzw. nach der Errichtung der Monarchie spielte die Stoa im Westen des Reiches eine wichtige Rolle, obwohl dort ebenso wie im östlichen Mittelmeerraum die meisten Menschen am politischen Geschehen immer weniger teilnahmen und sich die Tendenz zum Rückzug in den privaten Bereich verstärkte. Stoischen Gedanken war Lucius Annaeus Seneca d.J. (geboren kurz vor der Zeitenwende, gestorben 65 n. Chr.) verpflichtet. In den „Naturales quaestiones" suchte er zu zeigen, daß die Naturerkenntnis der angemessene Weg zur Gotteserkenntnis sei. „De beneficiis" und die „Epistulae morales" enthalten Überlegungen zu ethischen Fragen; außerdem schuf Seneca eine Reihe dichterischer Werke. Er hatte hohe Beamtenstellen inne und stand in Verbindung zum Hofe, wurde jedoch als Opfer höfischer Intrigen acht Jahre lang nach Korsika verbannt. Anschließend war er Erzieher Neros, den er auch nach dessen Regierungsantritt zu beeinflussen suchte: Er empfahl ihm in der Schrift „De clementia" die Tugend der Milde. Im Zusammenhang mit der Pisonischen Verschwörung geriet er in den Verdacht, zu den Verschwörern zu gehören; Nero zwang ihn zum Selbstmord.

Da Nero auch andere Vertreter der stoischen Philosophie (wie Musonius Rufus, dessen Schüler Epiktet war) verfolgte, nahmen die Stoiker eine immer kritischere Haltung gegenüber der Regierung ein. Vespasian wies alle Philosophen aus Italien aus, und auch Domitian verhielt sich gegenüber der Philosophie ablehnend. Zu den aus Rom verbannten Philosophen gehörte auch Epiktet (von etwa 50 n. Chr.

bis etwa 138), der als phrygischer Sklave nach Rom gekommen war, freigelassen wurde und nach seiner Verbannung in Nikopolis in Epirus eine Philosophenschule leitete. Er hinterließ keine Werke, doch veröffentlichte sein Schüler Flavius Aulus Arrianus acht Bücher seiner „Unterhaltungen" („Diatriben", davon vier Bücher erhalten). Nachhaltige Wirkung hatten die im „Handbüchlein" („Encheiridion") zusammengefaßten Kernsätze von Epiktets Lehre.

Epiktet stellte das Ideal einer Freiheit in den Vordergrund, die durch Verzicht auf alles errungen wird, was nicht in unserer Macht steht. Daneben spielt die Forderung eine Rolle, in allen Übeln nur Gedanken, nicht Realitäten zu erblicken. So heißt es im „Handbüchlein": „Gewöhne dich zu jedem unangenehmen Gedanken zu sagen: Du bist nur ein Gedanke, nicht das Ding selbst, als das du erscheinst! Sodann prüfe es an der Hand der Hauptregeln, die du hast: Zuerst und zumeist frage: Ist es im Bereich dessen, was in unserer Gewalt steht, oder bezieht es sich auf das, worüber wir nicht verfügen? Und bezieht es sich auf etwas, worüber wir nicht verfügen, so halte die Antwort bereit: Es geht mich also nichts an!"[48]

Gegenüber den praktischen Empfehlungen im Sinne des stoisch-cynischen „Ertrage und übe Enthaltung" (sustine et abstine) tritt bei Epiktet der metaphysische Aspekt des Stoizismus in den Hintergrund. Wegen seiner „apathischen" Einstellung, die auch von cynischen Gedanken beeinflußt war, konnte er in Anekdoten als typischer Repräsentant des Stoizismus der Spätzeit dargestellt werden. So gibt es den unverbürgten Bericht, daß ihn, als er noch Sklave war, sein Herr gefoltert habe, indem er sein Bein in einen Schraubstock spannte. „Du wirst mir das Bein brechen", soll Epiktet gesagt haben. Der Herr beachtete den Hinweis nicht und fuhr in der Folterung fort, bis das Bein brach. „Habe ich dir's nicht gesagt?" soll die einzige Reaktion des Philosophen gewesen sein.

Die Lage der Philosophie und namentlich der stoischen Philosophen erfuhr eine Wendung zum besseren, als mit Mark Aurel (120 – 180) ein Anhänger der Stoa Kaiser wurde. In seinen „Selbstbetrachtungen" geht es weniger um metaphysische Gedanken und schon gar nicht um Erkenntnistheorie und Logik, als vielmehr um praktische Fragen der Lebensgestaltung vor dem Hintergrund der Lehre von den Affekten. Im Rahmen der Lehre vom göttlichen Geist des Universums, der alles umfaßt und lenkt, bot die Annahme der Vorsehung eine sichere Grundlage der allgemeinen Lebensführung und der Erfüllung der besonderen Pflichten. „Was dir angemessen ist, o Weltordnung (kosmos), das ist auch mir angemessen", schrieb Mark Aurel;[49] und in bezug auf die politischen Aufgaben bekannte er: „Wie unbedeutend sind doch die Staatsgeschäfte ... Was willst du tun, Mensch? Vollbringe, was die Natur jetzt von dir fordert! Fasse deinen Entschluß, wenn die Möglichkeit dazu gegeben ist, und schau dich nicht um, ob es jemand erfährt! Hoffe nicht auf den Platonischen Staat, sondern sei zufrieden, wenn es auch nur ein klein wenig vorwärts geht, und schätze auch die Verwirklichung eines solchen kleinen Fortschritts nicht gering!"[50] Es fällt auf, daß der erste, der Platos Forderung, die Philosophen sollten herrschen oder die Herrscher philosophieren, erfüllte, von der Platonischen Staatsutopie nichts wissen wollte, sondern sich zu einer Reformpolitik der kleinen Schritte bekannte.

Ungeachtet der Förderung, die die stoische Philosophie nun erfuhr, verlor sie rasch an Boden, als der Neuplatonismus aufkam und gleichzeitig die griechisch-römische Philosophie im allgemeinen von der christlichen Weltanschauung verdrängt zu werden begann. Manche ihrer Ideen wurden aber vom Christentum aufgenommen und wirkten in Verbindung mit der biblischen Religiosität weiter.

Das gilt jedoch nicht für den Grundgedanken der stoischen Philosophie, nämlich die Annahme einer allgemeinen, vernünftig einsehbaren Gesetzmäßigkeit allen Geschehens.

In dieser Hinsicht stellt sich den Stoikern die Natur als vernünftige Ordnung dar, der nicht nur die Dinge, sondern auch die menschliche Vernunft im Erkennen und Wollen unterworfen ist. Sofern die eine, allumfassende Natur einerseits als vernünftig, andererseits als göttlich gilt, ist der stoische Panlogismus auch Pantheismus. Im Gegensatz zum christlichen Denken gibt es für die Stoa keine Übernatur: Die vernünftige, göttliche Natur ist eine und zugleich alles.

4. Andere philosophische Richtungen

a) Die Pyrrhonische und die jüngere Skepsis[51]

Stets wird der metaphysische Dogmatismus, wie er in der Zeit des Hellenismus vor allem durch die Stoa repräsentiert wird, vom Skeptizismus gleichsam als seinem Schatten begleitet: Behaupten die Dogmatiker, daß definitive Erkenntnis des Wesens der Wirklichkeit durch vernünftige Einsicht möglich sei, so stellen die Skeptiker diesen Anspruch in Frage, weil ihrer Ansicht nach die beanspruchte erfahrungsunbhängige Einsicht nur behauptet, nicht aber als möglich erwiesen wird. In diesem Sinne war schon Xenophanes Skeptiker (siehe Kap. I, Abschn. 4), und auch bei den Sophisten finden sich skeptische Motive. In der Zeit des Hellenismus hat zunächst Pyrrho von Elis (etwa 365 bis etwa 275 v. Chr.) den skeptischen Standpunkt mit aller Schärfe vertreten; andere folgten der von ihm gewiesenen Richtung bald mit größerer, bald mit geringerer Konsequenz.

Angeregt von der atomistischen und cynischen Erkenntnistheorie, erklärten die Skeptiker, daß uns immer nur Empfindungen als innere Zustände, niemals aber bewußtseinsunabhängige Dinge, die die Empfindungen hervorrufen, bekannt seien. Die Dinge selbst sind uns unzugänglich, weshalb jeder Behauptung über sie mit gleichem Recht die entgegengesetzte Behauptung gegenübergestellt werden kann. Das heißt nicht, daß beide Behauptungen wahr sein könnten, sondern nur, daß sich nicht entscheiden läßt, welche von ihnen wahr ist. Infolgedessen ist es angezeigt, sich aller Urteile über die Dinge zu enthalten.

Die Zurückhaltung des Urteils (epoché) diente den Skeptikern seit Pyrrho dazu, die Gemütsruhe, die innere Unerschütterlichkeit (ataraxía) zu bewahren. „Das Ziel ist, wie die Skeptiker sagen, die Zurückhaltung (des Urteils), welcher der Seelenfriede wie ein Schatten folgt."[52] Und Jahrhunderte nach Pyrrho erklärte Sextus Empiricus: „Das Motiv zur Skepsis ist ... die Hoffnung auf Seelenfrieden."[53] Wie die Stoiker waren auch die Skeptiker überzeugt, daß nur unbedingt sichere Erkenntnisse geeignet seien, das Tun und Verhalten zu leiten; im Unterschied zu ihnen glaubten sie aber nicht an die Möglichkeit definitiven Wissens, weil sich ihrer Ansicht nach ein Wahrheitskriterium nicht angeben läßt. Gibt es aber kein Kriterium der Wahrheit, dann wird mit dem Anspruch, irgendwelche Urteile als endgültig wahr behaupten zu können, auch der Anspruch hinfällig, Normen des Handelns definitiv begründen zu können. Nichts ist in den Augen der Skeptiker gefährlicher, als Entscheidungen auf Urteile zu stützen, die als sicher betrachtet werden, da der Schein der Sicherheit in jedem Fall trügerisch ist. Man muß sich vielmehr klarmachen, daß es unbedingt sicheres Wissen nicht gibt, d.h., man darf nicht meinen, je zu völliger Gewißheit im theoretischen und praktischen Bereich gelangen zu können.

Die Skeptiker forderten daher, nicht nur auf Urteile über die Dinge zu verzichten, sondern auch dem praktischen Engagement so weit wie möglich aus dem Wege zu gehen. Da aber das praktische Leben unweigerlich zu Entscheidungen zwingt – auch der Verzicht auf eine bestimmte Tätigkeit ist eine Stellungnahme –, empfahlen sie eine konformistische Einstellung, bei der an die Stelle autonomer Entscheidungen die Anpassung an das Verhalten der Umgebung tritt.

Pyrrho war so konsequent, seine Auffassungen nicht schriftlich niederzulegen, weshalb sie sich kaum mehr zuverlässig feststellen lassen; auch der nur mündlich vertretene Skeptizismus kann jedoch nicht gelehrt werden, wie Pyrrho einräumte, nach dessen Ansicht sich nichts dogmatisch behaupten läßt, weil es zu jedem Argument ein Gegenargument gibt.[54] Die Ablehnung des Dogmatismus wäre in der Tat nicht konsequent, wenn die Gründe, mit deren Hilfe der Anspruch sicheren Wissens aufgehoben wird, als sicher betrachtet würden; tatsächlich galten sie lediglich als Mittel, mit deren Hilfe Wissensansprüche geprüft werden können; sie sind nicht der Kritik entzogen, sondern sollen ihrerseits der skeptischen Prüfung unterworfen werden. Die Skepsis ist somit keine Lehre im Sinne einer Menge dogmatisch vorgetragener Sätze, sondern eher eine Methode der kritischen Sichtung – und diese Auffassung entspricht genau der ursprünglichen Wortbedeutung des Ausdrucks „Skepsis".

Obwohl Pyrrho Schüler hatte, unter denen Timon von Phlius hervorragte, war die Skepsis keine philosophische Schule. Das kann bei einer Richtung, die keine positiven Lehren anbietet, sondern als Methode der Destruktion dogmatischer Ansprüche auftritt, auch nicht anders sein. Weil der Skeptizismus keine dogmatische Position, sondern Korrektiv dogmatischer Tendenzen ist, traten skeptische Gedanken immer dann auf, wenn es darum ging, Endgültigkeitsansprüche einer dogmatischen Metaphysik in Frage zu stellen. In diesem Sinn opponierten die Vertreter der Mittleren und Jüngeren Akademie gegen den stoischen Dogmatismus, und später stellten Änesidem von Knossos (1. Jh. v. Chr.), Agrippa und Sextus Empiricus (2. Jh. n. Chr.) den für den Mittelplatonismus typischen Anspruch in Frage, auf dem Wege der Spekulation sichere Erkenntnis einer jenseitigen Wirklichkeit erlangen zu können. Zu diesem Zweck stellten sie die Gründe – die sogenannten skeptischen „Tropen" – zusammen, die zur Zurückhaltung des Urteils führen sollen. Von Sextus Empiricus, dessen Beiname mit seiner Zugehörigkeit zur Schule der empirischen Ärzte zu tun haben dürfte, sind mehrere Werke erhalten, nämlich „Grundriß der pyrrhonischen Skepsis", „Gegen die Dogmatiker" und „Gegen die Wissenschaftler".[55] Diese Schriften enthalten eine Fülle von Informationen über verschiedene philosophische Richtungen, insbesondere auch über die frühere Skepsis.

Unter den skeptischen „Tropen" finden sich nicht nur die bekannten älteren Argumente zugunsten der Subjektivität und Relativität aller Urteile, sondern auch Überlegungen, die sich prinzipiell gegen die Möglichkeit definitiven Wissens richten. Agrippa, ein Vertreter der jüngeren Skepsis, hat unter den zur Urteilsenthaltung (Epoché) führenden Tropen die Überlegung angeführt, daß die Forderung, für alle Urteile eine Begründung zu liefern, entweder zu einem unendlichen Regreß oder zur unbegründbaren Behauptung der Wahrheit bestimmter Urteile oder schließlich zu einem Begründungszirkel führe, indem man dasjenige, was erst bewiesen werden soll, zur Begründung heranzieht.[56]

b) Die Akademie nach Plato

Während die Ältere Akademie unter der Leitung von Speusipp, Xenocrates, Heraclides Ponticus und anderen im großen und ganzen auf dem Standpunkt des Schulgründers verblieb, trat im 3. und 2. vorchristlichen Jahrhundert eine bemerkenswerte Wende ein: Der Anspruch endgültigen Wissens wurde zugunsten einer skeptischen Einstellung fallengelassen. Repräsentanten dieser Position waren vor allem Arcesilaus (etwa 315 bis 240 v. Chr.) als Hauptvertreter der sogenannten Mittleren Akademie und Carneades (etwa 213 bis 128), mit dem man die Jüngere Akademie beginnen läßt. Die in der Mittleren und Jüngeren Akademie vertretenen Auffassungen sind uns nur durch Berichte späterer Autoren bekannt, aus denen jedoch hinreichend klar hervorgeht, daß sie einerseits auf die Ablehnung des metaphysisch begründeten Anspruchs absoluter Wahrheit – des metaphysischen Dogmatismus –, wie er in der damaligen Zeit vor allem von den Stoikern vertreten wurde, hinausliefen, andererseits von der Tendenz geleitet waren, den Bereich der Praxis von skeptischen Bedenken zu entlasten. Zu diesem Zweck wurde argumentiert, daß für praktische Entscheidungen gar nicht definitive Wahrheit über die Bedingungen, unter denen gehandelt wird, zu fordern sei, sondern lediglich Wahrscheinlichkeit. Indem in bezug auf die Praxis der Anspruch unbedingter Richtigkeit fallengelassen wird, werden skeptische Bedenken, die sich gegen jenen Anspruch richten, in diesem Bereich gegenstandslos.

Bei einer philosophischen Schule in der Tradition Platos, des Vorkämpfers des Ideals absoluten Wissens, ist es überraschend, um nicht zu sagen: befremdlich, wenn sie sich skeptischen Auffassungen öffnet. Angesichts dieser Entwicklung hat man den Eindruck einer tiefgreifenden Änderung des geistigen Klimas: Der Glaube an die Möglichkeit absoluter Wahrheit aus rein geistigen Quellen scheint – soweit das die Texte und Berichte erkennen lassen – geschwunden, der Anspruch des vollkommenen Wissens (im Sinne der Platonischen *epistéme*) wird zugunsten des mehr oder weniger wahrscheinlichen Fürwahrhaltens (*dóxa*) preisgegeben. Erst um die Zeitenwende und in den Jahrhunderten danach setzte sich in der platonistischen Tradition – im Mittel- und Neuplatonismus – wieder die Idee der absoluten, von der Erfahrung prinzipiell unabhängigen Wahrheit durch.

Auf die Frage, wie eine solche Entwicklung eintreten konnte, läßt sich nur mit einer Vermutung antworten: Die Kritik am stoischen Dogmatismus dürfte die Vertreter der Mittleren und Jüngeren Akademie zur Ablehnung des Dogmatismus als solchen, d.h. zur Ablehnung des Anspruchs, zur absoluten Wahrheit gelangen zu können, und somit auch zur Ablehnung wesentlicher Thesen des ursprünglichen Platonismus veranlaßt haben. Arcesilaus sah sich als Konkurrenten von Cleanthes, so wie Carneades gegen Chrysipp Front machte. Diese Opposition war für Carneades so bestimmend, daß er sagte: „Gäbe es Chrysipp nicht, so gäbe es auch mich nicht." Er war ein eindrucksvoller Redner, der bei einem Besuch in Rom, den er gemeinsam mit dem Aristoteliker Critolaus und dem Stoiker Diogenes unternahm, die Zuhörer dadurch verblüffte, daß er an einem Tag *für*, am nächsten *gegen* die Gerechtigkeit argumentierte – sehr zum Mißfallen traditionsbewußter Römer wie Cato, die im Versuch, der Philosophie in Rom Gehör zu verschaffen, eine Gefahr sahen und daher dafür sorgten, daß die Delegation rasch wieder abreiste. Wieweit die akademischen Skeptiker an Plato anknüpften, ist eine kaum zu beantwortende Frage. Zwar lassen manche Platonischen Dialoge die in ihrem Mittelpunkt stehende Frage offen; z.B. scheint es nach dem Dialog „Theätet" nicht möglich anzugeben, worin das Wesen des Wissens besteht. In einigen Dialogen aus Platos Spätzeit werden frühere Thesen in bezug auf die Ideen problematisiert, und im „Timaeus" beansprucht Plato für seine Kosmogonie nicht definitive Gültigkeit, weil sie den Bereich der veränderlichen Wirklichkeit betrifft, von dem es kein Wissen im strengen Wortsinn geben kann. Aber daß Plato dem Ideal des perfekten Wissens – im Gegensatz zur bloßen „Meinung" – stets verpflichtet blieb, ließ sich doch nicht übersehen. Der Eindruck, daß die Position der Mittleren und Jüngeren Akademie auf eine weitgehende Abkehr von Plato schließen läßt, drängt sich daher auf. Dies wird noch durch den Umstand unterstrichen, daß die Dialektik mit der Begründung verworfen wurde, sie sei „dazu erfunden, um gleichsam als Schiedsrichterin zu entscheiden, was wahr und falsch sei. Welches Wahre und Falsche und auf welchem Gebiet? Kann der Dialektiker beurteilen, was in der Geometrie wahr oder falsch ist oder in der Literatur oder in der Musik? Das kennt er ja nicht. Also in der Philosophie? Was geht es ihn an, wie groß die Sonne ist? Wie will er beurteilen können, was das höchste Gut ist?"⁵⁷ Versteht man unter Dialektik aber die Untersuchung der Beziehungen zwischen Sätzen, dann reicht das nicht hin, um die großen traditionellen Probleme der Philosophie zu lösen.

Die skeptische Einstellung tritt klar zutage, wenn Arcesilaus erklärte, es gebe nichts Gewisses, das mit den Sinnen oder mit der Vernunft erfaßt werden könne.⁵⁸ Ähnlich betonte Carneades, daß sich weder in der Vernunft noch in der Wahrnehmung, der Vorstellung oder sonstwo ein Kriterium der Wahrheit finden lasse.⁵⁹ Da der stoische Glaube an die Möglichkeit absolut sicherer Erkenntnis auf der Annahme beruhte, daß es „erfassende" (kataleptische) – d.h. die Wahrheit verbürgende – Vorstellungen gibt, ist es verständlich, daß sich die Kritik der Akademiker gegen die Annahme wahrheitsverbürgender Vorstellungen oder Begriffe richtete. Die Ablehnung eines sicheren Wahrheitsfundaments bildet den Kern des Skeptizismus.

Das Erkenntnisproblem wurde in den verschiedenen Richtungen der hellenistischen Philosophie auf der Grundlage der Annahme formuliert, daß wir unmittelbar nur Vorstellungen kennen, nicht Gegenstände, die von den Vorstellungen repräsentiert werden. Während Stoiker und Epikureer – wie oben ausgeführt – meinten, daß wir auf Grund gewisser Züge von Vorstellungen – wie ihrer Evidenz – den Vorstellungen mit Sicherheit reale Gegenstände zuordnen können, hielten das die Pyrrhoneer für unmöglich; sie bestritten, daß sich die Annahme, gewisse Vorstellungen hätten einen Objektbezug, jemals definitiv rechtfertigen lasse. In der Jüngeren Akademie setzte sich in diesem Punkte eine schwächere Auffassung durch: Nach Carneades kann eine solche Zuordnung auf Grund von Wahrscheinlichkeitsüberlegungen, also ohne Endgültigkeitsanspruch, vorgenommen werden. Wenn wir etwas wahrnehmen, ordnen wir natürlicherweise – wir würden sagen: instinktiv – der Vorstellung einen realen Gegenstand zu; daher wäre es naturwidrig, wenn man leugnen wollte, daß den Wahrnehmungsvorstellungen wirkliche Dinge entsprechen. Dazu kommt, daß die Wahrnehmungen nicht isoliert auftreten, sondern normalerweise einen kontinuierlichen Zusammenhang bilden. (Beispiele lassen sich leicht finden. So folgt z.B. die Wahrnehmung des Donners auf die Wahrnehmung des Blitzes, und Blitze werden wahrgenommen im Zusammenhang mit dunklen Wolken und anderen meteorologischen Faktoren usw. Wenn daher jemand bei klarem Himmel und Windstille ein Geräusch hört, das wie Donner klingt, wird er zögern, es als Donner zu deuten.) Wenn mehrere Vorstellungen, deren jede wahrscheinlich etwas Reales wiedergibt, kontinuierlich zusammenhängen, dann wächst die Wahrscheinlichkeit der Annahme, daß eine einzelne, dem fraglichen Zusammenhang angehörende Vorstellung die realen Verhältnisse angemessen repräsentiert. Die Wahrscheinlichkeit erreicht ihren höchsten Grad, wenn die in Betracht kommenden Vorstellungen auch geprüft sind.[60] In diesem Falle ist es glaubhaft, daß den Vorstellungen reale Dinge entsprechen.

Diese Glaubwürdigkeit reicht in der Regel zur praktischen Orientierung aus. Sofern Entscheidungen auf Grund von Wahrscheinlichkeitsüberlegungen getroffen werden, haben sie rationalen Charakter. Das heißt nicht, daß sie auf rein vernünftiger Einsicht – etwa in der Art der Platonischen Ideenschau – beruhen, sondern nur, daß sie Ergebnis kritischer Überlegungen sind. Nach Ansicht der skeptischen Akademiker versagt die (platonische) Dialektik in dieser Hinsicht: „sie rührt alles zu einem Brei zusammen und kehrt das Unterste zu oberst".[61] Namentlich bemühte sich Carneades zu zeigen, daß die metaphysische Gotteslehre kein sicheres Wissen vermittle bzw. die Behauptung der Existenz Gottes nicht zu rechtfertigen vermöge. Weder die Berufung auf den Konsens aller Völker (consensus gentium bzw. consensus omnium) noch die in der Stoa angestellten Zweckmäßigkeitsargumente halten kritischer Prüfung stand. In bezug auf das wahre Wesen der Wirklichkeit ist jene Zurückhaltung des Urteils, die die Vertreter der pyrrhonischen Skepsis empfahlen, am Platze; im Bereich der Praxis braucht dagegen das Urteil nicht zurückgehalten zu werden, da hier mit hinreichender Wahrscheinlichkeit geurteilt werden kann und absolute Wahrheit gar nicht beansprucht wird. Damit distanzierten sich die Angehörigen der Mittleren und Jüngeren Akademie von der pyrrhonischen Skepsis, der zufolge man sich aller nicht ausschließlich auf den augenblicklichen Bewußtseinszustand bezogenen Urteile enthalten soll, so daß allgemeine Werturteile als unzulässig erscheinen. Das hat die Konsequenz, daß man sich bei moralischen Entscheidungen nur von den natürlicherweise vorhandenen Umständen sowie von den herrschenden Ansichten leiten lassen kann.[62] Gegen diese kaum erträgliche Einschränkung protestierten die akademischen Skeptiker: Die konsequente Zurückhaltung des Urteils macht unfähig zum Handeln; wer sich dagegen an Wahrscheinlichkeitsüberlegungen orientiert, darf, ohne absolute Richtigkeit zu beanspruchen, sein Handeln als vernünftig betrachten.[63] Die Akademiker wollten mit einem Wort nicht so weit gehen wie die Vertreter der pyrrhonischen Skepsis, die die Wirklichkeit für absolut unzugänglich erklärten; sie suchten einen mittleren Weg zwischen dem Dogmatismus der Stoa und dem absoluten Agnostizismus der Pyrrhoneer: Was wahr und sittlich richtig ist, können wir zwar nicht mit Sicherheit wissen, aber das heißt nicht, daß wir keinerlei Wissen erlangen könnten. Ein konjekturales Wissen – um Karl R. Poppers Ausdruck zu gebrauchen – liegt durchaus in der Reichweite unserer Fähigkeiten. Es ist bemerkenswert, daß die akademischen Skeptiker, so wie die Vertreter der pyrrhonischen Skepsis, prinzipiell bereit waren, auch die eigenen Auffassungen den skeptischen Überlegungen zu unterwerfen.[64] Wenn der Satz, daß nichts völlig sicher erkannt werden kann, ausnahmslos gilt, dann folgt – wie z.B. Carneades betonte –, daß nicht einmal dieser Satz selbst als absolut wahr betrachtet werden kann.[65]

Die Forderung, sich in der Praxis rational mit Hilfe von Wahrscheinlichkeisüberlegungen zu orientieren, setzt allerdings voraus, daß die Wirklichkeit selbst nicht schlechthin irrational sei. Stillschweigend scheinen daher auch die Mitglieder der Jüngeren Akademie noch den allgemeinen Gedanken Platos festgehalten zu haben, daß es eine Ordnung der Wirklichkeit gebe und daß sie wesentlich vernünftig sei. Obwohl sie in diesem allgemeinen Sinne noch metaphysisch eingestellt waren, standen sie doch jeder inhaltlichen Metaphysik fern: Die Platonische Theorie der Ideen und der die Ideen schauenden unsterblichen Seele spielte für sie ebensowenig eine Rolle wie die stoische Metaphysik der eingeborenen Begriffe, in denen die kosmische Vernunft sich im menschlichen Denken offenbart, so daß endgültiges Wissen möglich erscheint.

Die weitere Entwicklung der Akademie, auf die hier kurz hingewiesen werden soll, ist durch die Rückwendung zum Ideal absolut sicheren Wissens charakterisiert. Als sich die Akademie im ersten vorchristlichen Jahrhundert unter Antiochus von Askalon, der Philo von Larissa gehört hatte, vom Skeptizismus abwandte und damit jene Phase einleitete, die als „Vierte Akademie" bezeichnet wird, wurde die Frontstellung gegenüber dem Stoizismus wie gegenüber dem Aristotelismus abgebaut, indem man in eklektischer Weise versuchte, die Grundgedanken von Akademie, Stoa und Peripatos als verträglich, ja als konvergent darzustellen.

Von der Jüngeren Akademie war Marcus Tullius Cicero beeinflußt, vor allem durch die Vermittlung der eben genannten Vertreter der Vierten Akademie.[66] Er wurde 106 v. Chr. geboren, erwarb sich als junger Mann eine gründliche philosophische Bildung, schlug die politische Laufbahn ein und bannte die Gefahr einer Verschwörung durch Catilina – die Catilinarischen Reden sind Höhepunkte der römischen Rhetorik –, konnte aber den Aufstieg Cäsars nicht aufhalten und wurde nach Cäsars Tod von Anhängern des Antonius, den er in scharfen Reden (den „Philippicae") attackiert hatte, 43 v. Chr. ermordet. Ciceros Schriften sind eine wichtige Quelle für die griechische Philosophie im allgemeinen und für die hellenistische Philosophie im besonderen, namentlich auch für die akademische Skepsis. So sind den „Academica" Aufschlüsse über die Erkenntnislehre, der Schrift „Über die Natur der Götter" Gedanken über natürliche Theologie und Kosmologie, den Werken über „Das höchste Gut und das schlimmste Übel" („De finibus bonorum et malorum") und „Über die Pflichten" Auskünfte über den Diskussionsstand in ethischen Fragen zu entnehmen. In der (nur fragmentarisch erhaltenen) „Republik" („De republica") und den „Gesetzen" („De legibus") stellte Cicero die klassischen Auffassungen der Staats- und Rechtslehre dar. Seine Werke erschlossen die griechische Philosophie der römischen Welt; sie wurden später von Augustinus benutzt, und im Mittelalter und in der frühen Neuzeit bildeten sie eine wichtige Quelle der Kenntnis antiker Auffassungen. Deshalb sind sie philosophiegeschichtlich wichtig, obwohl sie philosophisch nicht eigentlich originell sind. Sie sind aber auch nicht bloß referierend; Cicero hat sich nämlich nicht gescheut, angesichts der Probleme, die er der Tradition entnahm, Stellung zu nehmen. Dabei schloß er sich – ungeachtet seiner skeptischen Einstellung – oft den Auffassungen Platos bzw. der älteren, orthodox platonistischen Akademie, an.

Cicero lernte in Rom den Akademiker Philo von Larissa kennen, der Athen aus politischen Gründen verlassen mußte; später hielt er sich in Athen auf, um bei Antiochus seine philosophischen Kenntnisse zu vertiefen. Dabei beeindruckte ihn jene Form des Skeptizismus, die Carneades vertreten hatte, d.h., er verband mit der Ablehnung aller Ansprüche definitiven Wissens die Bereitschaft, Wahrscheinlichkeitsüberlegungen zu folgen, und zwar auch angesichts der verschiedenen Möglichkeiten, philosophische Probleme zu lösen. Das setzt voraus, daß die in einer Frage eingenommenen Standpunkte verglichen werden können, und tatsächlich hat sich Cicero bemüht, auf die bekannten Vorschläge zur Lösung zentraler philosophischer Probleme Bezug zu nehmen. Seiner Ansicht nach ist es angebracht, sich der jeweils wahrscheinlichsten Position zuzuwenden. Die endgültige Auszeichnung einer bestimmten Auffassung auf Kosten aller anderen erscheint unter diesen Bedingungen als ausgeschlossen. Daher ist es nicht verwunderlich, daß sich bei Cicero neben platonistischen auch stoische und aristotelische Gedanken finden.

Größte Nähe zu Plato läßt der „Traum des Scipio" erkennen, der im sechsten Buch der „Republik" vorgetragen wird. Im Rahmen einer Kosmologie, in der der pythagoreische Gedanke der Sphärenharmonie eine Rolle spielt, wird eine Argumentation zugunsten der Unsterblichkeit der Seele vorgetragen, die deutlich auf Plato zurückverweist, z.B. wenn es heißt: „Nicht du bist sterblich, sondern dein Körper hier, denn du bist nicht der, den diese Form anzeigt, sondern der Geist eines jeden, das ist er, nicht die Gestalt, die mit den Fingern gezeigt werden kann. Wisse also, daß du Gott bist, wofern Gott ist, was lebt, was empfindet, was sich erinnert, was vorausschaut, was den Körper so lenkt, leitet und bewegt, an dessen Spitze er gesetzt ist, wie jener fürstliche Gott dies All hier; und wie das All, das zu gewissem Teile sterblich ist, der ewige Gott selber, so bewegt diesen gebrechlichen Körper der ewige Geist. Denn was sich immer bewegt, ist ewig ..." Da alle Bewegung von etwas hervorgerufen sein muß, das sich selbst bewegt, das spontan Bewegte aber seelisch sein muß, stammt die Bewegung von einem seelischen, ewigen, unsterblichen Prinzip. Cicero schließt mit dem Aufruf, die Seele in der besten Weise tätig werden zu lassen, und fügt hinzu: „Es sind aber die Mühen um das Heil des Vaterlandes die besten. Von ihnen getrieben und geübt, wird die Seele schneller zu diesem Sitz und in ihre Heimat hinfliegen; und das wird sie schneller tun, wenn sie schon, während sie noch im Körper eingeschlossen ist, nach außen ragt und das, was außerhalb ist, betrachtend sich so sehr wie möglich vom Körper löst."[67]

In Cicero fand die platonistische Philosophie einen Anhänger, der sie auch der lateinischen Welt zugänglich machte. Um dies leisten zu können, mußte Cicero für die griechischen Begriffe lateinische Entsprechungen finden. Seine Bedeutung liegt nicht zuletzt darin, daß er jene Terminologie schuf, die von nun an in der westlichen Welt Verwendung fand. Zwar hat, ebenfalls im ersten vorchristlichen Jahrhundert, Lukrez (gest. 55 v. Chr.) ein philosophisches Werk in lateinischer Sprache geschaffen („De rerum natura"), doch den eigentlichen Durchbruch zu leisten war Cicero vorbehalten.

Inwieweit Lucius Annaeus Seneca der Jüngere aus Córdoba (65 n. Chr. von Nero, dessen Erzieher er war, wegen angeblicher Verschwörungspläne zum Selbstmord gezwungen) mit der akademischen Philosophie in Verbindung zu bringen ist, läßt sich nicht leicht sagen. Zweifellos ist er als Moralphilosoph, als der er in erster Linie Einfluß ausübte, vor allem der Stoa verpflichtet, wie seine „Briefe an Lucilius" und andere Werke ethischen Charakters zeigen.[68] Aber sofern er auch dazu neigt, Gott als transzendentes immaterielles Prinzip aufzufassen, scheinen doch auch platonistische Einflüsse angenommen werden zu können.

Mit der Abkehr der Akademie vom Skeptizismus (in der „Vierten Akademie") war der nächste Schritt in der Entwicklung des Platonismus vorbereitet, nämlich die Hinwendung zu einer Art Mystizismus: Der um die Zeitenwende herrschende Platonismus, der sogenannte Mittelplatonismus, folgte – namentlich bei Eudorus (1. Jh. v. Chr.), Plutarch von Chaeronea (1. Jh. n. Chr.) und anderen – insofern einer mystischen Tendenz, als er die Welt der Erscheinungen zugunsten einer transzendenten Wirklichkeit abwertete und von dieser annahm, daß sie nicht mehr rational erkennbar, sondern nur in überrationaler Weise erschaubar sei. Ähnliche Tendenzen beherrschen auch den gleichzeitigen Neupythagoreismus und Hermetismus. In dieser Zeit beschäftigten sich die Platoniker wieder intensiv mit den Schriften Platos und betonten im Einklang mit diesem die Bedeutung der Mathematik für die Philosophie. Als höchstes Ziel galt den Vertretern des mittleren Platonismus die Verähnlichung mit Gott – ein Gedanke, der auch im Denken der frühen griechischen Kirchenväter eine wichtige Rolle spielen sollte. Hervorstechendes Merkmal des mittleren Platonismus, wie später des Neuplatonismus, war die Tendenz zur Aufhebung der Grenze von Philosophie und religiöser Weltanschauung.

c) Der Peripatos[69]

Auf Aristoteles folgte in der Leitung seiner Schule Theophrast (gest. um 287), der ein eindrucksvolles Oeuvre geschaffen hat, von dem allerdings nur weniges auf uns gekommen ist. Theophrast hat die Lehre des Schulgründers ausgebaut, gelegentlich modifiziert, die Logik weiterentwickelt und sich gleichzeitig in einer für die spätere peripatetische Philosophie charakteristischen Weise auf einzelwissenschaftliche Gebiete, z.B. die Botanik, konzentriert. Wie schon Aristoteles waren auch seine unmittelbaren Schüler gegenüber der Geschichte der Philosophie und der Einzelwissenschaften aufgeschlossen. Theophrast verfaßte eine Darstellung der früheren naturphilosophischen Meinungen, aus der die späteren Doxographen ausgiebig schöpfen konnten. Eudemus, ein anderer Aristoteles-Schüler, schrieb eine Geschichte der Mathematik, auf die sich spätere Berichterstatter stützten. Im ersten vorchristlichen Jahrhundert widmete sich Andronicus von Rhodos der Herausgabe der Aristotelischen Lehrschriften, die er zugleich kommentierte und damit den Anstoß für weitere Kommentare der Philosophie des Stagiriten gab. Obwohl auch die peripatetische Philosophie gelegentlich stoische Einflüsse aufnahm, überwog doch die Opposition gegen die Stoa, insbesondere auf ethischem Gebiet, wo sich die Aristoteliker z. B. gegen die für die Stoa charakteristische negative Beurteilung der Triebe verwahrten. Unter Berufung auf psychologische Untersuchungen verteidigten sie die Ethik des rechten Mittelmaßes. Ohne wirklich schöpferisch zu sein, bewahrten sie die Aristotelische Philosophie und machten es zunächst den Vertretern anderer zeitgenössischer Richtungen, später den Arabern und dem Abendland möglich, an Aristoteles als Philosophen und als Einzelwissenschaftler anzuknüpfen.

Anmerkungen

I. Die Anfänge der Philosophie im 6./5. Jahrhundert

1 Zur alten Philosophie im allgemeinen vgl. Eduard Zeller: Die Philosophie der Griechen in ihrer geschichtlichen Entwicklung, 6 Bände. Hrsg. von W. Nestle. Darmstadt [6]1963; Theodor Gomperz: Griechische Denker, I–III. Leipzig 1893–1909 ([3]1911/12); W. K. C. Guthrie: A History of Greek Philosophy, I–VI [nicht abgeschlossen]. Cambridge 1962–1981; Friedo Ricken: Philosophie der Antike. Stuttgart usw. [2]1993 [Urban Taschenbücher; Grundkurs Philosophie, 6]; Karl Praechter: Die Philosophie des Altertums [Ueberwegs Grundriß der Geschichte der Philosophie, Bd. I. Berlin [12]1926; Basel [13]1953 (unveränderter Nachdruck der 12. Aufl.); Darmstadt 1967 (unveränderter Nachdruck)]; W. Röd (Hrsg.): Geschichte der Philosophie, I–IV [Philosophie der Antike, Bd. 1: W. Röd, Von Thales bis Demokrit. München [2]1988; Bd. II: A. Graeser: Sophistik und Sokratik, Plato und Aristoteles. München [2]1993; Bd. 3: M. Hossenfelder: Stoa, Epikureismus und Skepsis. München 1985; Bd. 4: W. L. Gombocz: Die Philosophie der ausgehenden Antike und des frühen Mittelalters. München 1997]. Die Texte der vorsokratischen Philosophen werden zitiert nach H. Diels (Hrsg.): Die Fragmente der Vorsokratiker. Hrsg. und übers. von W. Kranz. Dublin und Zürich [16]1972. [im Folgenden abgekürzt „DK"; es folgt die Kennziffer des jeweiligen Philosophen, sodann entweder „B" für Fragmente oder „A" für Zeugnisse; die letzte Ziffer ist die Nummer des Fragments oder des Zeugnisses. Von Kranz' Übersetzung wird da und dort abgewichen].
2 Zur Orientierung besonders geeignet sind Olof Gigon: Der Ursprung der griechischen Philosophie. Von Hesiod bis Parmenides. Basel/Stuttgart [2]1968; Andreas Graeser: „Die Vorsokratiker". In: O. Höffe (Hrsg.): Klassiker der Philosophie, I. Von den Vorsokratikern bis David Hume. München 1981 u. ö., S. 13 ff.
3 Hierzu Karl Albert: Über Platons Begriff der Philosophie. Sankt Augustin 1989 [Beiträge zur Philosophie, 1].
4 Zur Geschichte der antiken Mathematik vgl. J. L. Heiberg: Geschichte der Mathematik und Naturwissenschaften im Altertum. München 1960 (Handbuch der Altertumswissenschaft, hrsg. von W. Otto, 5. Abt., 1. Teil, 2. Band).
5 Die Stelle über die Unterwelt [tartara] gilt als unecht, da sie in den Berichten Platos und Aristoteles' fehlt. Vgl. die Ausgabe von Paul Mazon: Hésiode: Théogonie – Les travaux et les jours – Le Bouclier. Paris [5]1960, zu den Versen 11–119 der Theogonie.

6 Vgl. hierzu Olof Gigon: Der Ursprung der griechischen Philosophie. Von Hesiod bis Parmenides. Basel und Stuttgart ²1968, S. 13 ff.
7 Das klassische Werk zum Thema ist Wilhelm Nestle: Vom Mythos zum Logos. Die Selbstentfaltung des griechischen Denkens von Homer bis auf die Sophistik und Sokrates. Aalen 1966. (Nachdruck der 2. Auflage von 1942.)
8 Zum naturwissenschaftlichen Denken von den Anfängen bis Plato vgl. Fritz Krafft: Geschichte der Naturwissenschaft, I. Die Begründung einer Wissenschaft von der Natur durch die Griechen. Freiburg 1971.
9 Aristoteles: Metaphysik I 5, 985 b 23 ff.
10 Vgl. Euklid: Die Elemente, III, Lehrsatz 31. Diogenes Laërtius scheint – etwa 550 Jahre später – in seinem Werk über Leben und Meinungen berühmter Philosophen (I, 24; vgl. DK 11 A 1.24) den Beweis unter Berufung auf die römische Autorin Pamphila dem Thales zuschreiben zu wollen, der ihn aber schwerlich so geführt haben dürfte wie Euklid.
11 Vgl. G. W. F. Hegel: Vorlesungen über die Geschichte der Philosophie, I. Sämtliche Werke (Jubiläumsausgabe), Band XVII (1959), S. 217.
12 Aristoteles vermutete (Metaphysik I 3, 983 b 22 f.), Thales habe sich von der Erfahrung leiten lassen, daß der Same der Lebewesen feucht sei. Dabei dürfte es sich aber um eine nachträgliche Deutung, die Aristoteles auch mit einem „vielleicht" versieht, und nicht um eine von Thales selbst vorgetragene Begründung handeln.
13 DK 12 B 1.
14 Das Fragment ist durch Simplicius (6. Jhdt. n. Chr.) überliefert, der zu den letzten Mitgliedern der Platonischen Akademie in der Zeit Kaiser Justinians gehörte.
15 DK 12 A 14.
16 Zur Mysterienreligion vgl. Robert Muth: Einführung in die griechische und römische Religion. Darmstadt 1988, S. 151 ff.
17 Da sich die Annahme einer Seelenwanderung auch außerhalb des griechischen Kulturraums, namentlich in Indien, findet, ist es verständlich, daß immer wieder über ein mögliches Abhängigkeitsverhältnis spekuliert wurde, doch ohne daß Beweise beizubringen wären. Herodots Behauptung, daß jene Annahme aus Ägypten stamme, steht auf schwachen Füßen.
18 DK 21 B 14.
19 DK 21 B 23.
20 DK 21 B 24.
21 DK 21 B 34.
22 DK 21 B 18.
23 DK 22 B 49a.
24 DK 22 B 31.
25 DK 22 B 90.
26 DK 22 B 53.

27 DK 22 B 125.
28 DK 22 B 123.
29 DK 22 B 26.
30 DK 22 B 27.
31 Als seine Blütezeit wurde die 96. Olympiade angegeben, d.h. 504–501. Da die „Blüte" eines Denkers ins 40. Lebensjahr verlegt wurde, würde sich ein Geburtsjahr um 540 ergeben, was aber neuerdings als weniger wahrscheinlich gilt.
32 Dies ist der Sinn des Fragments DK 28 B 3: „Dasselbe ist, etwas zu denken und zu sein".
33 DK 28 B 8.9–10.
34 Vgl. Andreas Graeser: „Die Vorsokratiker". In: O. Höffe (Hrsg.): Klassiker der Philosophie, I. München 1981 u.ö., S. 24.
35 Diogenes Laërtius: Leben und Meinungen berühmter Philosophen, VIII 57. [Deutsche Übersetzung von O. Apelt, Hamburg 2 1967]
36 DK 31 B 6.
37 DK 31 B 17.
38 DK 31 B 109. Empedokles nahm wie vor ihm Parmenides an, daß Wahrnehmung auf Grund einer Gleichartigkeit von Wahrgenommenem und Wahrnehmungsorgan zustande kommt. Plato knüpfte an diese Auffassung an und führte die Fähigkeit, das Sonnenlicht zu sehen, auf die Sonnenhaftigkeit des Auges zurück (Der Staat, VI; 508 ab). Plotin nimmt diesen Gedanken auf: „kein Auge könnte je die Sonne sehen, wäre es nicht sonnenhaft" (Enn. I 6, 9; [1] 43). Vgl. Goethes Verse: „Wär nicht das Auge sonnenhaft, Die Sonne könnt' es nie erblicken ..." (Hamburger Ausgabe, I, S. 367).
39 DK 31 B 146–147.
40 Leicht abgeändert nach DK 59 B 17.
41 Vgl. DK 59 B 11 und 12.
42 Vgl. DK 59 B 4.
43 Vgl. DK 59 B 12.
44 Metaphysik I 3, 984 b 15 ff.

II. Sophistik und Sokratik

1 Vgl. die ausführliche Darstellung von Andreas Graeser: Die Philosophie der Antike, 2: Sophistik und Sokratik, Plato und Aristoteles. [= W. Röd, Hrsg.: Geschichte der Philosophie, II. München 2 1992].
2 Möglicherweise handelt es sich um einen Teil des Buches „Über die Natur".
3 Nach Aristoteles: Rhetorik, II 24, 1402a 23, hat erstmals Protagoras diesen Anspruch erhoben.
4 Überliefert von Diogenes Laërtius: Leben und Meinungen berühmter Philosophen, Buch IX, 56.

5 Diogenes Laërtius, a.a.O., IX 51, stellt fest, daß Protagoras der erste – also nicht der einzige – war, der diese Ansicht vertrat.
6 Nach Plutarchs Darstellung von Perikles' Leben (Diels/Kranz 80 A 10) war bei einem Wettkampf ein Zuschauer durch einen Speerwurf getötet worden, und es fragte sich, ob der Werfer oder die Organisatoren des Wettkampfs zur Verantwortung zu ziehen seien.
7 Zur kulturellen Situation Athens im 5. Jahrhundert, insbesondere seit 461, vgl. Fritz Schachermeyr: Geistesgeschichte der Perikleischen Zeit. Stuttgart usw. 1971.
8 Sextus Empiricus: Gegen die Mathematiker, VII 60; nach Diels/Kranz: Fragmente der Vorsokratiker, 80 B 1.
9 Vgl. Plato: Theätet 172a, wo Sokrates als Lehre des Protagoras vorträgt: „das Schöne und Schlechte, das Gerechte und Ungerechte, das Fromme und Unfromme, was in diesen Dingen ein Staat für eine Meinung faßt und dann feststellt als gesetzmäßig, das ist es nun auch für jeden in Wahrheit ...".
10 Vgl. W. Röd: „Absolutes Wissen oder kritische Rationalität. Platos Auseinandersetzung mit der Sophistik". In: Hans Poser (Hrsg.): Wandel des Vernunftbegriffs. Freiburg/München 1981, S. 67–106.
11 Plato: Theätet 167c.
12 Plato: Theätet 169d.
13 Plato: Theätet 166d.
14 Plato: Protagoras 320c ff.
15 Plato, Theätet 167c.
16 Vgl. hierzu Hans-Joachim Newiger: Untersuchungen zu Gorgias' Schrift Über das Nichtseiende. Berlin und New York 1973.
17 Sextus Empiricus: Gegen die Mathematiker VII 72 (DK 82 B 3).
18 Es handelt sich um die pseudo-aristotelische Schrift „De Melisso Xenophane Gorgia" und den Bericht des Sextus Empiricus.
19 Man muß aber bedenken, daß der „Herakles" nur in der Fassung überliefert ist, die ihm Xenophon: Memorabilien II 1, 21ff., gegeben hat; was davon auf Prodicus zurückgeht und was spätere Zutat ist, läßt sich wohl nicht mehr entscheiden.
20 Diels/Kranz: Fragmente der Vorsokratiker, 87 B 44.
21 Plato: Gorgias 483cd.
22 Plato: Der Staat, I, 338a ff.
23 Vgl. Aristoteles: Politik III 9, 1280b 10.
24 Vgl. O. Gigon: Sokrates. Sein Bild in Dichtung und Geschichte. Bern 1947 (²1979).
25 Vgl. K.R. Popper: The Open Society and Its Enemies [dt.: Die offene Gesellschaft und ihre Feinde], I. ⁴1962, S. 189ff.
26 Vgl. Platos Dialog „Laches".
27 Der Begriff der Frömmigkeit ist das Thema des Platonischen „Eutyphro".

28 Hier ist vor allem Platos „Protagoras" zu nennen, in dem es um die Einheit der Tugend und deren Lehrbarkeit geht.
29 Zur Natur der Sokratischen Was-ist-Frage vgl. A. Graeser: Die Philosophie der Antike 2. Sophistik und Sokratik, Plato und Aristoteles [W. Röd, Hrsg.: Geschichte der Philosophie, II]. München ²1992, 89 ff.
30 Dieser Gedanke klingt schon bei Euripides: Hippolytos, 380–382, an: „Wir wissen das Gute und erkennen es, führen es jedoch nicht aus ..."
31 Derselbe Gedanke findet sich bei Demokrit, Diels/Kranz 68 B 45: „Wer Unrecht tut, ist unseliger, als wem Unrecht geschieht."
32 Plato: Phaedo 114 e–115 a.
33 Dieser Gedanke wird schon Antisthenes zugeschrieben. Ähnlich bereits Antisthenes' Zeitgenosse Demokrit, Diels/Kranz 68 B 247, der ebenfalls den Kosmos als Heimat der guten Seele bezeichnet hat. Auf den politischen Hintergrund der cynischen Moral hat hingewiesen Arnold Gehlen: Moral und Hypermoral. Eine pluralistische Ethik. Frankfurt a. M. und Bonn 1969, S. 13 ff. Seiner Ansicht nach „muß man Antisthenes unter die großen politischen Denker rechnen; sein geschichtlicher Einfluß war ... weit machtvoller als der platonische ..." (S. 21).
34 Vgl. Xenophon: Memorabilien, II, 1.
35 Nach Diogenes Laërtius: Leben und Meinungen berühmter Philosophen, II, 108, geht das Argument auf Eubulides zurück.
36 Diogenes Laërtius, a. a. O., II, 106.

III. Plato und das Problem der Erkenntnis aus reiner Vernunft

1 Zur Einführung in Platos Philosophie vgl. Karl Bormann: Platon. Freiburg und München 1973.
2 Plato: Siebenter Brief, 324 e–325 a. (Zitiert wird, wie üblich, mit Angabe von Seite und Spalte der Ausgabe der Platonischen Schriften von Henricus Stephanus, Paris 1587, die sich heute bei allen Ausgaben, auch bei Übersetzungen, finden.) Leicht erreichbare deutsche Übersetzungen sind die Ausgabe der Philosophischen Bibliothek (übers. von O. Apelt), sieben Bände, Hamburg 1988, und die Ausgabe in Rowohlts Klassikern der Literatur und Wissenschaft (nach der Übers. von F. Schleiermacher und H. Müller), sechs Bände, Hamburg 1957 ff. Eine Reihe von Dialogen, die Apologie und der siebente Brief erschienen auch in Reclams Universal-Bibliothek. 1993 begannen zu erscheinen: Platon: Werke, Übersetzung und Kommentar. Hrsg. von E. Heitsch und C. W. Müller im Auftrag der Akad. d. Wiss. und der Literatur zu Mainz. Göttingen 1993 ff.
3 A. a. O., 325 ab.
4 A. a. O., 325 d–326 a.
5 A. a. O., 326 b.

6 Der Staat, VI; 473 c.
7 Aristoteles: Metaphysik I 6, 987 a 32 ff. (Bei Aristoteles-Zitaten werden nach Buch und Kapitel Seite, Spalte und Zeile der Ausgabe von Aristoteles' Werken durch Immanuel Bekker, Berlin 1831, angegeben. Auf diese Ausgabe verweisen auch jüngere Editionen und Übersetzungen. Die im Text deutsch zitierten Stellen sind an die Übersetzung von Franz F. Schwarz: Metaphysik. Schriften zur Ersten Philosophie. Stuttgart 1970 [Reclams Universal-Bibliothek, 7913–7918], angelehnt.)
8 Aristoteles, a. a. O., 987 b 1 ff.
9 Das erste Zeugnis in bezug auf das „Medês ageométretos eisíto" stammt von Johannes Philoponos aus dem 6. Jh. n. Chr.; der nächste Bericht findet sich bei dem byzantinischen Gelehrten Johannes Tzetzes im 12. Jh. Andere schreiben diesen Satz den Pythagoreern zu.
10 Plato: Siebenter Brief, 341 c. Auch im „Phädrus" (275 c) schränkte Plato die Bedeutung schriftlich fixierter Lehren stark ein, wenn er Sokrates sagen läßt: „Wer ... eine Kunst in Schriften hinterläßt, und auch wer sie aufnimmt, in der Meinung, daß etwas Deutliches und Sicheres durch Buchstaben kommen könne, der ist einfältig genug ..." Das Geschriebene dient nur als Gedächtnisstütze, und auch dies gilt nur für den, der das entsprechende Wissen bereits besitzt.
11 Aristoteles: Physik IV 2, 209 b 15.
12 Vgl. z. B. Aristoteles: Metaphysik XIII 8, 1083 a 18.
13 Vgl. Konrad Gaiser: Platons ungeschriebene Lehre. Stuttgart 1963.
14 Zur Bedeutung der Namentheorie (Benennungstheorie) für die Platonische Ideenlehre vgl. Andreas Graeser: Platons Ideenlehre. Sprache, Logik und Metaphysik. Eine Einführung. Bern u. Stuttgart 1975, insb. S. 21 ff.
15 Andreas Graeser, a. a. O., S. 26. Sofern Plato nicht nur die Existenz von Klassenbegriffen behauptete, sondern auch dem „Sinn" allgemeiner Begriffe (wie „gerecht") einen allgemeinen Gegenstand – das Gerechte selbst bzw. die Idee des Gerechten – zuordnete, kann man mit Graeser sagen, solche Ideen wären Hybride von Sinn [Intension eines Begriffs] und Bedeutung [als Bezug auf eine Extension].
16 Der Staat, VII. Buch; 514 a–515 d.
17 Meno, 82 c.
18 Theätet, 147 d ff.
19 Gastmahl, 211 b–d.
20 Timäus, 51 e.
21 Der Staat, VI; 509 c ff.
22 Die Unterscheidung in „génos horatón" und „génos noetón" bzw. in den „kósmos aisthetikós" (mundus sensibilis, die sinnlich wahrnehmbare Welt) und den „kósmos noetós" (mundus intelligibilis, die im reinen Denken erfaßbare Welt) spielt in der späteren Philosophie immer wieder eine Rolle. In unserem Jahrhundert wurde sie, allerdings unter an-

deren Namen, von Edmund Husserl und Karl R. Popper zur Geltung gebracht.
23 Der Staat, VI; 509 c.
24 Parmenides, 130 c.
25 Parmenides, 132 a.
26 Phädrus, 246 ab; 253 c ff.
27 Vgl. zum Folgenden: Phädo, 65 d ff.
28 Theätet, 184 d.
29 Der Staat, 435 c ff.
30 Phädo, 113 d ff.
31 Der Staat, 614 bd.
32 Phädo, 70 d ff.
33 Phädo, 114 d ff.
34 Phädrus, 245 ce. – Hier wird man sich allerdings fragen müssen, ob nicht schon die Welt-Seele gemeint ist.
35 Gesetze, 899 b.
36 Timäus, 55 c: Der Demiurg benutzte dieses Element für das Weltganze, indem er Figuren darauf anbrachte. Woran hier zu denken ist, läßt sich nicht genau sagen.
37 Timäus, 53 d: „Alle Dreiecke nun gehen von zweien aus, deren jedes einen rechten und sonst spitze Winkel hat; das eine von beiden hat zu beiden Seiten die Hälfte eines rechten Winkels, der durch gleiche Seiten eingefaßt wird, das andere aber ungleiche Teile eines rechten Winkels, der an ungleiche Seiten verteilt ist."
38 Für weitere Einzelheiten vgl. die ausführliche Darstellung von Fritz Krafft: Geschichte der Naturwissenschaft, I. Die Begründung einer Wissenschaft von der Natur durch die Griechen. Freiburg 1970, S. 332 ff.
39 Timäus, 50 c–52 d.
40 A. a. O., 29 e.
41 A. a. O., 27 c.
42 A. a. O., 29 c.
43 A. a. O., 29 bc.
44 Der Staat, 509 b. (Der griechische Ausdruck für „Wesenheit" ist „ousía", was gelegentlich irreführend mit „Sein" wiedergegeben wird. Plato wollte jedoch nicht sagen, das Gute hätte kein Sein mehr, sondern lediglich, daß es nicht durch irgendwelche anderen Ideen wesenhaft bestimmt sei.)
45 A. a. O., 507 b.
46 Philebus, 11 e–12 a.
47 A. a. O., bc.
48 A. a. O., de.
49 A. a. O., 63 e.
50 Der Staat, 338 de.

51 A.a.O., 473 cd.
52 A.a.O., 607 a.
53 Der Staatsmann [Politikós, Politicus], 292 d ff.
54 Der Staat, 546 a.
55 A.a.O., achtes Buch.
56 Gesetze, 903 bc [Freiere Wiedergabe].
57 Angesichts dieser Konsequenzen erweisen sich K. R. Poppers Bedenken gegen Platos Rechtsphilosophie als begründet. Vgl. K. R. Popper: Die offene Gesellschaft und ihre Feinde, I: Der Zauber Platos. München 1957 und öfter.
58 Gesetze, 508 a.
59 Die wichtigsten neueren Werke, die diesen Fragenkreis umfassend behandeln, sind Konrad Gaiser: Platons ungeschriebene Lehre. Studien zur systematischen und geschichtlichen Begründung der Wissenschaften in der Platonischen Schule. Stuttgart 1963, und Hans Krämer: Arete bei Platon und Aristoteles. Heidelberg 1959; Ders.: Platone e i fondamenti della metafisica. Milano 1987 [noch nicht in deutscher Sprache veröffentlicht]. An die Arbeiten der Genannten schließt sich die Darstellung im Text an. Vgl. auch das Supplementum Platonicum, I ff. Begründet von K. Gaiser, fortgeführt von Th. A. Szlezak. Stuttgart-Bad Cannstatt 1988 ff.
60 In Anlehnung an K. Gaiser: Platons ungeschriebene Lehre (1963), S. 24.
61 Aristoteles' Hinweis auf Platos späte Auffassung der Ideen als Zahlen hat immer wieder zu Rekonstruktionsversuchen angeregt; vgl. Jürgen Mittelstraß: Enzyklopädie Philosophie und Wissenschaftstheorie, II (1984), S. 186 ff., Stichwort „Ideenzahlen". Vgl. Oskar Becker: Zum Problem der platonischen Idealzahlen. In: Ders.: Zwei Untersuchungen zur antiken Logik. Wiesbaden 1957, wo die Ansicht vertreten wird, Plato habe, ausgehend von der Eins und der Möglichkeit, jede Zahl zu verdoppeln („unbestimmte Zweiheit"), sowie durch Bildung des arithmetischen Mittels zweier Zahlen die Reihe der natürlichen Zahlen konstruiert.

IV. Aristoteles

1 Gesamtdarstellungen: Werner Jaeger: Aristoteles. Grundlegung einer Geschichte seiner Entwicklung. Berlin 1923 [2. Aufl. 1955]; Ingemar Düring: Aristoteles. Darstellung und Interpretation seines Denkens. Heidelberg 1966; Helmut Flashar: Die Philosophie der Antike 3: Ältere Akademie, Aristoteles, Peripatos. Basel 1983 [Grundriß der Geschichte der Philosophie, begründet von Fr. Überweg]; Kurze Einführungen: John L. Ackrill: Aristoteles. Eine Einführung in sein Philosophieren. Berlin und New York 1985 [Sammlung Göschen 2224]; Jonathan Barnes: Aristoteles. Eine Einführung. Stuttgart 1992 [Reclams Universal-Bibliothek, 8773].

2 Wolfgang Wieland bezeichnete in der Einleitung zu dem von ihm herausgegebenen Band: Geschichte der Philosophie in Text und Darstellung. Antike. Stuttgart 1978, S. 30, die von Aristoteles entwickelte Philosophie geradezu als „Theorie der Erfahrung".
3 Metaphysik I 6, 987 a 32 ff.
4 Metaphysik I 9, 990 b 8 u. ö. Vgl. W. Jaeger: Aristoteles. Grundlegung einer Geschichte seiner Entwicklung. Berlin 1923 (Nachdr. 1955), S. 176; S. 204. Jaeger hat die Abhängigkeit der Aristotelischen von der Platonischen Philosophie eindrucksvoll herausgearbeitet. Zur Verwendung von „wir" vgl. I. Düring: Aristoteles. Darstellung und Interpretation seines Denkens. Heidelberg 1966, S. 286.
5 Vgl. Karl Praechter: Die Philosophie des Altertums [= Fr. Überwegs Grundriß der Geschichte der Philosophie, I]. Basel 1953, 349.
6 Plutarch: Parallele Lebensläufe, Sulla-Vita.
7 Die erste moderne Gesamtausgabe ist die der Preußischen Akademie der Wissenschaften in der Bearbeitung von Immanuel Bekker. Berlin 1831 ff. (Nachdr. 1960–1963). Nach dieser Ausgabe wird mit Angabe von Seite, Spalte und Zeile heute allgemein zitiert. Jüngere Ausgabe von W. D. Ross und anderen in der Scriptorum Classicorum Bibliotheca Oxoniensis. Deutsche Gesamt-Übersetzung: Aristoteles' Lehrschriften, übers. von P. Gohlke, 16 Bände. Paderborn 1952–1972. Noch unabgeschlossen: Aristoteles' Werke in deutscher Übersetzung, begründet von E. Grumach, hrsg. von H. Flashar. Berlin 1956 ff. (auch Wiss. Buchgesellschaft, Darmstadt); ferner: Die Werke von Aristoteles, eingeleitet und neu übertragen von Olof Gigon. Zürich und Stuttgart 1950 ff. (Bibliothek der Alten Welt); nicht vollständig. In der „Philosophischen Bibliothek" liegen vor: Organon, Metaphysik, Physik, Nikomachische Ethik und Politik. Die „Metaphysik" liegt als griech./dte. Parallel-Ausgabe in der Übersetzung von H. Bonitz vor, neu bearbeitet, mit Einleitung und Kommentar herausgegeben von Horst Seidl, 2 Bände. Hamburg 1978 bzw. 1980 [Philosophische Bibl. 307–308]. Eine deutsche Ausgabe der „Metaphysik. Schriften zur Ersten Philosophie", übersetzt und herausgegeben von Franz F. Schwarz. Stuttgart 1970, ist in Reclams Universal-Bibliothek erschienen.
8 Gegen die bibliothekarische Deutung wandte sich Theo Kobusch: Metaphysik als Einswerdung. Zu Plotins Begründung einer neuen Metaphysik. In: L. Honnefelder und W. Schüßler (Hrsg.): Transzendenz. Zu einem Grundwort der klassischen Metaphysik. Paderborn etc. 1992, S. 97. Der bibliothekstechnische Sinn ist eine in der Antike nicht nachweisbare, vermutlich auf metaphysikkritische Kreise der frühen Neuzeit zurückgehende Unterstellung.
9 Der Ausdruck bezeichnet eine Werbeschrift, ist somit Name einer literarischen Gattung, nicht Titel einer einzelnen Schrift.

10 Dies verdanken wir vor allem dem Umstand, daß der Neuplatoniker Jamblich im 4. Jhdt. n. Chr. namentlich in seinem eigenen „Protreptikos" die gleichnamige Aristotelische Schrift ausbeutete. Rekonstruktion von I. Düring: Protrepticus. An attempt at a reconstruction. Göteborg 1961. Übersetzung in I. Düring: Aristoteles (s. Anm. 1), S. 406–429: „Mahnrede an Themison"; ferner in: Aristoteles. Einführungsschriften, eingel. und neu übertragen von O. Gigon. Zürich und Stuttgart 1961.

11 W. Jaeger: Aristoteles. Grundlegung einer Geschichte seiner Entwicklung. Berlin 1923 (²1955), hatte zwischen dem Denken der Lehrjahre, der Wanderjahre und der Meisterzeit unterschieden, wogegen heute öfter Bedenken geäußert werden, z.B. von Hellmut Flashar, a.a.O., Kap. 2, § 9.

12 Aristoteles: Fragmenta selecta, hrsg. von W. D. Ross; Protreptikos, Fragm. 10c; zitiert nach der Übersetzung von O. Gigon: Einführungsschriften, 116. (Vgl. I. Düring, B 108)

13 I. Düring: Aristoteles (s. Anm. 1), S. 431, hat darauf hingewiesen, daß bei Aristoteles nicht mehr, wie bei Plato, die Ideen, sondern die Natur den Gegenstandsbereich der philosophischen Erkenntnis bildet.

14 Aristoteles: Über die Philosophie, fr. 26 Ross.

15 Metaphysik IV 1, 1003 a 21.

16 Metaphysik IV 2, 1003 a 33 ff.

17 Über die Ideen, fr. 187 Ross.

18 Metaphysik IV 3, 1005 b 19.

19 Metaphysik IV 7, 1011 b 23.

20 I. Düring: Aristoteles. Darstellung und Interpretation seines Denkens. Heidelberg 1966, 116 f., warnte davor, von einer Theologie des Aristoteles zu sprechen. Der Ausdruck „Theologie" (theologiké) bei Aristoteles ist s.A.n. nur ein gelegentlicher Einfall.

21 Aristoteles: Über die Philosophie, fr. 16 Ross.

22 Metaphysik XII 9, 1074 b 17.

23 Über den Himmel, I 4, 271 a 33.

24 Metaphysik XII 8, 1073 a 14–b 5. Nach Eudemus gibt es 47, nach Calippus 55 Sphären.

25 Metaphysik XII 8, 1074 a 34.

26 Über den Himmel [Über das Weltall], III. Buch. Eine deutsche Übersetzung dieser Schrift in Band II der Werke des Aristoteles, eingel. und neu übertragen von O. Gigon. Zürich 1950. Für die Aristotelische Kosmologie sind ferner „Über Entstehen und Vergehen" und die „Meteorologie" wichtig.

27 Vgl. Über die Teile der Lebewesen, I, Kap. 5.

28 Über die Seele II 1, 312 b 5–6.

29 Über die Seele III 6, 430 b 24 (wörtlich: es muß in ihm darinnen sein).

30 Über die Seele III 8, 431 b 21; He psyche ta onta pos esti panta.

31 Über die Seele III 5, 430a 22; deutsche Übersetzung nach: Werke des Aristoteles, II. Zürich 1950.
32 Eudemus oder Über die Seele, fr. 1 Ross.
33 Über die Entstehung der Tiere II 3, 736 b 27.
34 Über die Seele III 5, 430a 17.
35 Eudemus oder Über die Seele, fr. 6.
36 Über die Seele I 2, 403 b 17.
37 Über die Seele II 1, 413 a 4.
38 Über die Seele II 1, 413 a 8.
39 O. Gigon ist in seiner Einleitung zu der Schrift „Über die Seele" in Aristoteles: Vom Himmel, Von der Seele, Von der Dichtkunst. Zürich 1950 [Die Bibliothek der Alten Welt], S. 217 ff., auf die im Text erwähnte Schwierigkeit eingegangen und hat auf die Möglichkeit hingewiesen, die verschiedenen Auffassungen verschiedenen Phasen der Denkentwicklung des Philosophen zuzuordnen, sich ihr jedoch nicht angeschlossen. Wenn im dritten Buch der Schrift „Über die Seele" die Unsterblichkeit gelegentlich geradezu ausgeschlossen zu werden scheint, könnte das seiner Ansicht nach auf Eingriffe des späteren Redaktors der Schrift zurückgehen.
40 Kant: Kritik der reinen Vernunft, 2. Aufl. (B), S. VIII.
41 Aristoteles: Metaphysik IV 3, 1005b 15.
42 „Substantia" und „Accidens" sind die lateinischen Entsprechungen von „ousía" und „symbebekós".
43 Aristoteles: Zweite Analytiken I 22, 83 a 17 f.: [Mit Bezug auf das Urteil „Das Holz ist weiß"] „Was dann die Stelle von *weiß* einnimmt, ist das Ausgesagte, und was die Stelle von *Holz* einnimmt, ist das, wovon etwas ausgesagt wird." Die ausgesagten Bestimmungen lassen sich dann klassifizieren.
44 Metaphysik V 7, 1017 a 22: „An sich zu sein aber wird von all dem gesagt, was die Formen der Kategorien bezeichnen; denn so vielfach diese ausgesagt werden, so viele Bedeutungen des Seins bezeichnen sie."
45 Metaphysik XIV 2, 1089 b 23.
46 So Kategorien 4, 1 b 26; Topik A 9, 103 b 22. In den Zweiten Analytiken I 22, 83 a 21 und b 15 unterscheidet Aristoteles nur acht Kategorien.
47 Kant: Kritik der reinen Vernunft, B 107.
48 Aristoteles: Metaphysik XI 10, 1051 b 2.
49 Zur Schlußlehre vgl. vor allem Aristoteles: Erste Analytiken (Analytica priora). Zur Aristotelischen Syllogistik ist auf das ältere Werk von Heinrich Maier: Die Syllogistik des Aristoteles. 2 Bände, Tübingen 1896 bzw. 1900 (Neuausg. von Bd. I, Leipzig 1936), sowie auf die neueren Arbeiten von Günther Patzig: Die aristotelische Syllogistik. Logisch-philologische Untersuchungen über das Buch A der Ersten Analytiken. Göttingen ³1969, und Jan Łukasiewicz: Aristotle's Syllogistic

from the Standpoint of Modern Formal Logic. Oxford 1951 u. ö., hinzuweisen.
50 Aristoteles: Erste Analytiken I 1, 24 b 26–28.
51 Aristoteles, ibid.
52 Kurt v. Fritz: „Die APXAI [archaí] in der griechischen Mathematik". In: Archiv für Begriffsgeschichte I (1955), S. 1–103, betonte S. 43, daß in den „Zweiten Analytiken", I, vieles neu sei, daß sich Aristoteles aber auf Beispiele aus der früheren Mathematik bezog; das zeige, daß er an die Ansätze einer axiomatischen Grundlegung der Mathematik anknüpfte.
53 Aristoteles: Topik, I 12, 105 a 13.
54 Zu diesem Bereich der Aristotelischen Philosophie vgl. Otfried Höffe: Praktische Philosophie – Das Modell des Aristoteles. München und Salzburg 1971, sowie G. Bien: Die Grundlegung der politischen Philosophie bei Aristoteles. Freiburg i. Br. und München 1973.
55 Aristoteles: Nikomachische Ethik X 7, 1177 b 26. (Zitiert nach der Übersetzung von Fr. Dirlmeier: Aristoteles, Werke in deutscher Übersetzung, VI. Darmstadt 1974.)
56 A. a. O., I 1, 1094 a 3.
57 A. a. O., I 2, 1095 a 2.
58 A. a. O., I 3, 1095 b 14.
59 A. a. O., I 1, 1094 a 27.
60 A. a. O., I 6, 1098 a 16.
61 A. a. O., X 8, 1178 a 34.
62 Zum Folgenden vgl. Aristoteles, a. a. O., III 5, 1112 a 18 ff.
63 A. a. O., III 6, 1113 a 23.
64 A. a. O., III 1, 1109 b 35.
65 A. a. O., III 7, 1113 b 3.
66 Aristoteles: Politika III 6, 1278 b 8.
67 Aristoteles: Politika VII–VIII.
68 A. a. O., 1298 a 1.
69 Hierzu Ingemar Düring, a. a. O., 505.

V. Die Philosophie im Zeitalter des Hellenismus

1 Zur hellenistischen Philosophie im allgemeinen vgl. Malte Hossenfelder: Stoa, Epikureismus und Skepsis [= Geschichte der Philosophie, hrsg. von W. Röd, Band III. München 1985]; Anthony A. Long: Hellenistic Philosophy. Berkeley (Cal.) ²1986; A. A. Long und D. S. Sedley: The Hellenistic Philosophers, I–II. Cambridge 1988 bzw. 1989; H.-J. Krämer: Platonismus und hellenistische Philosophie. Berlin 1971.
2 Zur Geschichte der antiken Mathematik vgl. J. E. Hofmann: Geschichte der Mathematik, I. Berlin ²1963 [Sammlung Göschen 226/226 a].

3 Vgl. J.L. Heiberg: Geschichte der Mathematik und Naturwissenschaften im Altertum. München 1925 (Neudruck 1960) [Handbuch der Altertumswissenschaften, V; Abt. I, 2. Band].
4 Vgl. Malte Hossenfelder: Epikur. München 1991 [Beck'sche Reihe, 520; Große Denker]; H. Usener (Hrsg.): Epicurea. Leipzig 1887, Nachdruck Stuttgart 1966 (deutsche Textausgaben s. unten).
5 Epikur: Vatikanische Spruchsammlung, 58 (Long und Sedley, 22 E; deutsche Übers.: Griechische Atomisten. Texte und Kommentare zum materialistischen Denken der Antike. Leipzig 3. Aufl. 1988 [Philipp Reclam jun.]).
6 Deutsche Ausgaben des Katechismus, der Lehrbriefe, der Spruchsammlung und der Fragmente: Epikur: Von der Überwindung der Furcht. Hrsg. von O. Gigon. Zürich 1949 [Bibliothek der Alten Welt]; Epikur: Philosophie der Freude. Eine Auswahl aus seinen Schriften, übers., erläutert u. eingeleitet von J. Mewaldt. Stuttgart [5]1985; Epikur, Briefe, Sprüche, Werkfragmente, griech./dt., übers. u. hrsg. von H.-W. Krautz. Stuttgart [2]1985 [Reclams Universal-Bibliothek].
7 Lat.-deutsche Parallel-Ausgaben von Lukrez: Welt aus Atomen/De rerum natura. Einl. und Übers. von K. Büchner. Zürich 1956. [Bibliothek der Alten Welt; röm. Reihe]; Von der Natur der Dinge/De rerum natura. Dt. von K.L. v. Knebel. Frankfurt a.M. 1960 [Die Fischer Bibliothek der hundert Bücher]; Vom Wesen des Weltalls. Übers. von D. Ebener. Leipzig 1989 [Reclams Universal-Bibliothek].
8 Epikurs Brief an Pythokles. In: Epikur. Von der Überwindung der Furcht. Eingeleitet und übertragen von O. Gigon. Zürich 1949, S. 33.
9 Ebenda, S. 31 (= Long und Sedley, 18 C).
10 Vgl. Diogenes Laërtius, X 31 f. (Long und Sedley, 16 B).
11 Zum Kriterienproblem vgl. Gisela Striker: „Kriterion tes aletheías". In: Nachrichten der Akad. d. Wiss. in Göttingen 1974, Phil.-Hist. Klasse, H. 1, 47–110.
12 Zu diesem Absatz vgl. Diogenes Laërtius, X 30–34.
13 Vgl. Long und Sedley, 146 f.
14 Nach Diogenes Laërtius, X 31.
15 Vgl. Long und Sedley, 19 A.
16 Long und Sedley, 21 M; zitiert nach: Von der Überwindung der Furcht, übers. von O. Gigon, S. 109 und S. 103.
17 Vgl. Long und Sedley, 21 B.
18 Long und Sedley, 21 G 3 (Vatikanische Spruchsammlung).
19 Long und Sedley, 21 B 6.
20 Epikur: Katechismus, Nr. 31 (= Long und Sedley, 22 A 1): „Die natürliche Gerechtigkeit ist eine Abmachung über das Zuträgliche, um einander gegenseitig weder zu schädigen noch sich schädigen zu lassen." (Der Text hat im Griechischen den Titel „Kyriai doxai", was auch mit „Hauptlehren" übersetzt wird.)

21 Katechismus (Hauptlehren), Nr. 36 (= Long und Sedley, 22 B 1).
22 Katechismus (Hauptlehren), Nr. 38 (nicht bei Long und Sedley).
23 Das Standardwerk über die Stoa ist nach wie vor das Werk von Max Pohlenz: Die Stoa. Geschichte einer geistigen Bewegung. Göttingen, 3. Aufl. 1964. Grundlage des Studiums der alten Stoiker ist Hans von Arnim: Fragmenta Stoicorum veterum, I–III u. Index. Nachdruck Stuttgart 1964 (zuerst 1903 ff.). Ferner K. Hülser (Hrsg.): Die Fragmente zur Dialektik der Stoiker, I–IV, mit dt. Übers. Stuttgart-Bad Cannstatt 1987–1988; Auswahl stoischer Texte in deutscher Übersetzung: Stoa und Stoiker, I–IV. Zürich 1950 ff. [Bibliothek der Alten Welt. Griechische Reihe]. Ferner: Die Nachsokratiker. In Auswahl übersetzt und herausgegeben von W. Nestle, Bd. II. Jena 1923.
24 Epiktet: Handbüchlein der Moral, 17. Griech.-deutsche Ausgabe, übers. und hrsg. von Kurt Steinmann. Stuttgart 1992 [Reclams Universal-Bibliothek]. S. auch Handbüchlein der Moral und Unterredungen. Hrsg. von H. Schmidt. Stuttgart 11 1984 [Kröners Taschenausgabe, 2].
25 Zum Gründer der Schule vgl. Andreas Graeser: Zenon von Kition. Positionen und Probleme. Berlin und New York 1975.
26 Diese Einteilung findet sich schon bei Zeno, in dessen Werk „Über den Logos", und in Chrysipps „Physik", I, und wurde von Späteren übernommen; vgl. Diogenes Laërtius, VII 39 (= Long und Sedley, 26 B).
27 Vgl. Long und Sedley, I, 160 f.; vorbereitet wurde diese Auffassung vermutlich von Platos Schüler Xenocrates.
28 Posidonius nach Sextus: Adversus mathematicos [Gegen die Wissenschaftler], VII 19 (= Long und Sedley, 26 I).
29 Stoicorum vet. fragmenta, III, 68, bzw. Long und Sedley, 60 A.
30 Diese Auffassung wird den älteren Stoikern zugeschrieben von Sextus Empiricus: Adversus mathematicos [Gegen die Wissenschaftler], VII 253 ff.; vgl. Long und Sedley, 40 K. Nach stoischer Ansicht ist die kataleptische Vorstellung von solcher Art, daß sie das Bestehen der vorgestellten Tatsachen verbürgt und in diesem Sinne zu deren Erkenntnis führt, was sich mit vollkommener Sicherheit feststellen lassen soll. Gegen diesen Anspruch hegten die zeitgenössischen Skeptiker Bedenken.
31 Cicero: Lucullus, XLVII 145; Stoicorum vet. fragmenta, I, 88.
32 Stoicorum vet. fragmenta, II, 847; vgl. Long und Sedley, 39 F.
33 Vgl. Stoicorum vet. fragmenta, II, 166 = Sextus Empiricus: Adversus mathematicos [Gegen die Wissenschaftler], VIII 11 f.; Long und Sedley, 33 B.
34 Epiktet: Handbüchlein, 52.
35 Vgl. Diogenes Laërtius, VII 76 ff. = Long und Sedley, 36 A; Sextus Empiricus: Grundzüge des Pyrrhonismus, II 135 ff. = Long und Sedley, 36 B.
36 Vgl. Stoicorum vet. fragmenta, I, 88; II, 318.
37 Vgl. Long und Sedley, 46 F–N.

38 Vgl. Diogenes Laërtius, VII 135 = Stoicorum vet. fragmenta, I, 102, bzw. Long und Sedley, 46 B.
39 Vgl. Cicero: De natura deorum, II 15 ff. = Long und Sedley, 54 C.
40 Vgl. Stoicorum vet. fragmenta, III, 264; I, 200; III, 262; 285.
41 Cleanthes nach Diogenes Laërtius, VII 91.
42 Diogenes Laërtius, VII 87 f.
43 Cicero: Das höchste Gut und das schlimmste Übel [De finibus bonorum et malorum], III, Kap. 6, 21. Lat./deutsche Ausgabe von A. Kabza. München 1960, S. 209. Vgl. auch die Ausgabe in der Bibliothek der Alten Welt, übers. von K. Albert. München 1964.
44 Cicero: Das höchste Gut und das schlimmste Übel, IV, Kap. 6, 14, bezeichnet ein Leben gemäß der Natur (convenienter naturae vivere) als höchstes Gut. Die griechische Formel „homologouménôs te(i) physei zên" scheint im zweiten Bestandteil des Wortes „homologouménôs" den Ausdruck „logos" zu enthalten. Deshalb schien es möglich, sich mit der Formulierung „homologouménôs zên" zu begnügen, wie es Zeno tat, während sich die vollständigere Formulierung bei Cleanthes und Chrysipp findet. Wegen der angenommenen Identität des vermeintlich implizit bereits genannten *logos* mit der *physis* konnte die Nennung der letzteren als überflüssig gelten. Zu „homologoumenos" bei Zeno und Cleanthes siehe Diogenes Laërtius, VII 88; ferner Cicero: Über die Natur der Götter, I, Kap. 14, 36. Vgl. M. Pohlenz, a. a. O., I, 116.
45 Cicero: Das höchste Gut und das schlimmste Übel, III, Kap. 29, 62.
46 Stoicorum vet. fragmenta, I, 537.
47 Stoicorum vet. fragmenta, III, 473.
48 Handbüchlein, I; hrsg. von A. v. Gleichen-Rußwurm, S. 283.
49 Mark Aurel: Selbstbetrachtungen, IV 23.
50 Mark Aurel, a. a. O., IX 29.
51 Zur pyrrhonischen Skepsis vgl. Malte Hossenfelder: Stoa, Epikureismus und Skepsis. [= Geschichte der Philosophie, hrsg. von W. Röd, Bd. III]. München 1985, S. 147 ff.
52 Nach Diogenes Laërtius, IX 107.
53 Sextus Empiricus: Grundriß der pyrrhonischen Skepsis, I 12 (Deutsche Ausgabe dieses Werkes von M. Hossenfelder. Frankfurt am Main ²1985).
54 Nach Diogenes Laërtius, IX 106.
55 Die deutschen Namen der Werke nach M. Hossenfelder, a. a. O., S. 148. In der vierbändigen griechisch/englischen Ausgabe von R. G. Bury in der Loeb Classical Library. London und Cambridge (Mass.) 1933 ff. und öfter, hat das zuletzt genannte Werk den englischen Titel „Against the Professors".
56 Nach Sextus Empiricus: Grundriß der pyrrhonischen Skepsis, I 164 ff. – Die Ähnlichkeit mit dem von Hans Albert: Traktat über kritische Ver-

nunft. Tübingen 1968 u.ö., S. 13, aufgestellten Trilemma (dem sog. Münchhausen-Trilemma), in das Vertreter des Begründungspostulats geraten, fällt in die Augen. Außerdem wird die Urteilsenthaltung (epoché) nach der angeführten Stelle durch den Umstand nahegelegt, daß zwischen konkurrierenden Ansichten nicht endgültig entschieden werden kann und daß Urteile relativ zu dem jeweiligen Zustand des Subjekts sind. Zu letzterem vgl. Grundriß I, 135 ff.

57 Vgl. Cicero: Academica, II [Lucullus] 28, 91.
58 Nach Cicero: De oratore, III, Kap. 28, 67.
59 Nach Sextus Empiricus: Gegen die Wissenschaftler [= Adversus mathematicos], VII 159 ff. [= Gegen die Logiker I].
60 Carneades nach Sextus Empiricus: Gegen die Wissenschaftler, VII 173 ff.
61 Arcesilaus nach Johannes Stobäus: Eklogen, 82, 10.
62 Vgl. M. Hossenfelder, a.a.O., S. 154: „Den Pyrrhoneern ging es demnach darum, jedweden Eifer in der Verfolgung irgendeiner Sache, jedes Engagement überhaupt auszuschalten, um alles Geschehen in der Welt und in ihnen selbst mit größtmöglicher Gelassenheit an sich vorübergehen zu lassen."
63 Arcesilaus nach Sextus Empiricus: Gegen die Wissenschaftler, VII 158.
64 M. Hossenfelder, a.a.O., S. 196, hat darauf aufmerksam gemacht, daß die Akademiker nicht klarmachten, wie die Selbstanwendung der Skepsis erfolgen solle, weshalb er in den entsprechenden Äußerungen einen Ausdruck der Hilflosigkeit gegenüber stoischer Kritik erblickt.
65 Nach Cicero Academica II [Lucullus], Kap. 8, 28.
66 Zu Cicero vgl. Stephen Gersh: Middle Platonism and Neoplatonism. The latin tradition, I. Notre Dame, Indiana, 1986, S. 53–154.
67 Cicero: De re publica libri/Vom Gemeinwesen. Lateinisch und deutsch. Eingeleitet und übertragen von K. Büchner. Zürich ²1960, 349/351.
68 Ferner „Naturales quaestiones", „Dialogi", sowie Tragödien und eine satirische Schrift auf Kaiser Claudius.
69 Vgl. die ausführliche Darstellung von Fritz Wehrli: Der Peripatos bis zum Beginn der römischen Kaiserzeit. In: Grundriß der Geschichte der Philosophie, begründet von Fr. Überweg. Die Philosophie der Antike, 3: Ältere Akademie – Aristoteles – Peripatos. Hrsg. von H. Flashar. Basel und Stuttgart 1983, S. 459 ff.; Fr. Wehrli (Hrsg.): Die Schule des Aristoteles. Texte und Kommentar, 10 Bände. Basel ²1967 ff.